子どもをひらく授業を求めて

目次

一　国語の授業

「茂吉の短歌」（六年）の授業

～みちのくの母のいのちを一目見ん一目みんとぞただにいそげる～

茂吉の短歌「みちのくの母のいのちを一目見ん一目みんとぞただにいそげる」の授業について、授業記録に箱石泰和先生のコメントと私の感想を載せながら紹介する。

この授業は、芭蕉の俳句「五月雨を集めて早し最上川」の失敗の授業を受けて行ったものである。芭蕉の俳句の授業後、ある女の子は「難しくて分からなかった。」と話していた。だから今回の授業では、次のような気持ちで授業に臨んだ。

○子どもたちは何が書いてあるか分からないだろうから、何度も読ませよう。読んでいるうちに何となく分かってくることがあるはず。

○ノートに短歌を写させ、意味調べをさせる。少しでも、子どもに意味の手がかりを与えるために。

〈授業記録〉

板書し、個人で読ませる。何回も読ませる。

T　意味分からないでしょう。何回も読むんだよ。

T　どこで切ったらいいかも分からないでしょう。

5～6回は読ませる。

ほとんどの子は「みちのくの　母のいのちを一目見ん　一目みんとぞ　ただにいそげる」という切り方で

読んでいる。

T　意味分かってきた？

T　全員で声をそろえて読んでごらん。

C「みちのくの　母のいのちを一目見ん　一目みんとぞ　ただにいそげる」と読む。

T　意味分かってきた？

斉藤　はい。

斉藤君はそう答えたが、ほとんどの子は困った顔をしている。斉藤君も分かっているとは思えない。

T　じゃあ、これをノートに写して下さい。

（子どもたち、ノートに短歌を写す。）

T　書いた左側に、この意味を書いてごらん。分からなかったら、ここが分からないと書けばいい。分かる範囲でね。辞書を使ってもいいよ。

子どもたち困っている。そこで、子どもたちの間をまわりながら、声をかけていく。

T　この辺りの人は、どうもお母さんに関係があるんじゃないかと書いている。

T　そうだね。母って書いてある。みちのくの母ってね。

T　いのちって誰の命？

T　これいいね。

などと全員に聞こえるように話しかける。

何も考えられない子にヒントを与えたつもりである。それでも子どもたちはなかなか書けない。みちのくを辞書で調べてそれだけしか書けない子もいる。何となくは感じてはいるのだろうが、言葉にはできない段階なんだろう。

T　はい、じゃあ、終わりにして。

T　難しいね。すらすらと書けている人と、じっと考え込んでいる人がいたね。（こう発言したが、ほとんどの子は書けていない。）

Ｔ　みんな読んでみてください。
各自読み。
Ｔ　斉藤君、読んでみて。
斉藤　みちのくの　母のいのちを　目見ん　一目みん
とぞ　ただにいそげる
Ｔ　松本さん、読んでみて。
松本　みちのくの　母のいのちを一目見ん　一目みん
とぞだたにいそげる

斉藤君、松本さんは大きな声ではっきりと読める子である。友だちの読みを聞いて分かる子もいる。

Ｔ　みちのくってなに？
Ｃ　昔の東北地方のよびかた（教科書に書いてある）
Ｔ　昨日勉強した松尾芭蕉、奥の細道というのを書いたんだけど、みちのおく、みちのく、東北地方のことを言っているようです。
Ｔ　で、お母さんはどこにいるの？
Ｃ　東北地方
Ｃ　実家
Ｔ　実家、どこにあるの？
Ｃ　みちのく
Ｔ　お母さんはみちのくにいる？　みんなそう思う？
違うって人はいない？

読み取るのは子どもたちである。全員が同じ考えとはかぎらないので、確認をして、少し間をとった。

Ｔ　みちのくの母と言っているわけだから、みちのくにいる母ってことだよね。
そのお母さんはどんな状態ですか？
斉藤　死にそう。
Ｔ　なるほど。斉藤君は死にそうと思った。
（子どもたち、口々に死とか言っている。）
Ｔ　死にそうか。なんで死にそうって感じるの？
鈴川　いのちを一目見るということは死ぬってことで、いそげるだから。
Ｔ　なるほど。命を見る、そしていそげるだから、どうもお母さんの状態が死にそうなんじゃないかと思ったわけね。他には？
山本　母の生きている姿を一目でも見たいだから。
T　ああ、命、生きている姿を一目見たいと言っているると思うと。
T　なるほどね。今出た意見、そうかどうか分からないけども、その意見を考えながら、もう一度読んでみて。

（読みが少ししっとりとしてきた）

T　どうもみちのくにいるお母さんの命が病気か何か分からないけれども、あぶない状態だと、だからいそいでるってとれるかもしれないね。

あくまでも読み取るのは子どもたちであるから、「そうかどうか分からない。」と子どもたちが決めるようにさせている。でも、ここまでで、この短歌の全体的な意味がつかめたと思う。

【箱石泰和先生のコメント】

ここまで、非常に順調に、いいテンポ、いいリズムですね。教師の要所要所での入り方が的確です。子どものやりとりで非常に良いタイミングで教師が入っている。だから授業に流れができてくる。それに引きずられるように子どもが引き出されてくる。

子どもたちは、友だちの発言を聞いて、受け止めている、それに反応している。そういう関係が成り立っている。少し大げさに言えば、響き合える関係が成り立っている。クラスがそういう状態になってきている。引き出されている。授業記録を読んでいても心地よい。記録を読みながらそういう感覚になる授業は、よい授業。

私は三十年くらい授業記録ばかり読んできたから、かなりの数の記録を読んできたから、自分の中にそういう感覚がある。記録を読んでいる時に、引き込まれて「これはいい授業だ。」って思うことがある。そういう感覚は、授業をする時も大事だ。

〈授業記録〉

T　じゃあ、斎藤茂吉は今どこにいるの？
C　みちのくではないと思う。
T　みちのくではない。どこ？　みちのくに近い？　遠い？
C　（はっきりと）遠い。
T　（みちのくから）離れてる？　どこからそう感じる？
井上　ただにいそげるだから。
T　ただにってどういうこと？
C　ただちに。
C　ひたすらに。
T　ただただそれだけをやる。ただ泣いているって言い方するよね。ただにいそげる、ただいそいでいるだから、遠くにいると感じる。
柿沼　お母さんのことを思い出してる。
T　なるほどね。いそいでるんだけど、お母さんのことを思い出していそいでいるんだ。
T　茂吉さんは、遠くにいる。今、何をしているの？
C　旅をしている。
T　旅をして旅行しているの？
斉藤　旅行じゃない。
C　遠くに住んでいる。
T　住んで何しているの？
斉藤　仕事。
T　仕事してるんだ

今、落ち着いて考えると、子どもたちの発言は、「旅」→「みちのくへ行こうとしている」、「遠くに住んでいる」→「みちのくを離れて住んでいる」、「仕事」→「みちのくを離れた場所に住んでいて仕事をもっている」という意味だったのかもしれないと思う。

しかし、授業中の私は、子どもがまだ一般的な世界にいて、この短歌の世界にぐっと入っていないと感じたので、図を使いながら板書し、子どもたちの頭の中を整理し、確認をした。

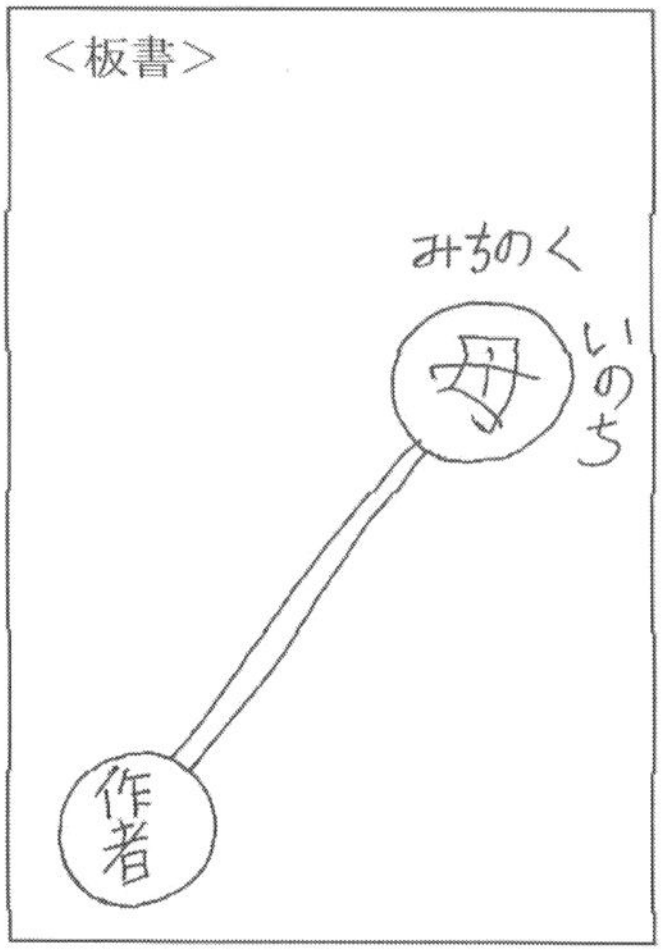

【箱石先生のコメント】

非常にテンポがいい。リズム、テンポがある。教師の入り方が非常にいい。的確に合いの手を入れている。それが流れをつくっている。子どもから引き出す流れになっている。教師も乗ってくるという感じになってきているんじゃないか。

教師が絶妙のタイミングで対応している。「ただに」なんかも詳しくごたごたやったりするとだめ。「日本語としてどういう構造」なんてやるとだめ。子どもは分かっているわけだから、掛け合いみたいにして、ぱっぱっぱっぱっぱとこういうふうにやっていて、だけど子どもは了解しているから、もっとさらに本質のほうにいける。これは非常に良い。意図してやっているわけでないと思うけれど、流れが子どもと教師の間につくられた。

子どもも引き出され、教師も子どもに引き出される、これが成り立っている。これは、子どもと一体感を持つ、子どもに出会ってくるという状態ではないのか。こういうことは滅多にないこと。

なぜそういうふうになったかということは、これは授業分析として大事なことですね。

〈授業記録〉

T　考えてみて。（板書しながら）母はみちのくにいて、命が危ない状態なんだ。そして、これを書いた作者は遠くにいるんでしょ？　仕事しているの？　仕事していると思う人。いない。じゃあ、何をしてるの？　寝てるの？

清水　薬を持って行こうとしている。

T　ああなるほどね。お母さんのために薬ね。命が危ない。ひょっとしたら東京に住んでいたかもしれないじゃない。みちのくにないような薬をね。
清水　買う。
T　買って。買ってどうするんだ。
清水　届ける。
T　届けようとしてるんだ。なるほどね（教師は驚いている）。他には？

この清水君の発言には驚いた。彼がなんでこんなことを思ったのかは分からないが、ひらめきはいい子である。ただただ驚いた。

【箱石先生のコメント】
これ（清水の薬という発言）はどういう意味なんだろう。これは正解だったわけでしょう？　茂吉は医者だからね。普通はこういうふうに薬とはは言わないよね。最後一目会いたいとか、お別れをしたいからとかが普通は子どもからは出るはず。薬というのは不思議だ。多分子どもは分かってなくて、ある意味でまかせを言っている。しかし、ばっちりこれは正解だったわけだよね。その時、しめたと思った？

（加藤　しめたというより、なんでこんなことが出てしまうんだろうという驚きの気持ちが強かった。）
これはますます教師は調子づいちゃうね。これ（薬について）は、あとで教師が説明しようと思ってたわけだから、教師は俄然張り切る。

〈授業記録〉
T　いそげるって書いてあるけど、何をいそいでいるの？
斉藤　みちのくに帰ろうとしている。
T　ここ（作者のいる場所）からみちのくに行こうとしていそいでいるということ？
清水君は薬を買って届けようとしていそいでいるって言ったわけね。他の人は？
木村　一目見るためにいそいでいる。
T　何を？
木村　母を一目見るため。
T　なるほど。
柿沼　木村さんに似ていて、お母さんが死にそうだから、最後だけでも、一目でも見たいからいそいでいる。

T　死に目に会うって言葉あるよね。作者は家にいるの、途中にいるの？

C　途中。

T　この当時は、飛行機や新幹線がない時代なんだ。蒸気機関車、ＳＬしかない時代だったの。東京からみちのくに行くまで何時間ぐらいかかるんだろうね。その時の作者の気持ちって想像できる？　列車に乗っているかもしれないね。

C　母のもとに着くまで死なないで欲しい。

増村　お母さんを助けたい。

T　なるほどね。母を見たい、死なないでいて欲しい、助けたい。

これに気づいた人いる？「見ん」「みん」なぜかえたのかな？「みん」に漢字をあてるとしたらどんな漢字がある？　辞書をひいてごらん。

（C　子どもたち辞書をひく。）

C　診察の診。

T　なるほど。他には？

C　それしかない。

T　そうか、これもあるんだよね。「看る」

C　看護の看だ。

T　そう。ひらがなで書くと、世話をするとかいう意味もあるそうです。

作者はひらがなで書いています。いろいろな意味が含まれているのかもしれません。

しかも、「一目見ん一目みん」と2回も繰り返しています。そのことによってどんな気持ちが伝わってくる？

C　会いたい。

C　みたい。

T　みたい、会いたい、何かしてあげたいという気持ちが強く伝わってきますね。

この作者、間に合ったと思う？

C　たぶん。

C　（口々に小さい声で）会えた。

こういう子どもの感性にも驚く。

この後は、短歌を読みながら説明をいれる。ゆっくりと読んだり、くり返して読んだり、子どもにも読ませたり、部分を取り上げて読んだりして説明をしていく。母がどんどん死に近づいていく様子や茂吉の気持ちを伝えられればいいと思う。

T　これ分からないよね。この文章だけからでは。

実はね、この短歌の後にこんな短歌を作っているのです。

「死に近き母に添寝のしんしんと　遠田のかはづ天に聞ゆる」

（板書しながら、教師がゆっくりと読む。かはづは蛙のことと説明も入れる。）

（子どもたちと一緒に2回読む。）

T　間に合った？

C　間に合った。

C　間に合わなかった。

C　死に近きだから間に合った。

T　間に合ったのです。「死に近き」だから、死んでるの？　そして、その次にこんな短歌があるの。

「我が母よ　死にたまひゆく我が母よ　我を生まし　乳足らひし母よ」

（板書して）ゆっくりと教師が2回読む。我が母よを強調して読む。

意味はよく分からないだろうけど、これ（死に近き）と、これ（死にたまいゆく）の違いって分かる？

C　はい。

C　死にそう。

T　そうだね。ますます死に近づいている感じがしません？

で、その後にこれがくるの。

「のど赤き玄鳥ふたつ屋梁にいて　足乳根の母は死にたまふなり」

（板書しながら）これ（玄鳥）つばめのことね。つばめってここ（のど）赤いじゃない。見たことある？「のど赤きつばくらめふたつはりにいて」、はり、屋根の下にちょっと木が出ているところにつばめがいて、これはたらちねと読む。

（短歌を）読みますよ。「のど赤き玄鳥ふたつ屋梁にいて　足乳根の母は死にたまふなり。」

みんなで読むよ。「のど赤き玄鳥ふたつ屋梁にい

て　足乳根の母は死にたまふなり。」
どうなった？
C　死んじゃった。
T　そうだね。
茂吉は、母の死に対してたくさんの短歌を作っています。

「みちのくの母のいのちを一目見ん一目みんとぞただにいそげる」その後にね、「吾妻やまに雪かがやけば　みちのくの我が母の国に　汽車入りにけり」とある。（2回繰り返してゆっくりと読む。）

母の国のみちのくに、汽車が入って行った。汽車に乗って行ったんだね。そしてどこで降りたかというと、「上の山の停車場に下り　若くしていまは鰥夫のおとうとを見たり」上の山駅で降りたんだ。知ってる？　上の山って。

「はるばると　薬をもちて来し我を　目守りたまえり　われは子なれば」。意味分かる？「はるばると薬をもちて来し我を」、薬を持って来たんだ。実は、斉藤茂吉さんってお医者さんだったの。東京のほうでお医者さんをしていた。清水君が想像したように、東京の薬を持って行ったのかもしれないね。
T　もう一度、読んでみて。ばらばらと。
T　では、ノートに感想を書いて終わります。
清水君、この子も大変な子である。にぎやかで、個性が強く、納得しないとなかなか動かない。なぜ清水君が薬と感じたのかは分からないが、授業後、「俺の意見が合っていた。」と大喜びであったようだ。その後、清水君は私をかなり信頼したようで、何かにつけて私に寄って来るようになったし、指示にも素直に従う。もちろん、それはこの授業だけのせいではなく、体育（ローンダートへの取り組み）などの取り組みもあってのことである。

この授業は、茂吉の心情を深く追求したという授業ではないが、子どもと一緒にひとつの世界を共有したという意味で、よい授業であったと思う。

授業後、参観していた教頭（国語の指導者をしている）が、「授業の最後の頃には涙が出ました。」と感想を言いに来た。

【箱石先生のコメント】

これも非常に大切な問題。「見ん」「みん」の違い、意味があるんでしょうね。この流れの中でこれは生きてきた。わりとさらっとやってますけど、これにあんまりこだわると失敗することがある。

この授業では、茂吉の短歌を補足でいくつか挙げてますけど、茂吉の歌集「赤光」では「死に給う母」という題で50首の連作になっている。50首の中から授業で使う短歌を選択するということが一つの教材解釈、教材研究になっているわけです。授業で50首全部を使うわけにいかない。それをしたら授業はだめになる。その選択をする行為の中で授業の構想がはっきりしてくる。授業の構想がある程度あって選択ができる。短歌を選択・確定していく中で授業の構想がさらに明確になっていく。教材研究なり教材解釈、授業案、授業プランをつくる作業につながってきている。それが非常に的確だった。

しかも、授業で取り上げた短歌は、歌集に出てきている順番で使っているわけではない。後のほうに載っている短歌をぽんと出して、使っている。非常に的確だ。清水君が「薬」と発言した時に、加藤君が感動したのは驚いたのは、自分がこの選択した短歌を持っているから。こういう発言が出れば、教師もやる気になるよね。「よぉ〜しゃっ」て感じになるよね。

清水君は喜んだでしょう。どんなことより子どもは嬉しいんじゃないですか。勉強で、何だか分からなかったけれど俺は言っちゃった。それが正解だったとね。清水君の発言が授業の中で非常に生かされたわけです。子どもの中でだって「俺はすげえな」ってなるわけです。この子にとって大きな人生の転機につながっていくと思うんですよ。極端に言えば、たった1時間の、たった1首の短歌の授業の中で、子どもたちの生き方まで変えてしまうことにつながる。もちろん、他の授業のことも絡んでいるわけだけれどもね。

授業の最初に教材とじっくり向き合わせたってことは、良かったんじゃないですか。教師は教材を読み込んでいて分かっているから、教師は性急に勝負したくなりがち。学生の模擬授業を見ていると、いつもそう。

教材研究をいっぱいやって頭の中が教材研究でいっぱいになっているんだよね。だから、すぐに本題に入りたくなる。

子どもは初対面ですから、音読とか朗読とかどこで区切るかとか、そういうことをしながらだんだん子どもと教材が向き合っていく。間合いをきちっとはかってから入っていく。この授業はそれがうまくいった。分からなければ、考えて、不思議だなとか、何だろうとか、子どもの中に問いが生まれるわけですね。問いが生まれるということは、授業に対する準備ができるということですね。

授業の導入という言葉を斎藤喜博は嫌ったけれども、落語のまくらみたいなものです。授業の入り方、最初の何分間、ここで、教師と子どもの関係、あるいは授業に対する戦闘準備を気持ちの上でつくっていく。落語もそうでしょう?　どんな客だか分からないから、まくらをやって客を笑わせて、客の気持ちを引き寄せて、うまく本題につなげていく。方向づけをしていく。

寄席はすごいですよ。自分が何番目にやるか分からない、また何を話すかも決めていないんですってね。桂米朝が言ってましたけどね。寄席に行って、演目表見るとどんな話をしてあったのかを知る。同じものはできないですからね。今までどういう話がされていたのかを見て、こういう流れだったらこういうものを入れてみようと、そうやって決める。そして、出て行って、まくらでお客の反応をつかんで本題に入っていく。そして、楽屋から話をのばしてくれとか短くしてくれとかの指示が出た時、どこで切ってもおかしくならないようにできるんだそうです。プロですね。そういう世界につながっていくようなところが授業にはある。

子どもたちは加藤先生を再発見し、加藤先生の授業の再発見をし、加藤先生は子どもを再発見するわけですよね。そういうふうにしてクラスがだんだん高くなっていく。あるいは、教師と子どもの関係がより高い質のものになっていく。そういう方向性を持った授業と言える。

この授業を良いと思える教師はどれだけいるのだろうか。普通の教師とは、授業の概念が違うんですよ。

もともと「授業とは？」というところが違っているんです。こういう授業を見たことがないわけですしね。その断絶が大きいわけですよ。授業とは、正しい答えを教えるものだ、覚えさせるものだと思っている人が多い。でも、感覚のいい人なら分かるわけですよ。

「わらぐつの中の神様」（五年）の授業

教材（部分）

おみつさんのお父さんは、わらぐつを作るのが上手でした。おみつさんも、いつもそれを見ているので、作り方くらいは分かります。おみつさんは、さっそく、毎ばん、家の仕事をすませてから、わらぐつ作りを始めました。

お父さんの作るのを見ていると、たやすくできるようですが、自分でやってみると、なかなか思うようにはいきません。でも、おみつさんは、少しくらいかっこうが悪くても、はく人がはきやすいように、あったかいように、少しでも長持ちするようにと、心をこめて、しっかりしっかり、わらを編んでいきました。

さて、やっと一足作り上げてみると、われながら、いかにも変なかっこうです。右と左と、大きさもちがうし、なんだか首をかしげたみたいに、足首の上のところが曲がっています。底もでこぼこしていて、ちゃんと置いてもふらふらするようです。その代わり、上からつま先まで、すき間なく、きっちりと編みこまれていて、じょうぶなことは、この上なしです。

「そんなおかしなわらぐつが、売れるかいなあ。」

うちの人たちはそう言って、わらったり心配したりしましたが、それでもおみつさんは、朝市の立つ日になると、野菜を入れた大かごにそのわらぐつを結び付けて、元気よく町へ出ていきました。

げた屋さんの前を通るとき、横目で見ると、あの雪げたは、まだちゃんとそこにありました。おみつさんは、その雪げたが、ほんのちょっぴり自分の手のとどく所へ出てきたような気がして、楽しくなりました。

それから、真っすぐに朝市へ出てきたおみつさんは、いつものがんぎの下に、むしろを広げて野菜をならべ、そのはしっこにわらぐつを置きました。そして、野菜を買ってくれる人があると、

「わらぐつはどうですね。」

とすすめてみるのですが、こちらはなかなか売れません。くすくすわらったり、あきれた顔をしたりして、

「いいや、よかったでね。」

と断るのはまだいいほうで、中には、

「へええ、それ、わらぐつかね。おらまた、わらまんじゅかと思った。」

などと、あけすけなことを言う、口の悪い人もいます。「やっぱり、わたしが作ったんじゃ、だめなのかなあ。」おみつさんはがっかりして、不細工なわらぐつを見つめました。

やがて、お昼近くなって、野菜はほとんど売れてしまったし、あきらめてもう帰ろうかと思っていると、おみつさんのむしろの前に、わかい男の人が立ちました。どうやら大工さんらしく、いせいのいいねじりはちまきに、大きな道具ばこをかついでいます。

「あねちゃ、そのわらぐつ、見せてくんない。」

そう声をかけられると、おみつさんは、やはりきまりが悪くなって、

「あんまり、みっともよくねえわらぐつで——。」

と、赤くなりながら、おずおずとわらぐつを差し出しました。

わかい大工さんは、道具ばこをむしろの上に置いて、そのわらぐつを手に取ると、たてにしたり横にしたりして、しばらくながめてから、今度は

おみつさんの顔をまじまじと見つめました。

「このわらぐつ、おまんが作んなったのかね。」

「はあ、おらが作ったんです。初めて作ったもんで、うまくできねかったけど――。」

「ふうん。よし、もらっとこう。いくらだね。」

大工さんはお金をはらって、わらぐつのひもを慣れた手つきで結び合わせ、道具ばことといっしょにひょいとかつぐと、さっさと行ってしまいました。

おみつさんは、初めてわらぐつが売れたので、うれしくてうれしくて、わかい大工さんをおがみたいような気がしました。

一、はじめに

この授業は、校内研修というかたちで行われたものである。箱石先生には一年間、私の学校の講師ということでおいでいただき、一年から六年までの国語の授業を実際に見て、指導をしていただいた。

この教材は、自分なりには少し読みとることができたという感触を持っている。教材解釈をしているうちに「ここは子どもがどう読み取るだろうか」とか「ここは子どもにこう聞いてみたい」ということが浮かんできたのである。今までにないことであった。

二、教材解釈

この物語は、現在――過去――現在の三部に分かれ、子どもたちをマサエの視点に立たせて味わえるように工夫されている。

雪がしんしんと降る静かな夜、こたつにあたりながら、「わらぐつなんて、みったぐない」「神様なんて迷信でしょ」というマサエに、「正真正めいほんとの話だよ」と、おばあちゃんが自分の人生体験を昔話として語りだす。マサエは知らず知らずのうちに主人公のおみつさんに共感していく。そして、子どもたちにとってもマサエにとっても一番の驚きは、主人公のおみつさんと大工さんが、実は自分のおばあちゃんとおじいちゃんであったということだろう。普段なんとなくそばにいる平凡な二人が、こんなにも純粋で美しいものを秘めていたのだという発見と驚き。さらに、「うれしくて、もったいなくて、はく気になれなかった」と言いながら、おばあちゃんが雪げたを見せてくれた時の感動。「この雪げたの中にも、神様がいるかもしれないね」と、つぶやくマサエ。おじいちゃんを迎えに「雪げたをかかえたまま、おかえんなさい、とさけんで」玄関へ飛び出して行ったマサエの喜びを、子どもたちとともに分かち合いたいものである。

この物語の中心は第二段落（過去）にあり、主題もそこに読み取れる。第二段落をきちんと読み深めることによってこの作品の世界に共感することができる。

雪げたに魅せられてしまったおみつは、自分で働いてお金を作り、雪げたを買おうと決心し、わらぐつを作り始める。

おみつは、かっこうよりも、「はく人がはきやすいように」「あったかいように」「長持ちするように」と外見よりも使う人の身になって丁寧に作っていく。一晩や二晩でできる仕事ではない。爪先が冷たくないように、底から凍みてこないように、足首のところから風が入らないようにと、ぎゅうぎゅうとわらを詰めていったことだろう。その結果、できあがったものは「われながら、いかにも変なかっこう」になってしまう。しかし、おみつにとってはそんなことは全く気にならない。そんなことよりも、おみつが作りたかった「はきやすい」「あったかい」「長持ちする」わらぐつができあがったので、そのできあがりに満足している。

だから、うちの人たちが「わらったり心配したり」しても、「それでも」おみつは「元気よく町へ」出て行くのである。自分の作ったわらぐつは良いものであり売れるはずだと無邪気に思い込んでいるのである。だから、げた屋さんの前を通る時、「ほんのちょっぴり自分の手のとどく所へ出てきたような気がした」のであろう。

ところが、わらぐつを人にすすめてみると、誰一人として買ってくれる人はおらず、かっこうの悪さに「わらまんじゅう」とまで悪口を言われてしまう。かっこうの悪さなど全く気にならなかったわらぐつが、はきごこちが良くじょうぶなことはこの上なしと信じきっていたわらぐつが、おみつにはただただ不細工なだけのわらぐつに見えてきたのだった。そして、なぜこんな不細工なわらぐつを自分は売れると思い、持って来てしまったのだろうかと、後悔すらしているのである。

そんなところへ若い大工が現れる。大工はわらぐつを一目見た時からそこに込められているものを感じとり、「たてにしたり横にしたりして」そのわらぐつに込められているおみつの真心を見抜くのである。そして「まじまじと」おみつの顔を見つめるのである。わらぐつが大変よくできているということに関心したり、こんなに若い娘が作ったのかと驚いたり、そんなに良い仕事をしたのにそれに気づいていないおみつにいじらしさ、いとおしさを感じ、感動を込めて、「まじまじと」見つめたのであろう。だから、「このわらぐつ、おまんが作んなったのかね」と驚きと感動をもって聞いたのであろう。

しかし、おみつは大工がなぜ買ってくれたのか分からないのである。大工にわらぐつを差し出した時、「赤くなりながら、おずおずと」差し出したわけであるから、こんな不細工なものを見せるのが恥ずかしかったことであろう。それを大工は手に取ってじっくりと見ているのであるから、おみつはどんな気持ちで待っていたのだろうか。いずれにせよおみつには、大工がわらぐつを買ってくれた本当の気持ちが分からず、その人の良さ、親切さに、自分の窮地を救ってくれた大工にただただ感謝の気持ちで「おがみたい」ような気がしたのである。

三、一人勉強について

この年は、学年で一人勉強という方法を取り入れてやってきていた。島小の授業で言えば予備学習のようなものである。

この授業で言えば、一つ目は音読。この物語はそれほど難しい文章ではないので、一回読み終わるごとに、心に残った言葉や文、感じたこと、分からないこと、おかしいと思ったこと、などを一行でも良いからノートに書くようにさせた。これは子どもたちがこの物語をどのように感じたり読み取ったりしているかということを教師が知るという目的のためにやったのだが、余り良い方法ではなかったと今は思っている。

次に意味しらべ。そして、あらすじを書く。ここまでで子どもたち全員が、この物語に何が書かれていてどういうことが起こったのかを理解する作業になる。

最後に書き込みをさせた。これは私も初めての方法だったのでどうやればよいか分からなかったのだが、授業で扱う部分だけをやらせた（64ページの11行目から69ページの4行めまで）。子どもたちが書き込んだノートを集めて、明らかな読み間違いは指摘して説明してしまい、良いものについてはその考えをより明確にするように文章上の根拠を探させたりした。それらの作業をやっていくうちに子どもたちの読み取りが対立する形ではっきりとしてきたのだった。子どもたちの意見が一番集中した文章は〈元気よく町へ出ていきました〉であった。町へ出かけて行く時のおみつの気持ちなのであるが、売れると自信を持っていたという意見、例えば「自信満々」「ぶかっこうでも気持ちがこもっているのだから売れる」「雪げたがもうすぐ手にはいるような気がして楽しくなった」という意見と、反対に不安があったという意見、「売れるか心配だった」「少し心配な気持ちをはげましている」「笑われるのをかくごして」などが挙げられていた。そこでこの問題に絞る方向で子どもたちに自分の考えを書き込ませたり他の根拠を探させたりした。この書き込みという作業をとおして、課題づくりができたのだと思う。

四、この時間の目標

わらぐつを持って元気よく町へ出かけて行った時から、わらぐつが売れずにがっかりするところまでのおみつさんの気持ちの変化を読み取る。

主な発問	予想される児童の反応	結晶点	指導上の留意点
・朗読する ◎町へ出かけて行ったとき、おみつさんは、わらぐつが売れ	〈売れると思う根拠〉 ・心をこめて編んでいったから。	⦿自分の作ったわらぐつのできばえに満足し、売れるという	・子どもたちが文章上の根拠から活発に議論できれば良いが、

ると思っていただろうか、それとも売れないかもしれないと思っていただろうか。 （補）わらぐつを、しっかりしっかり編んでいる時、おみつさんはどんなことを思いながら編んでいっただろうか。 （補）わらぐつができあがった時、おみつさんは満足しただろうか。	⊙じょうぶなことはこの上なし ・うちの人たちに笑われたり心配されたりしてわらぐつを売りに行った。 ⊙元気よくでかけて行った。 ⊙雪げたが手のとどくところへ出てきて、楽しくなったから。 ・真っすぐにとあるから。 〈売れないと思う根拠〉 ⊙われながらいかにも変なかっこうだから。 ・うちの人たちに笑われたり心配されたりしたから。 ・野菜のはしっこに置いたから。 ・すすめてみると書いてある。	大きな期待感でいっぱいだった。	もしそれができなかった場合、「おみつさんが作ろうとしたわらぐつとはどういうのか」「そしてできあがったものはどういうものか」を確認する。 ・「売れる」という意見が多い時、「われながら」「いかにも」という言葉から、ゆさぶりをかける。 ・「売れない」という意見が多い時、「その代わり」「この上なしです」という言葉の意味を問う。 ・決着がつかなかった場合は、子どもたちの立場を明確にしておき、この問題は残しておく。
・今、学習したことを朗読して確認する ◎おみつさんは何にがっかりしたのだろう。 （補）わらぐつを見つめながらおみつさんは何を思っただろう。 ・朗読する。	・売れないこと。 ・ゆきげたが買えないこと。 ・悪口を言われたこと。 ・笑われたこと。 ・不細工さ。	・売れないのも、笑われたのも自分が作ったわらぐつが不細工だったからだと、がっかりした。 ⊙自分のわらぐつにすっかり自信がなくなった。	・「やっぱり、わたしが作ったんじゃ、だめなのかなあ」に注目させる。 ・「この上なし」→「不細工」おみつさんのわらぐつに対する変化を考えさせる。 ・「元気よく」→「がっかり」への変化にも気付かせる。

五、授業の記録

T1　今日は昨日の続きの64ページの後ろから4行目から、67ページの前から6行目まで。おみつさんの心の変化を勉強したいと思います。

さ、誰か読んで下さい。

C　（読みたい子が一斉に立つ。）

佐藤　（その中の一人が）読む。～P65L6

C　（読みたい子が一斉に立つ。）

鈴木　読む。～P66L1

C　（読みたい子が一斉に立つ。）

持木　読む。～P67L8

C　（読みたい子が一斉に立つ。）

伊藤　読む。～P67L6

T2　65ページに戻って下さい。おみつさんがわらぐつを作りますね。おみつさんは「しっかりしっかり」わらぐつを編んでいったでしょう。その時、おみつさんは何を思いながら編んでいったのだろう。

鈴木　はく人がはきやすいように、あったかいように、すこしでも長持ちするように。

T3　（板書しながら）はきやすいように、暖かいように、長持ちするように、ね。他には？

いいですか、はい。こういう気持ちを込めて「しっかり、しっかり」編んでいったんだよね。そしてわらぐつができました。さあ、おみつさんはそのわらぐつを持って町に出て行きますね。その時に、このわらぐつをおみつさんは売れると思っていたの。それとも「いやあ、売れないんじゃないかなあ」と思って出かけて行ったの。売れると思って自信満々で行ったんですか。どっちですか。

C　（口々に）売れる。

T4　売れると思っていた。

ちょっと手を挙げてもらおうかな。

売れると思っていた人（十九人）。いやあ、ちょっとこれは無理じゃないかなあと思っていたという人（十人）。じゃ、その根拠を言って下さい。

斉藤さん。

斉藤　このわらぐつができた後に、うちの人たちは「そんなおかしなわらぐつ売れるかいなあ」と心配したりしたんだから、やっぱりおみつさんはそれを言われてるし、自分自身でも「いかにも変なかっこうです」と思ってるんだから、やっぱり不安だったと思います。

T5　今、二つ言ってくれたね。うちの人に言われたということと、自分自身でも変だと思っていたということ。後は？

鈴木　「いかにも変なかっこうです」と言っているんだけど、その後に、「上からつま先まですき間なくきっちりと編みこまれていて、じょうぶなことはこの上なしです」というふうに言ってるんだから、少しは売れると思っていたんじゃないか。

T6　「この上なし」、ね。

鈴木　それに、「元気よく町へ出ていきました」というところで、やっぱり自信満々という感じがした。

T7　他には？

伊藤　僕は売れるに賛成です。それは「げた屋さんの前を通る時、横目で見ると、あの雪げたは、ちゃんとそこにありました。おみつさんは、その雪げたが、ほんのちょっぴり自分の手のとどく所へ出てきたような気がして、楽しくなりました」とあるけど、もし売れないなんて思っているんならそんなふうに「自分の手のとどく所にきた」なんて思わないから、これは自信満々でいると思います。

高木　「やっぱり、わたしがつくったんじゃ、だめなのかなあ」というところで、「やっぱり」というところは前から売れないと思っていたんだと思います。

T8　ああ、「やっぱり」ねえ。他には。

斉藤　「ほんのちょっぴり」というところで、わらぐつの値段というのは雪げたよりだいぶ安いんだけど、「ほんのちょっぴり」と言うんだから、もっと売れるという自信があるんだったらもうちょっとこの表現のしかたが違って、やっぱりまだ半分ぐらい不安だから、「ほんのちょっぴり」なんだと思います。

伊藤　66ページの3行目で「うちの人たちはそう言って、わらったり心配したりしましたが、それでもおみつさんは……」と書いてあるから、もし売れないと思っているんなら、そんなふうに笑われたり心配されたりしたら、そこで「売れないなあ」と思ってあきらめるんだけど、「それでも」おみつさんは行ったということはやはり自信があったと思います。

山本　僕は斉藤さんが言ったように、「ほんのちょっぴり」という表現は半分ぐらい売れるかなという表現だと思うし、家の人たちにも心配されたけど、自分はきっちりできたと思っているんだから、売れると売れないの半分ぐらいのところだと思います。

T9　半々ぐらい。つまり、「売れる」という心と「いやあちょと不安」だというのは半々ぐらいにあるんだということね。

他には。もうないですか。まだあるでしょう。もっと探してごらん。見つかりませんか。

もう一度確認したいと思うんだけど、この中で、これはおかしいというのありませんか。こういうけどねここにこう書いてあるからおかしいとかね。とくに自分の意見と反対の意見が出てるわけでしょう。それに対して反論はありませんか。

斉藤　売れるという人の「この上なし」というのがへんだと思います。この「この上なし」というのは、きっちり編み込まれているのが「この上なし」で、形とかは普通のよりも劣っているわけだから、違うんだと思います。

鈴木　僕は、売れないの方の「自分でも変」というのに反対意見なんだけど、さっき斉藤さんはかっこうのことで言ったんだけど、僕が言っているのは、これは二つの面があって、かっこうの面と、どのように心が入っているかとかの面があって、だから「自分でも変」というのはかっこうの面だけで、やっぱり自分の心ではちゃんとやったというふうに、それで「この上なし」と言ってんだから、やっぱり「自分でも変」というのはどっちがどっちと言えないいんじゃないか。

伊藤　僕は、売れないのほうの「家の人に言われた」というのに反対です。「わらったり心配しましたが」と書いてあって、そこでおみつさんが売れないと思ったんなら、売れないの方が正しいと思うけど、「それでもおみつさんは」と書いてあるから、そんなふうに言われても「元気よく出ていく」ほどだから、自信があったので、「家の人にいわれて売れないと思った」というのは違うと思います。

松江　えっと、売れないのほうの「自分でも変」というのはおかしいと思います。自分で確かに変と言ってることは言ってるけれども、売れないほど変だと思っているんだったら、売るわけはないんだから違うと思います。
斉藤　さっきの伊藤君と松江君のなんだけれど、将来のことと言うのは誰にも分からないから、もしものすごく変でも、もしかしたら買ってくれる人がいるかもしれないし、おみつさんはそういうふうに前向きな性格だから、ものすごく変でも野菜を売る時に持って行ったと思います。
T10　他の人どうですか。
「われながらいかにも変」とあるね。できあがったわらぐつは、どういうんですか。どんな恰好なの。
C　右と左の大きさが違う。
T11　うん、大きさが違う。
C「何だか首をかしげたみたいに、足首のところが曲がっています。」
T12　曲がっていて……
C　底もでこぼこしていて、ちゃんと置いてもふらふらする。
T13　こんなのができたんだよね。それだけ？
長谷川「その代わり、上からつま先まで、すき間なく、きっちりと編みこまれて」いる。
T14　すき間なく編みこまれている。そして、「この上なしです」と書いてあるね。
さあ、ここを考えてほしいわけ。わらぐつができあがったじゃない、その時にね、こういうのが（板書を指して）できあがったんでしょ。その時おみつさん、どんなことを思ったんだろう。「うん、いいのができた」と満足したんだろうか。それとも「いやあ、これは失敗しちゃったなあ」と思ったか。どっちこれ。
小林君どっち。
小林　失敗したというより、ああいうふうにふらふらしたりそういうふうになるんなら、ちょっと失敗したなあという感じ。
T15　うん、失敗しちゃったなあ、と思っていると言うことね。
山本　えっと、もし失敗したんなら売りには行かないはずだから、失敗しても一応良くできたというような感じだったと思います。
T16　一応ね。満足まではいかないんだけど、まあまあのできだと思ったと言うことね。
鈴木　さっき誰かが言った通り、おみつさんというのは前向きな性格で、
T17　なるべくこの文章から言ってほしいのね。
鈴木　だから、やっぱり初めてだったこともあって、できないのは当たり前だというような心もちょっとあって、それでも「すき間なくきっちり」と言ってるから、売れるんじゃないかと思ってる。自信があったんじゃないか。
T18　あとの人はどうですか。どっちかはっきりしてよ。野村君はどうですか。
野村　（答えない）
T19　じゃ野村君読んでみて。
　考えるんだよ、そこ。どっちなんだろうかと。ここで自信をもっていれば売れると思って行ったわけでしょう。「いやあ、失敗しちゃったなあ」と思っていたらこっち（売れない）の方になってくるでしょう。みんな聞きながら考えて下さい。
野村　（読む）P64L14〜P66L1
T20　さあ、どっち。
安田　少しは自信があったと思う。
長谷川　僕は、さっきと変わって売れるほうなんですけど、理由は、最初にすこしくらいかっこうが悪くてもはく人がはきやすいように、あったかいように、少しでも長持ちするようにと、心をこめるようにしっかりしっかりわらを編んでいくんだから、それで、できてみたらすきまなくきっちりと編みこまれていたので、そうだと思いました。
T21　なるほどね。最初に作ろうと思ってたのがこういうことで、できあがったのがやっぱりそうだった。
伊藤　僕も長谷川君と少し似てるんだけど、初めに、少しくらいかっこうが悪くても、はく人がはきやすいようにっていうふうになってるから、確かにできあがったのはかっこうわるいけど、はく人がはきやすいように、あったかいように、というのは、そういう目標は達成できたから、自信があったんだと思います。
山本　えっと、伊藤君や長谷川君の意見になんだけど、しっかりしっかり編んでそのためにじょうぶなわらぐつになったんだから、それがはきやすくなったか

どうかはわかんないと思います。
鈴木　少しくらいかっこうが悪くても、はく人がはきやすいようにあったかいように、少しでも長持ちするようにというところから、このおみつさんはかっこうにはこだわらないとぼくは思うから、さっきも伊藤君が言ったように目標が達成できて、おみつさんはかっこうはこの時、少しくらいかっこうが悪くてもといっているから、かっこうはあまり気にしていなかったから、目標が達成できたということで、売れるというふうに思ってたんだと思います。
高本　僕は売れるの方なんだけど、おみつさんは少しくらいかっこうが悪くてもはく人がはきやすいように、あったかいように、少しでも長持ちするように編んでいって、それで、できてから、大きさとかは違っていたんだけど、じょうぶなことはこの上なしだから、誰かが買ってくれるとおみつさんは思っていた。
T22　今、売れるほうの意見ばかり出てるんだけど。
山本　「少しくらいかっこうが悪くても」とあったけど、この表現は少しどころじゃないから、少し心配があったと思います。
斉藤　私は「売れない」ほうなんだけど、おみつさんが最初に自分でわらぐつを作ろうと思ったのは雪げたを買おうと思ったからで、自分は、雪げたはデザインとか形が気に入ったからそれが欲しくなったんで、おみつさんはものすごく人の心を考える性格だから、ちょっとはかっこうのことも考えていて、普通の人がくつとかはく時にものすごく変なくつとかだったらはきたくないから、ちょっとというか四分の三くらいはかっこうも入ってたと思う。
T23　ちょっと待って。山本君が言ってる、かっこうが悪いのはちょっとじゃないんだというのは、どこに書いてある。
山本　「いかにも変なかっこうです。」
T24　うん「いかにも」。ここだね。「われながら、いかにも」とあるでしょう。かっこうがさ、ちょっとじゃないんだよ。
「われながら」ってどういうこと。
C　自分ながら。
T25　自分が見てもでしょう。例えば、自分はいいなあと思ってるけど人が見たら駄目だという、そうじゃないんだよね。人が見ても、自分が見たって駄目だと思うほどなんでしょう。しかも、「われながら、いかにも」なんだ。「いかにも」ってどういう意味。

C　確かに。

T26　確かに。

C　間違いなく。

T27　間違いなくでしょう。

C　本当に。

T28　本当に変なかっこうなんだよ。そんなのができあがったんだよ。どう、自信持てますか。

どう、伊藤君。

伊藤　やっぱり、この時点では、確かにいかにも変なかっこうだから思ったかもしれないけれど、「じょうぶなことはこの上なし」ですとなっているから、おみつさんは、まあ確かにかっこうも少しは気にしていたけれども、やっぱり、はく人がはきやすいようにとか、あったかいようにとかを気にしていたから、自信はあったと思います。

T29　「この上なし」ってどういう意味なの。

C　これ以上、上のものがない。

T30　これ以上のこれって何。

C　おみつさんの作ったわらぐつ。

T31　作ったわらぐつ以上のものはない、と言ってるんでしょう。その間にこういう言葉入ってない。「その代わり」。「その代わり」の「その」って何を指すの。

C　いかにも変なかっこう。

T32　うん、これだね。そうでしょう。その代わりに「この上なし」です。

そうすると、どっちですか。どっちだと思う。

斉藤　「この上なしです」というのは、おみつさんが考えたんじゃなくて、作者がおみつさんが作ったのを空想した時にこの上なしですと考えて、

T33　でもこれはおみつさんとして考えなくちゃおかしいでしょ。

斉藤　おみつさんというのは、自分でもそう思っていたんだけど、他の人はかっこうは変なんだけど、他の人がそう思ったのが強い。

T34　でもここはさ、「われながら、いかにも」と、われながらとおみつさんが考えても、という流れで考えているでしょう。どう？　どっちになった。混乱してきた？
C　半分くらい。
C　混乱してきた。
T35　じゃ、もういっぺん聞くよ。
C　まんなかだもん。
C　半々だもん。
T36　半分くらいということ？
C　半分ぐらいだもん。
T37　半々なの？
C　（何か口々に言っている）
T38　半々だと思う人、その根拠言ってみて。
山本　「その代わり」だからです。
T39　どういう意味。
山本　「その代わり」というのは、最初にマイナスの面が出ていて後にプラスの面が出てて、それがだいたい同じだから、売れるかどうかわかんないという状態。

鈴木　その代わりということで、かっこうは悪いんだけれど、その代わりとしてじょうぶというふうになってる。
伊藤　山本君が言いたいことは、たぶんいい方が同じ数あって、悪い方も同じ数あって、その数がだいたい同じだから半々なんじゃないか。
T40　うん、で、伊藤君もそう思うの。
伊藤　う〜ん。
T41　どうですか。
C　（その代わりというのは……）
（ああ、意見反対になる、こういうとこにくると）
T42　じゃあ、もう一度ここを確認をして、また後で考えたいと思うんだけども。じゃ、三つに分けて聞いてみます。
売れると思っていた（五人）、へっちゃった。
売れないんじゃないか（八人）
半々、ゆれうごいてたんじゃないか（十八人）
じゃ、そこのところは、自分がどうしてそう思うのかという根拠をもっとたくさん見つけて、人を説得できるように考えておいてください。

じゃ、次に行きます。誰か読んで下さい。
松江　（読む）Ｐ66Ｌ９～Ｐ67Ｌ６
Ｔ43　おみつさんは、町に売りに行ったら、今度はがっかりしてしまうんだねえ。何にがっかりしたんですか。
Ｃ　わらぐつが売れなかったこと。
金山　「わらまんじゅう」かと言われて。
Ｔ44　悪口を言われたことね。
山本　せっかく作ったわらぐつが売れないこと。
Ｔ45　売れない。おみつさんががっかりしてわらぐつを見つめるでしょう。見つめて何を思ってたんだろう。（出ないので）じゃあねえ、がっかりした時のおみつさんの気持ちをノートに書いてみて。
Ｃ　（ノートに書く）
Ｔ46　はい、いいですか。書けた？　誰か発表してみて。
小林　あそこに書いてあることと同じなんだけど、みんなに馬鹿にされたり悪口を言われたりして、作ったわらぐつが売れない。
伊藤　いくらじょうぶでも形が悪いと売れないのかな。
山本　雪げたを買うのはやっぱり無理なのかな。
清水　多分もう売れないから雪げたは諦めようと思った。
黄　おみつさんは、せっかく一生懸命作ったのに売れなくて残念でやっぱりみかけも良くないと売れないのかなあ。
岸　だれかこのわらぐつを買ってくれる優しい人はいないのかなあ。
持木　やっぱり、はきやすさよりみかけのほうが大事なのかなかと思った。
安川　やっぱりかっこうが悪いと駄目なのかなあと思っていた。
鈴木　けっこう自信があったのに、悪く言われたのでがっかりした。
Ｔ47　鈴木君はまた自信に変わったのね。
鈴木　ここを読んだら変わった。
Ｔ48　ここを読んだら自信があったんじゃないかと思い出したと言うことね。
さあ、鈴木君が言ったみたいにここのおみつさんの気持ちを考えることによって、またここのところ

（自信があったかなかったか）をもう一度考えてみたいと思います。

六、研究協議

【加藤】（教材と教材解釈を含む）

この解釈から、「おみつがわらぐつを売りに町へ行く時に、わらぐつが売れると思って自信を持って出かけたのかどうか」というのを大きな課題としてやりました。

この授業を組んでいった経過を話します。この一年間、箱石先生に授業を見ていただいて、その中で、僕が子どもをくくってしまうというか、子どもが発言できない、自分を出せないようにしているという指摘をされてきました。歌でも子どもが全然出てこなくて、その原因はどこにあるのかということで、箱石先生に「国語の授業を見せて」と言われて見せると、先生に「良く分かった」と言われました（笑い）。そこ（子どもが出せないように教師がしているというところ）に問題があるということで具体的に指導を受けました。

最初に言われたことは、「椅子に座って授業をしなさい」ということでした。それはどういうことかと言うと、僕の授業観や子ども観に間違いがあったということです。授業というのは、教師が発問とか技術とかで子どもから引き出すものだと思っていたんですね。『大造じいさんとガン』の授業も見てもらったんですけれども、一時間ものすごく重苦しい授業になってしまうんです。いつもそうなんですけれども、よく考えてみると新任の頃からそんな傾向があったなと今強く思うんですよね。低学年だと僕の重さを乗り越えて子どもが出てきてくれるんですけれども、高学年だと子どもがおしつぶされちゃうというのがあったんです。僕前に佐藤さんと同じ学年を組んでいた時があるんですが、佐藤さんのクラスはわりとどんどん言うんだけれども、僕のクラスは黙ってしまうというのがあって、ああそうだったなあと思って、本当に根の深いところだったんだなあと感じたんです。「子どもが前面に出る授業をするんだ」「教師は引っ込んで子どもが本音を言える授業をするんだ」と言われたわけです。

そんな経過の中から、箱石先生が僕のクラスを使って「授業してみるから」ということで、『クロツグミ』

の授業をして下さいました。その授業は、僕と全く逆のことをやって下さった。それでこれからの僕がどうしたら良いのかという方向を示して下さったわけなんです。

『クロツグミ』の授業の前半、箱石先生はほとんど動きませんでした。椅子に座って、子どもを良く見て教師としての仕事はうんとするんですけれども、本当に動かないで子どもを動かすというふうにやられた。板書も子どもにさせたりしました。子どもの言っていることが良く分からない時など、子どもに黒板に書かせて、それに対して手を入れていく。そしてある程度詩の構造がはっきりしたところから、「じゃあ皆さん、どうぞ自由に討論して下さい」と、交通整理というと変なんですが、子どもに言わせて、重要な時はきちんと出て行って、その意味を確認するわけです。

一人の子が〈チョビチョビチョビチョビ〉は動作だと言ったんですが、そのことに対して他の子どもたちが「それは変ではないか」と変に意見が集中してしまったんです。そういうふうに出てくると僕は困ってしまうんです。自分の持っていきたいところとまるっきり違うのが出てくると困るんです。

その時に箱石先生は「作者はクロツグミの姿を見てるんだろうか、見てないんだろうか」と問い返したんですね。動作だと思っている子にはその子なりの根拠なりイメージがあるわけですから、そのことをはっきりさせることによって問題を明確にしていく。僕の場合は、自分なりの結晶点を決めて、正答を決めて、自分なりのレールを引いて、そこの道に逸れるものが出ると非常に不安になったり、どうしようかと迷ったりしてしまう。

それとは逆に、僕なんかの場合だと、飛び付きたいようなすごく良い意見が出てくると、すぐ認めてしまって他の意見が出なくなってしまうんですが、箱石先生の場合はその意見をみんなに分かりやすく確認するんですけれども、その後に必ず「でもそうかどうか分からないよ」といつも入れるんです。そこが僕の授業とまるっきり違う。正答主義というか、自分の解釈に合った、自分が正しいと思うような発言でない発言が出てきた時の、僕の対処の仕方に誤りがあったんだということを強く感じました。

子どもが教材に接した時に、子どもが何かを感じとる。その感じとっているものを素直に出させる。そしてそれをきちんと教師が聞いてやったり、発表させていく。それが自分の課題なんだというのを感じさせられた授業でした。

「わらぐつの中の神様」の授業でねらったことは二つあります。

一つは、子どもたちの意見をきちんと聞きたい。自分の思っている結論にいかなくてもやむをえないだろう、良いのではないか。無理に持っていかずに、子どもがどう思っているのかをきちんと出させる授業をしたいということ。もう一つは、「わらぐつが売れると思っていたかどうか」というところに時間をかけたいので、「売れる」という意見が出た時には「売れないのではないか」とゆさぶりをかけようと思っていました。その中で子どもがどう読み取っていくのかというのをやってみたいと思いました。

【小林】感想を出して下さい。名古屋の伊藤さん。

【伊藤】子どもが良く発言しているなと思いました。ただ、これが本音というのがどうか分からないんですけれども、子どもが考えていることを良く出しているな、よくしゃべる授業になったなと思いました。ただ、しゃべることはしゃべるけれども、本音かどうかということは自分ではまだよく分かりません。

それから、わざと子どもを混乱させているところはおもしろいなと思いました。僕自身も分からなくなってきて、また教材にもどって考えてみるというふうになりました。

【小林】河野さんはどうですか。

【河野】子どもはずいぶん自分の考えを出している。子どもはかなり読んでいるんじゃないかなと思います。読んでて、よく考えて話している。

子どもは決して一般論ではしゃべってないし、教師も押さえるところはきちっと押さえている。例えば三枚目の斉藤って子が恰好のこと言った時、教師はそれは違うと、きちっと押さえて、下の段にいってまた斉藤という子が言うんだけれど、僕もこの辺から分からなくなってきたんだけれども、教師が余裕を持って進めてるんではないかと思いました。

【大嶋（幾）】ほとんどの時間を「売れるか売れないか」ということに絞って、子どもたちが自分の根拠を出しながら討論しているということで言うと、よく飽きないなあと思うんです。僕なんかだとどうしてもやっぱり教師がでしゃばっちゃう。でもさっきの加藤さんの話だと、出ちゃいけないのかなあと思う。

【大嶋（奈）】教材解釈のことになりますが、加藤さんが言うように「自信を持って出かけた」とは私は思っていませんでした。しかも授業が「売れると思って出かけたのか、売れないと思って出かけたのか」でずっとやっている。おみつさんは売れると思って行ってないと私は思うんですね。そうじゃなくって自分の作ったのがうれしくって、売れるとは思っていない。どうしてこうやるのかなと、ちょっとこだわってるんです。

【野村】授業の課題がとてもはっきりしていると思います。ふつうはなかなかこういうふうにならないんですね。加藤さんが自分の中で一つはっきりとつかんだものがあるから、余裕を持って、子どもがどう出てきても変にこだわらないで発言を整理している。ちょっと変なことを言うとぴしっと「教科書から探して言え」とか、「もっとあるだろう」と子どもから出させよう出させようとしている。

そして変なのが出てきたら、ぴしっと混乱しないように押さえている。加藤さんが明確に子どもの言うことを聞いている。子どもを見てる。すごい授業じゃないかなと思います。

今まではなかなかそういうふうにできなかった。僕も子どもにおおいかぶさって子どもが言えなくなるタイプの「真面目人間」だから、加藤さんが教室の前の方で椅子に座っている姿が浮かんでくる。余裕を持ってね、結構斜めに構えたりして「もっとあるんじゃないの」と言ったり、出たら「その意見に対して反対の人は出してごらん」と。子ども同士がよく相手の言葉を聞き合って、そして組織されていっているということ。それがこの授業では実現されているんじゃないかなと思いました。

「売れる」というのが十九人から五人に減ったというのがすごくおもしろい。子どもが自分で分からなくなっていく。最初は「売れる」と単純に思っていた子があれこれ言っているうちに、「あれ？　あれ？」と教材の中に入りながら迷っていく。だからものすごく読んでいたんじゃないかなという、良い授業だったんじゃないかなと思います。

【森田】私は、今までの加藤さんの授業と違って、力があるなと感じました。一つの課題で一時間子どもたちに討論させるということは、なかなかできないことだなと思います。それが今回実現している、すごいなあと思ったんです。子どもの意見がすごくしっかりしていて、子どもが鍛えられているというか、大人っぽいという感じを受けました。私たちが感じているようなことを言うんだなと感じて、重みのある授業だなと思います。

【菊次】今まで多摩の会にこういう授業はなかったなと思いました。すごくショックを受けています。

無駄が全くないし、そういう点では今まで全く見たことがない授業だし、ものすごく子どもが育っていることがありありと分かる。ほんの少し前までは子どもたちが重たかったとか、意見があまり出なかったと言われていましたが、でもこうやった時にどんどん出てくる。もともと子どもたちはこういう力を初めから持っているんだと、それが歴然と出てきたわけですね。訓練とか何か最初からやってきてそうなったというのではなくて、本来子どもってそういうのを持っていて、先生がそういう意味で変わればこんなにも歴然と変わるんだ、子どもはもともとそういう力を持っているんだということが、ものすごく良く分かる授業でした。

【箱石】この授業の評価について、今、多摩の会の人と名古屋勢とが分かれてるんでしょう。僕は分かれるんじゃないかと予測してたんです。

【大嶋（幾）】今の箱石先生の言葉を聞いて、「ああそうかあ。僕の気持ちはそうなのか」ということがはっきりしたということがあるんです。つまり僕の授業観も加藤さんが言っていたのと同じなんですよね。教師が手を掛けて子どもたちを引っ張ってやる、という授業観。それを崩せないから、ここで教師が出て、もうちょっとまとめて整理とか組織をした方が良いんじゃないかという見方をしてしまう。そういう僕の目、授業観からすれば、受け入れ難い授業だと、そういう感覚で読んでいたわけです。

しかし、先ほどの加藤さんの話とつなげてみると、それがこう、ゆらいでくる。箱石先生が、前にちょっと、全く今までの授業とは別の授業だとおっしゃっただけで、良いとか悪いとかはおっしゃらなかったのですが、これは今までの自分の授業観では判断できない、自分の授業観の中には入れることのできない授業、そういう意味なんだなと分かりました。これはやっぱりすごい。

【箱石】これは大事な問題だし、ここのところをどういうふうに考えるか、評価するかがこれからの研究の重要な分岐点になると思うので、もっと出して下さい。

【竹内】やっぱり、分からないですね。今まで箱石先生の話を聞いていたから、「これは何かあるんだな」ということが分かったけれども、そうじゃなかったら分からないですね。さっき言われたように、そう言われると、一つの課題で一時間子どもたちがやってるなということの意味が、あらためて大変なことにも思われてくる。

【箱石】今みたいに率直に出して下さい。簡単に分かったとか分からないと言うことだけではしょうがないわけですから。

【津山】僕も、やはりこれはすごいことだと思うのですけれども、一体ここに来るまでに加藤さんがどういう勉強をしてきたのかなあと……。

【箱石】それは簡単。僕に怒られただけなんです(笑い)。「子どもの前に出るな、立つな、邪魔くさい」なんて。ひどいんだよね、子どもの前で「加藤君、加藤君」と言うものだから、子どもも「加藤君」と呼ぶんだって(笑い)。もう、手足を縛られたも同然だものね。

それはともかくとして、秘密はおそらく僕の『クロツグミ』の授業にあるんだと思うんですけれどね。僕の授業のほうがもっと授業としての展開や流れというものが出てると思います。一時間でやってますからね。この授業は、展開とか技術とかをほとんど感じさせない授業ですね。いわゆるみなさんの概念でいう展開とかはね。僕はみなさんの方が間違っているんじゃないかと思ってるんですけどもね。展開がないとか技術がないとか、そんなことは全然ないと僕は思ってます。もっとも、毎時間毎時間こういう授業をやるべきなどと言うつもりはない。そういうことではないんですけれども。

【小林】今、分からないとか本心を出してもらうことが僕はすごく大事なことだと思うんです。これ、簡単にね「分かりました」とか言ってもね、それは駄目だと思うんだよ。むしろね、分からないということにこだわってみるべきだ。「分かる」ということは自分の授業が変わるということなんだから。まず頭で分かることは必要だけれど、「そうだったのか」と、なるほど自分の授業に欠けていたことはこういうことだったんだなと、本当に分かって、新しい世界が切り開かれた時に、分かったということだと思うんです。ものすごく大事なことが出されていると僕も思います。

先ほどから菊次さんもちらちらと言われているんですけれども、三月に菊次さんの小学校に箱石さんと行ったんです。体育館で合唱なんかをやってたんですが、「菊次さん、指揮をしなくていいからこっちへ来て座ってて下さい」と言われてるんです。そうするとね、僕がびっくりしたのはね、教師がくくってしまうというのは言葉としては僕も何回も聞いてきたんですが、本当に子どもが目が覚めるように変わったんです。ピアノの音に集中して良く聞くし、友達同士の声をものすごく聞くようになるわけです。で、合唱が素晴らしいものに変わったんです。だから、「ああ今までこれだけ教師がくくっていたんだな」ということが目の前で分かったんです。

正にそうなんです。これはねえ、今日だけでなく明日につながっていく話だと思うんです。「おや、子どもはこんなに考えるものなのか」——さっき誰かが大人みたいと言っていましたが、大きい子どもたちの感じがしますね。子どもがこんなに考えるものかとねえ。子どもとはこんなに考えるものだ。教師が強引に引っ張らなくても、こんなに考える。しかもね、それが理屈じゃないんですよね。すぐ理屈になる場合があるじゃないですか。そうじゃなく考えて言ってますね。だから友達の話をよく聞いてますね。

この授業では加藤さんは余り目立っていないようなんだけれども、そのことを通して逆に加藤さんの自信を感じますね。教師は前面には出てないんだけれども、加藤さん、出てるんだなあと、僕は思いますね。

【竹内】先ほど、菊次さんが今までの授業と違うと言いましたね。菊次さんは子どもがもともと持っていた力を引き出した授業だとおっしゃったんですが、これはもう根本的に子どもに対する見方というか理解のしかたが違うわけですね。そこら辺が、私にはまだ分からないです。

【箱石】そこのところの問題が、最近、多摩の会でずっと話題になっていたんです。僕が加藤君の学校に行ったり裕子さんの学校に行ったり菊次さんの学校に行ったりして感じることは、全部そのことなんです。どうして子どもが「出したい、出したい」という顔をしてるのに出させてやらないんだろう。先生がみんな余計なことをしちゃってがんじがらめにしばっちゃってるわけです。それをとってやれば出せる。単純に言えば、それをとってしまうということだけなんですね。子どもは自ら考えるものだ、読めるものだ、できるもんだという、僕にはそういうふうに見えるんだけどね。で、そうやると本当に子どもは出してくる。教師がいかに技術とかね、方法とかいう大義名分において子どもをくっちゃってるかということなんです。

指揮も同じですよ。良かれと思ってやっていること、引き出そうと思ってやっていることが、全部逆に閉じ込めてしまう結果になってしまっている。で、そのことに教師は気付かない。単純化して言えばね、そういう問題を感じていた。だから、指揮をやめてもらったりね、椅子に座ってもらう。けれども、座らせてもまた何か腕を振ったりして余計なことをやり出すもんで、ついには僕の側に来てもらって座ってもらって、動くことは一切禁止ということになる（笑い）。それで子どもには「今度は先生がいないんだよ。ピアノを聞かなくちゃ駄目だよ。」と言うんです。いきなりそんなふうに言われるものだから、子どもは一回目は失敗するんですね。でも二回目にはちゃんとやるんです。

そんなふうにして、子どもに自由に自分を出せる条件を作ってやった上で、大事な所——たとえばリズミカルに表現するところは、手拍子をしてやったりすればいい。それを今度はね、座ってもらうとただ座ってるだけで大事なところでも何もやらないんだよね。さっきまでは余計なことをいっぱいやっていたのに、今度は一番大事な、リズムが狂っているようなところだとか、ここはこうやらなくては次に行けないというところは全然やらない。そうなってしまってるんです。それと同じことが授業でも起こっているはずなんだね。起こるのが当然、当たり前なんです。

で、この授業は、加藤君がさんざん僕に言われたことを意識をして加藤君なりにやったものです。だから、重いと言えば重いんです。譬えで言えば、モーツァルト的な軽やかさは無いんです。たしかに重い。が、重いと言うより、構造の確かさというように僕としてはとりたいんですね、これは。どこにも粉飾の無い、装飾が無い授業です。柱だけ、骨組みだけがボンボンとあって、あとは子どもが自由に作っていく。ただ子どもがまだ慣れてないから、まだまだ屁理屈を言う子が中にはいたりするんですけどね。これがだんだんと教師に力がついていけば、そして子どもたちも訓練されていけば、もっと本質的なところで子どもたちがカチッと噛み合う授業になってくる。こんなに長々と言わないで、もっと簡潔な言葉で本質的な追求のできる子どもたちになっていく。そうすると島小みたいな授業が出るのかなと僕は思う。僕が島小から受ける授業の印象はそういうものですね。

だから子どもを育てていくということ。先生が育つことも大事だけれど、子どもの犠牲において育つんじゃ駄目だね（笑い）。こういう授業ですと、やっぱり子どもが育っていくと思うんです。この授業の場合はまだ少し無理があるし、余分でごたごたした部分があるんだけれども、少なくとも加藤君の授業の方向性に重要な転換が出ているということは言えるのではないか。僕は授業を見ていてそう思ったですね。加藤君は一年間怒られっぱなしだったけれども（笑い）、最後の最後に僕の言いたいことをやっと分かってくれたかなと思いました。もっとも、これからまたどうなるか、それは保証の限りではないけれどもね（笑い）。

子どもの様子はどうですか。

【加藤】今までは僕の顔色を伺うというか、僕が気に入るか気に入らないかとかが判断基準だったんですね。それが今わいわい言い出した。だから今まで僕と子どもの関係でもあまりつまらないことは喋ってくれなかったんですね。それがよく喋るようになったり、要求するようになったりしてきました。

【箱石】子どもが動き始めたということだね。それがなかったら合唱だってなんだって駄目ですよ。必ずつながるもんだから。だから瑞穂三小でもある時期やったんです。「僕を先生と思わない方がいいよ」というぐらいのことをやって、子どもをつき離しちゃう。それは意識的にやったんです。子どもにどんどん出させる。出させた上で、出てきたものを整理したり、それを使って授業に流れを作り出していく。これはもちろん教師に大変な力が要ります。

裕子さんのクラスでは、子どもが安心してわいわいわいわい自分を出してますね。先生のことが好きだし、解放されててね。だけどその反面、今度は収拾がつかないんだよね（笑い）。でもそれが基本だと思うんです。何でも言える。「自分は間違ってるんじゃないか」とかね、「先生がどう思うか」ということでおどおどしてるんじゃなくて、ともかく本音を出せるようにする。それが何と言っても基本になると思うんです。で、そのうえで、本音だけじゃ低い次元だから、それを洗練していくというのが教師の仕事になる。ここのところは明日からも問題になる非常に重要な問題だ、と僕は思っています。

七、おわりに

この授業は、箱石先生の『クロツグミ』の授業の約十日後に行ったものである。箱石先生の授業で子どもたちは授業の楽しさを味わったものだから、その勢いを借りてこの授業もできたのである。

どこまで自分の授業観が変わったかは大変心もとない。他の実践で事実として出せるまではっきりとは言えないことである。

しかし、少なくともこの授業では、自分なりに結晶点がはっきりしていたものだから、少し子どもをゆさぶってみたいと思えるようになった。自分の結論に強引に連れていくのではなく、ゆさぶることによって子ども自身の論理を強くする。そして、結果的には、一つにまとまらなくても、それはそれで良いと考えることができたのだった。

二　理科の授業

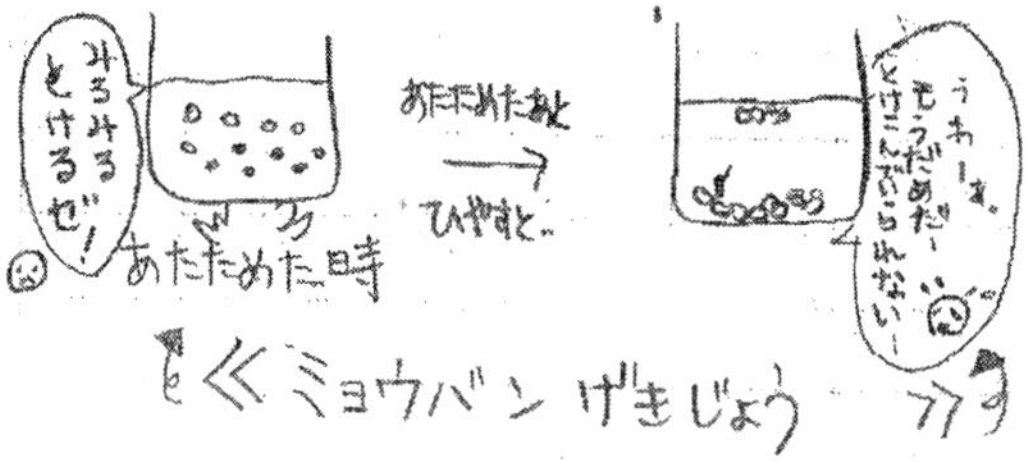

みるみるとけるぜ！
あたためた時
あたためたあと
ひやすと…
うわーん。もうだめだーとけこんでいられないー
《ミョウバンげきじょう》

「じしゃくでしらべよう」（三年）の授業

1．この授業をどうするか

教材解釈は大まかな枠組みについてはきちんとする。それは、国語の解釈と同じである。教材の世界を感じないでいて細部をいくら解釈してもそれは理屈になるからである。この教材の核になるものをきちんと教師がとらえることが必要である。磁石の場合「極」ということに尽きるのではないかと私は思う。

そこで、

①極について
②磁石につく物は鉄だけである
③着磁の問題

この三点だけを授業ではおさえる。

そして、それらを議論や討論して深めるというのではなく、磁石と遊ばせて磁石の不思議さに触れさせたい。磁石がなぜつくのか（なぜ反発しあうのか）、磁力は空間でも（間に物をはさんでも）なぜつうじるのかなど、その理由は電子、陽子などの素粒子の問題にまでいかないと説明できないからである。三年生の子どもたちには、いろいろな遊び（実験）を通して、「磁力の強さ（反発する強さ）」や「端っこだけがくっつく極」などの不思議さに触れさせ、「磁石にくっついた。じゃあ、鉄（が入っている）だな。」と言える子にしたいと考えた。

また、色々な磁石に触れさせたい。色、形、材質、大きさ、磁力の強さなど様々な磁石に触れさせていくうちに、磁石とは何かが分かってくるだろう。

そのために、子どもたちには、一人ひとりにフェライトの棒磁石を二つ渡す。アルニコ磁石などもっと強力な磁石はいくらでもあるが、フェライト棒磁石の良さは、子どもが落とすと割れるからである（割れた時の極の問題などを調べられる）。また、強力すぎると弱い磁石の極を調べることができなくなるからでもある。

そして、子どもたちの遊びの様子を見ながら、細かい実験は考えていくこととする。私に子どもが見えているかどうか、私の解釈が確かなものであるかどうかが、ここで判断されるだろう。

2. 授業の構想（展開の角度）

（1） 磁極について

・同じ極での反発。これはとても不思議なことである。空間（間に物をはさんでも）を磁力が飛んでいるとしか思えない。この理屈は子どもたちには分からない。ここでは、いろいろと遊ばせて、その反発する不思議さ（面白さ）を子どもたちには感じさせたい。
・違う極との引きつけあい（間に物をはさんでも）。これは、磁石の性質では一般的であり、子どもたちもよく知っている。磁石に物がつくということは、この性質が利用されている。鉄が磁石につくということも同じである。つまり、鉄の極が違う極になるからくっつくのである。この理屈は教えないで、いろいろな物をつけて、磁力の強さを感じさせたい。
○極は端が一番強い。また、磁石のまん中は磁力がない。ここは、子どもたちに予想させて討論させて、実験をさせたい。磁石の構造も問題にしたい。つまり、N極の方を切るとN極だけの磁石ができるのかを考えさせたい。

（2） 磁石には鉄だけがつく

厳密に言うと鉄だけではない（鉄でもつかない鉄も

ある）が、三年生の段階ではそうおさえる。そして、「磁石についた。鉄が入っている。」と考えられる子にしたい。そのために、磁石につく物探しをさせる。

強力な磁石を見せて、それでも鉄以外はつかないことを確認する。

＊ニッケル、コバルト、希土類（サマリウムなど）が磁石につく。
＊黄鉄鉱、赤鉄鉱、褐鉄鉱、上質のステンレスなどは磁石につかない。

（3）磁化について

磁石に鉄がつくと、その鉄が磁石になる。つまり、S極とN極を持ち鉄を引きつける力を持つ。これは、鋼鉄の性質であり、軟鉄はこの性質を持たない。原子の並び方の安定性の問題（炭素が関係しているようだ）である。

鉄に磁石をつけると、その鉄は磁石になる。これは、子どもたちが遊びの中から見つけるだろう。そこで、その磁石になった鉄にS極、N極があるのかを確かめさせたい。つまり、ここでまた「（1）の磁極について」に戻るわけである。鉄が磁石になった→磁石ならS極N極があるはずだ→調べてみる、と考えられる子にしたい。

3．授業記録と子どものノート

（1）導入の授業（遊ばせる）

実けん1 じしゃくで遊ぼう

磁石を見せ、S極、N極の名前だけを教えた。

子どもたち一人ひとりに、長さ四センチほどの棒磁石二本を渡して、自由に遊ばせた。子どもたちは、思い思いの遊びをしはじめた。

磁石と磁石をくっつけて引っ張って遊ぶ子、反発させて遊ぶ子、友達と磁石を積み木のように重ねて遊ぶ子、下じきを挟んで磁石やピン留めを動かして遊ぶ子、黒板などに磁石をくっつけて遊ぶ子、などなど。

授業後に、「磁石を二つつなげると、真ん中がつかなくなるよ。」と教えに来てくれる子もいた。もうこんな発見をしている。これは、大発見だが、今はそのままにしておこう。

〈子どもたちのノートより〉

○　　　　　　U／N

これは、みんな発見すると思うけど、じしゃくで「とけいゲーム」というのをつくってみました。ルールは、NとNか、SとSでとけいまわりにまわして、くっついてしまったらダメ、その人が負けになります。

＊これは磁石の反発する力を利用したゲームです。空間でも磁力が通じるということを学びます。

○　　　　　　B／T

相しょう占い…まず、目をつぶってじしゃくを一つ回てんさせます。相手にストップを言ってもらい、目をつぶったままくっつけます。そして、NきょくとSきょくがむかいあっていれば、相しょうがいい。NきょくとSきょくがむかいあってなければ、相しょうがわるい。

＊この子は磁石がくっつくことを「相性がいい」と表現しています。とってもいい表現だと思います。S極とN極がくっつくこと、鉄類が磁石につくこと、まさに相性がいいのです。ちょっとおませな女の子の考えそうなことです。

○　　　　　　K／H

まえにけしゴムをおいて、じしゃくをけしゴムのうしろにおいて、もう一つのじしゃくをけしゴムのまえにおくと、じしゃくがけしゴムをうごかします。

＊間に消しゴムをおいても磁力が及びます。しかも、消しゴムを動かしてしまうとは！　磁力の強さを感じた遊びです。

○　　　　　　K／S

じしゃくって、どうしてつくんだろう。

＊素朴な疑問だけど、本質的な疑問です。大人もなかなか答えられない。

○　　　　　　　　　　S／T

わたしは、ふしぎだと思うことがあります。それは、なぜNきょくとSきょくはくっついて、NきょくとNきょく（SきょくとSきょくも）はつかないんだろう？　SきょくとNきょくはつくりがちがうのかな？

＊これもとても良い疑問です。この子は「つくり」が違うのかと予想しています。なるほど。

○　　　　　　　　　　S／M

なぜ、あいだに下じきとか紙とかうすい物をいれてもじしゃくがくっつくのかわかりません。でも、あつい物をあいだにはさめたらつきません。なぜ？

○　　　　　　　　　　M／U

わたしは、二つのじしゃくのあいだにしたじきをはさんで上にもちあげたら、じしゃくはおちませんでした。したじきをはさんでも、くっつくっていう事は、そんなにじしゃくの力は、強いのかな？

＊磁力の及ぶ範囲の問題です。電気とは違い（電気は例え薄いペンキだとしても遮蔽物があるとつかない。）、間に鉄以外の物を置いても磁力は及ぶのです。不思議ですね。

○　　　　　　　　　　W／Ko

ぼくは電気とおなじだと思います。じしゃくには、SきょくとNきょくがあります。SきょくとNきょくをつなぐとつき、同じきょくだとつきません。

＊以前に学習した電気と比べています。これは、磁石につく物の学習に使える考えです。

○　　　　　　　　　　W／Ke

なんでじしゃくにくっつかないものも、こするとくっつくなんて。なんでだろう？

＊はさみの鉄の部分をじしゃくでこすって、はさみが磁石になることを発見しました。

○　　　　　　　　S／K

大きいじしゃくがあったら、どれでもくっついちゃうかな。

＊この子の言う大きい磁石とは磁力の強い磁石という意味でしょう。強力アルニコ磁石をいつ、どのように子どもたちに見せるか、考えなくては。また、「どれでも」とは木もくっつくのか？　という疑問なのでしょう。これも、子どもたちに聞いてみたい問題です。

○　　　　　　　　Mi／A

・じしゃくはなにからつくられているの？
・なんで、じしゃくは、くっつくの？
・Nだけのじしゃくは、あるの？
・じしゃくは、どのくらいのあつさまで、力はとおるの？
・Nきょくのさきはくっつかないけど、よこはくっついた！　あと、ここでもくっついた！
・じしゃくは、すごい力をもっていて、すごい！

＊「Nだけの磁石」とってもいい発想です。これも、子どもたちに聞いてみたい問題です。また、この子は実に細かく観察しています。極というのですから、はじっこなのです。

○　　　　　　　　Ko／So

きょう、じしゃくで遊んで、じしゃくをたてにつなげると、まんなかだけNきょくにSきょくをつけてもつかなかった。まんなかはじしゃくの力がないのかな？

＊磁石を縦にSとNでつなげたら、その部分が磁力がなくなったというのです。すごい発見です。これも、いつみんなに紹介しようか、考えどころです。極という問題（つまり磁石の真ん中は磁力がない）として扱うか、磁石を切るという問題で扱うか。

この考えに触発されて、私もいろいろと実験してみました。丸いフェライト磁石やアルニコ磁石を何個もつないでみるのです。どこを切ってもS極N極ができるという説明に使えるだろうか。しかし、丸い磁石はかども丸いので、その部分で磁力が働いてしまい、鉄がついてしまうのです。

実けん2
じしゃくで遊ぼう。パート2

「今日は、一時間たっぷりと遊んでいいよ。いろいろやって下さい。校庭にある物で何が磁石につくか調べたっていいんだよ。」と言って子どもを自由にしたのだが、全員が砂鉄取りに走って行く。私は、校庭にある遊具など磁石につく物探しなどいろいろと動くかなと予想していたが、全くはずれた。全員が砂場に集まり、黙々と砂鉄集めをしている。ちょっとやんちゃなT君（友達をこずくことが多かった）と勝手な行動をとりがちだったW君（給食のお代わりの時などじゃんけんで負けても持って行ってしまった）が二人で「あげ屋」をしていた。幼稚園の時にもらった大きな磁石を持ってきて、それで砂鉄をたくさん集め、「あげ屋〜、あげ屋〜」と言って、砂鉄が欲しい子にあげているのである。

子どもたちが集めた砂鉄をよく見ると、石も混じっている。「石が入っていちゃ駄目だよ。」と話すと、「でも、先生、この石、磁石にくっつくよ。」と持って来るのである。私も試してみると、丸い砂が磁石にくっつくのである。改めて私も発見。砂鉄って磁鉄鉱の砂なんだよな。

（2）磁石のS極、N極の授業

実けん3
Sきょく、Nきょくをさがせ

ドーナツ状のリング磁石を一班十個ほど配りました。これはアルニコ磁石で全面青や黄色の塗装がされていて、S極N極が分からなくなっています。

この磁石を見せ、ある面をつけるとくっつき、反対面にするとくっつかないということを示しました。

「なぜ？」と聞くと、
「同じ極だから。」と答えます。書いていないけれども、この磁石にもS極N極があることを確認してから、どうやって見つけるかと、聞きました。最初はきょとんとしていましたが、一人の子が「先生にもらった磁石を使っていい？」と質問したので、みな、方法が分かったようです。

見つかったら、班の全員に正しいことを確認させてから、子どもたちのお待ちかねの自由遊びです。
「じゃー、遊んでいいよ！」というと、「やったー!!!」といろいろと遊び出します。

子どもたちは、S極N極を使って遊んでいました。遊びの中で、身体で極を学びます。私は、よくこんな遊びを思いつくなと驚き、誰かが「子どもは遊びの天才だ。」と言った言葉を思い出しました。

〈子どもたちのノートより〉

○　Ue／Ne

えん筆を立てて、そこにじしゃくを入れていきます。と中でじしゃくとじしゃくがくっついてしまったらダメ。

○　Ka／Sy

一ばんは、えんぴつで、ぼよんてなったらまけゲームをしました。SとNきょくは、ぼくのかんがえでは、ほこりがちょっとついてるほうとかんがえました。

○　Ya／Mi

SきょくとNきょくがこんなに楽しく勉強できるとは、思いませんでした。それに、じしゃくはこんなにはんぱつしあったり、ちゃんとくっついたりするとはとてもすごいと思ったので、これからも、じしゃくのふしぎについて考えてみたいです。

＊「じしゃくのふしぎ」とこの子は書いています。本当に不思議ですよね。こういう書き方ができるって、子どもって本当に感性がいいと思います。

○　Ma／Yu

丸いじしゃくにも、Sきょく、Nきょくがある事をはじめてしり、じしゃくっておもしろいんだなあと思いました。丸いじしゃくのまん中にあながあいていて、5はんのみんなで遊んで楽しかったです。Sきょく、Nきょくをまたさがしたいです。

○ Ko／Hi

まるいじしゃくもあるんだって思いました。Sきょく、Nきょくであそびをしました。とてもたのしかったです。またやりたいです。まるいじしゃくって、どっちがSきょく、Nきょくかわかりません。でも、ぼうじしゃくをつかえば、どっちがNきょく、Sきょくかわかります。じしゃくであそぶとともおもしろいです。

＊「まるいじしゃくもあるんだ」という素朴な感想、私は大事にしたいと思います。いろいろな磁石が世の中にはあり、それがみな同じ性質を持っているということ、それが分かるだけでもこの学習の意味はあると思います。この文章を読んで、もっといろいろな磁石に触れさせたいと思いました。

○ Nu／Sy

Sきょく、Nきょくのことがよくわかりました。またやりたいです。でも、どのしゅるいでも、SきょくNきょくはあるのかが、よくわかりません。次は、そのことについてが、やりたいです。

＊「どのしゅるいでも、SきょくNきょくはあるのか」。私が問題にしたかったことを、この子はもう書いています。子どもが問題をどんどん作ってくれます。

○ Se／Yu

・じしゃくは、Sきょく、Nきょくが、見えなくても、どちらかにSきょく、Nきょくがある。さがすのが楽しかった。
・反発りょくで遊ぶゲームがあって楽しかった。
・きょうりょくなじしゃくほど反発力が、強い。なぜ。
・ちっちゃいじしゃくも反発力が強いのもあるし、大きいじしゃくで反発力が弱いのもある。なんでだろう。

○　Si／Ri

SとNをぼうの中にくっつけないようにいれて、さいごにじしゃくをとばすと、「ビヨヨヨ〜ン！」ととびました。おもしろかったです。ぎもん。ふつうは、SとNとわけてあるのに、ふでばこのてつの所は、SとNりょうほうつくの？

○　Sa／Ti

なんでこくばんなどには、SきょくとNきょくはかんけいなくつくのかなあ？　こくばんにはじしゃくはついてるのかなあ？　ついてないのかなあ？

○　Iz／Ke

ぼうに円のじしゃくでバネみたいになった。すごいとんでもおもしろかった。ぼくはぎもんに思う。なんで、クリップとかてつは、SきょくNきょくかんけいなくつくのに、ぼうじしゃくや円のじしゃくは、NきょくSきょくは、NきょくならNきょく、SきょくならSきょくはつかないんだろう。

○　Wa／Ke

じしゃくとじしゃくが反発しあってロケットみたいにとんでった。なんでだろう？

○　Ha／Da

SきょくとNきょくはくっついても、SきょくとSきょくはくっつかなかった。それで、ぼうをつかって、SきょくSきょく、NきょくNきょくで入れてあそんだら、すごくおもしろかったです。手をはなしたら、たいほうみたいにとんでいきました。

○　Si／Ky

えん筆でぼうを作って、丸いじしゃくで、SかNかは分からないけど、大きいのと小さいのをじゅんばんに入れてみました。そうしたら、まん中で、ボヨンボヨンボヨンとはねていました。まん中にすきまがあいていました。小さい大きい、小さい、大きいとやってみました。

○　Mi／A

まるいじしゃくは、今もっているじしゃくをちょっときったというか、こういうかんじ。

○ Ba／Ti

わたしは、今日、Sきょくとみきょくをさがせ！ で、すぐ見分けがつきました。つまり、丸いじしゃくの中には、すでにもうじしゃくがくっつきあっていて、それにカバーをかけた物が丸いじしゃくです。

＊実におもしろい考えです。子どもってこんなに考えるものなのです。

実けん4
Sきょく、Nきょくをさがせ。パート2

実験3で子どもたちは、磁石のS極とN極を探すことができるようになりました。中には、その磁石のS極とN極の構造（S極の磁石とN極の磁石がくっついてできている、など）について考えている子が出てきました。しかし、大部分の子は「こんな磁石もあったんだー。」と驚いているのです。ですから、「いろいろな磁石があり、その磁石には必ずS極とN極がある」ということを確認したくて、この実験をしました。この実験には、子どもたちに一番なじみの深い、教室で使っているアルニコ磁石を使いました。

まず、子どもたちにアルニコ磁石を配り、棒磁石でS極とN極を確認してから、それぞれにシールを貼らせました。「間違いは許さない」と脅しをかけたので、子どもたちは何回も確かめ、慎重にシールを貼っていました。しかし、ある男の子は「先生、間違えちゃったよ。S極がついたから、S極のシールを初めははっちゃった。」と言いに来ました。この実験で、その勘違いについても確認ができました。

そして、全員が正しくシールを貼れたら、自由な遊びをさせました。子どもたちは大喜び。

〈子どもたちのノートより〉

○ Ya／Mi

またSきょくとNきょくの勉強で遊べてラッキー。イヤリングをさいしょ作った時、ちょっとおもくて、いたかったけど、じしゃくの力がとても強いんだなぁと思いました。

わたしが授業でこんなにはまってしまったのは理科がはじめてで、じしゃくはなぜ電気より力が強いのかとふしぎに思ってしまいましました。

＊「じしゃくはなぜ電気より力が強いのか」というのは、電気は遮蔽物（セロテープ一枚で）があると電気が通らないのに、磁力は教科書の厚さも通ってしまうという驚きです。

＊たくさんの子が磁石箱（自分の持っている磁石を入れている）を持って来ています。休み時間なども、「先生はなんで理科が好きなの？」と聞いてきます。ああ、国語ででも算数ででも子どもたちをこういう状態にしなくっちゃ。

○　Ma／No

わたしは、一ばんさいしょ、Wa／Ko君が耳につけてすごいんだなあと思いました。次に、だれかがはなにもつけて。かみのけにもつくのかなと思ってやってみたら、おもしろくて、ペンダントのかわりにしてたのしかったです。耳にもはなにもかみのけにもつくとは思わなくて、すごおくたのしかったです。

＊磁石にはいろいろな形がある、磁力の強さもいろいろある、ということをこのアルニコ磁石で感じさせたかったのです。子どもは遊びの中でそれを感じてしまいます。

○　Nu／Ke

きょうりょくじしゃくで、下じき、音楽のきょうかしょ、たのしいリコーダー、国語のきょうかしょ、算数のノート、かん字ノートで、な、なんときょうりょくじしゃくがはんのうしたのです。

○　Ha／Da

なんでじしゃくは、手をまん中においても、じしゃくはなんでつくんだろう、と思いました。

○　Wa／Ke

手の上にじしゃくをおいて、その同じきょくを下におく。すると、一回くるっとまわるのだ！　しかも、れんぞくでやると、くるくる、くるくると回りつづける。

○　Si／Ri

てのひらにSをおき、うらにもSをつけたら、てのひらにおいてあったSがひっくりかえって、SからNにかわりました。おもしろかったです。

＊「下じきだけでなく、教科書類もはさんだのに」「手をはんさんだのに」磁力が通じているのです。手の上の磁石を下の磁石を隠しておいて手品にして見せに来る子もいました。アルニコ磁石（強力）の面白さです。

○　Ko／Hi

きょう、じしゃくであそびました。わたしは、まるいじしゃくをぼうじしゃくにちかづけたら、ぼうじしゃくはたおれました。わたしは、ふしぎだなって思いました。わたしは、まるいじしゃくのSきょくをむけて、ぼうじしゃくのうえのSきょこうをつけたからたおれた、と思いました。

＊こういうふうに倒れた理由を明確に書けるということと、特にこの子が書いたということ、驚きました。いつも曖昧にして、自信がなくなってしまう子です。この書き方に、何かきっぱりとしたものを感じました。

○　Ue／Na

今、丸いじしゃくをおとしてしまった。「ヤバイ。」そう思ってゆかを見てみると、「ない。」ゆかにおちたはずのじしゃくが、なーい。「どこにいったんだ、じしゃく君」と思って、N君のつくえのあしのほうを見てみると、「あった。」つくえのあしにピタッとくっついていた。「よかった。」

＊何気ない出来事ですが、これは、磁石が鉄につくということを学ぶ上で重要な経験です。

＊この段階になって、子どもたちはいろいろな疑問を

出してきました。

○　　　　　Ho／Ke

なんで、さてつはすなの中にあるのかなー。どうしてさてつはマグネットにくっつくのかな。

○　　　　　Sa／Ti

じしゃくは、てつなどによくつくとゆってるけど、さてつはすななのに、なぜつくのかなぁ？　すなの中には、てつなどははいっているのかなぁ？

＊砂鉄の問題は、いろいろと複雑な問題があるので、説明するのは難しいかもしれません。鉄鉱石、軟鉄、たたら、日本刀の事など、お話としてどこかの段階で話そうかなと思っています。

○　　　　　Si／Ky

じしゃくでいろいろ遊べた。一つ目、クレーン車みたいのができた。二つ目、ホカロンがじしゃくに反のうした。

どうして、SとNでじしゃくがくっつくのかなぁ…と思う。

＊この子は「先生、家でホカロンを磁石につけたらくっついたよ。」と報告に来ました。今日、理科で実験をしたとき、そのこの磁石箱の中を見ると、ちゃんとホカロンが入っていたのです。かわいいですね。

実けん5
Sきょく、Nきょくをさがせ。パート3

今回は、20センチメートルほどの細いゴム磁石で実験です。これは、切ってS極、N極を探せる実験につなげるためです。子どもたちはすぐにS極、N極を見分けました。

実けん6

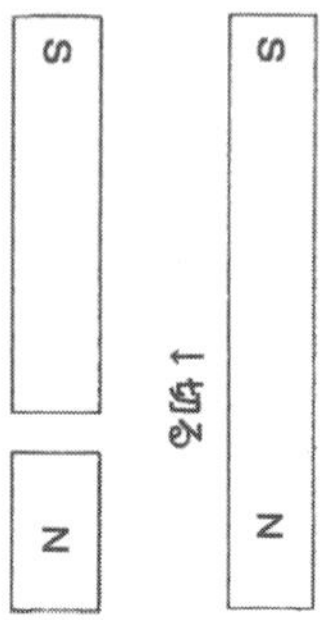

①②は何きょくか？

子どもたちからは、3つの考えが出されました。

A　①Sきょく　②Nきょく（1人）
B　①Nきょく　②Nきょく（16人）
C　①Nきょく　②Sきょく（17人）

ここでは意見を発表せずに、自分の考えをノートに書かせました。

Bの理由は、真ん中よりS極、N極と分かれるから①②ともN極になる。Cの理由は、磁石というものはS極とN極でできているから、反対の極ができるはずだ、というのです。Aの理由はノートを読んでもよく分かりませんでした。（後で発表してもらうと、なるほどと思うような理由がありました。）

〈Bの理由〉…磁石は真ん中でS極N極に分かれている。
・Ba／Tiさんの理由とにてるんだけど、やっぱり書いてなくても半分に分かれていると思う。先生にもらったじしゃくとおなじで、S、Nに分かれていると思う。このじっけんしているぼうじしゃくは、半分になる前に切っているので、予想はBです。
・SきょくとNきょくのこっきょう線を二つともNがわの方にいっているからです。
・じしゃくは、中心部分で分かれてると思うからです。
・Bだと思う。なぜか。半分できったとしたら、S、Nに分かれると思います。だから、Nのほうによっているから、N、Nだと思います。

〈Cの理由〉…磁石という物にはS極N極がある。
・ぼくは、どんなじしゃくにもS、Nがあるので、切った所でもS、Nがあると思います。
・ぼくは、Cだと思います。理由は、Nきょくのじんちが近くにあってもNきょくの反対は、Sきょくだと思います。反対でもいっしょだと思います。
・どのじしゃくにもSとNはりょうほうあるし、NNどうしとか、SSどうしとかはないと思います。ゴムじしゃくを切ってもSとN両方ある。
・きっても、NとSがある。はんぶんのところをきったら、Sの反対がわにはN、Nの反対がわにはSだから、Nのところをきっても、Nの反対がわにはSがある。きってもじしゃくだから。
・Sきょくの反対はNきょくで、Nきょくの反対はSきょくです。この場合は、Nきょくの近い方で切れています。長く切れたSきょくの方にも、Nきょくが入っていると思います。だから、短く切れたNきょくの方にも、Sきょくが入っていると思います。

〈Aの理由〉…多い極が影響する。
・私はAだと思います。切ったとき、SとちょこっとのこったNの方は、ちょっとのこったNの方にSのじりょくがくっつくからだと思う。（つまり、SNは真ん中から分かれていると考えている。そして、切った左側の部分はSが多くNが少ないからSの磁力が移ってしまうという、理由。なるほど）
＊Aの理由を聞いて、みな「なるほど！」と理由としては納得。

そこで、子どもたちを少しかまってみました。

実けん6―2
Sきょくがわを切ったらどうなるか？

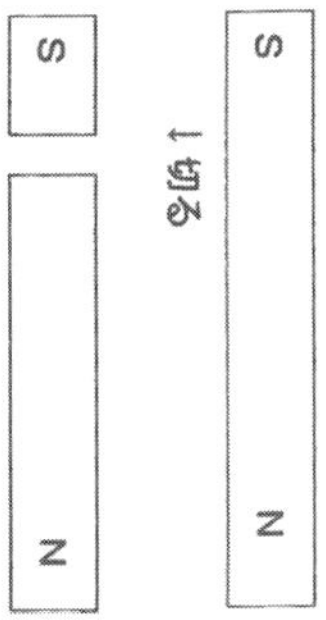

この質問に対しては、子どもたちの考えは変わりませんでした。理由も同じなのでしょう。

そこで、次の質問です。

実験6—3

まんなかで切ったらどうなるか？

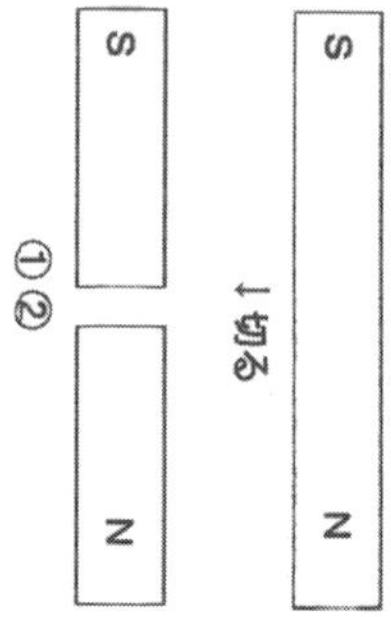

これには、子どもたちがゆれました。

D（SSとNNの磁石に分かれる）…25人

E（SNとSNの磁石に分かれる）…8人

おもしろいですね。実験6と実験6—2ではCと考えた子も、真ん中は違うと考えてしまうのです。それはそうでしょう。私の渡した磁石は真ん中から色が変わっています（色のついていない磁石を渡していたら違っただろうか？）。

また、磁石の真ん中は鉄がつかないということを発見した子がいましたが、この問題とS極N極の問題をつなげて考えることは無理な段階です。

さっそく実験です。子どもたちは丁寧に実験し、何度も班の一人ひとりがN極S極を確認しシールを貼っていました。

〈子どものノートより〉

○　Sa／Me

わたしのよそう、はずれ！　がくっ。なんでEなの？　じしゃくってふしぎ。Nきょくにちかいのに、きったら①がN②がSなの？　Sの反対はN、Nの反対はSになりました。

＊おとなしくて、発表の声も小さく、表情の少ない子でした。この子が、ノートで表情豊かに遊び出しました。

○　Nu／Ke

Eの大あたり！　イェーイ！　あーどきどきした。

すごいよ！　ちっちゃいじしゃくのいりょくがすごいよ。またいっぽぜんしん。

＊腕白坊主のKe。この子が「あーどきどきした」と緊張し、「またいっぽぜんしん」と大人びた表現をするなんて。磁石の魅力です。

○　　　　To／Ma

わたしの予想ははずれてしまいました。わたしはけっかがでたしゅんかん、えっ？　と思いました。まん中のところじゃなくてNのほうをきったのに。どうしてかすごくふしぎです。理由がはやくしりたいと思いました。どうして、Nのほうをきったのに、どうして、きって小さくなったほうの反対側が、Sになったのかな？

○　　　　Ya／Mi

わたしのよそうは当たりでした。まさかEで当たるとは思いませんでした。

じしゃくは、どこにでもNとSがあるのかとおどろいてしまいました。わたしは、頭の中では、本当はDなんじゃないか？　と思っていました。でも、じしゃくは、なんでまん中にNとSがまざっているのかな？と思いました。

＊実験の結果に、子どもたちは驚いていました。答えが当たった子も、はずれた子も、みな、どうして？と思っています。ここで、その理由は説明しません。磁石は、切っても小さな磁石になること、これはとても不思議なことです。ほかにこういう物があるでしょうか。プラナリアの再生だってもっと時間がかかるし、トカゲのしっぽはやっぱりしっぽであってトカゲ本体にはならない。クローンのようにミニ磁石がたくさんできるのですから。

そこで、また子どもたちをかまってみました。

実験6—4
じしゃくのSきょくがわ、1ミリだけ切ったら、その1ミリのじしゃくにSきょく、Nきょくはあるか？

これには、全員がはっきりと「ある！」と答えました。これで、はっきりとしたようです。一班ずつ私の所に呼んで、私が磁石を切りながら「こんなちっちゃいのにSNあるの？　本当？」と一人ひとりに聞いたのですが、誰もゆれませんでした。

ここで授業は一段落。

（3）磁石につく物の授業

実けん7
じしゃくにつく物をさがせ！

磁石につく物探しの開始です。子どもたちは、教室のあちこちに散らばって、磁石をくっつけ出しました。あちこちから「先生、先生」と私を呼ぶ声が聞こえます。行ってみると、様々な発見を教えてくれます。

「まどのここ（サッシの枠）はつかないのに、ねじはつくよ。」

「ランドセルのここ（背の部分のベルトをつなげるリング）はついた。」

「画鋲がついた。」

「黒板消しの緑のとこ（鋲）がくっついた。」

等々と、実に細かい部分まで調べています。

中には、「ストーブの鍵がつかない。」と不思議そうに言う子もいます。すると他の子が「でも、鍵をくっつけてるリングはつくよ。」と教えてくれます。また、「給食着をかけるフックがつく。プラスチックなのに。」と言うのです。これは使えるなと思いながら、「えー！　どうしてだろうね。不思議だね。」と私。

○〈子どもたちのノートより〉　Tu／Ho

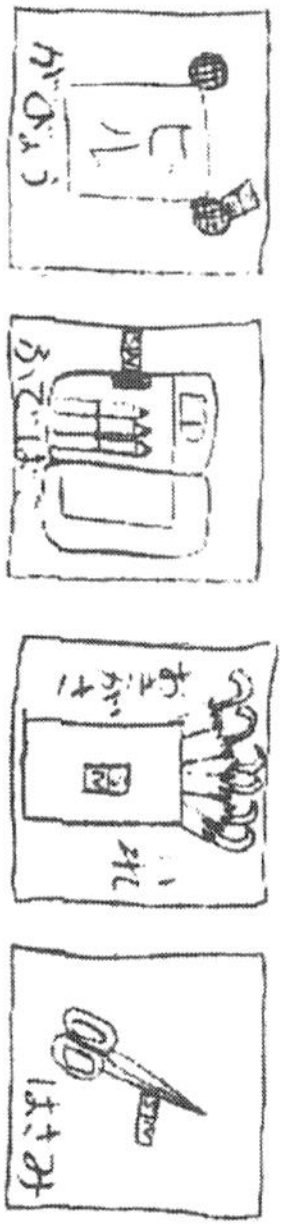

○　Ha／Mi

発見！　わたしは、まどのかぎはてっきりじしゃくがつくと思っていましたが、やってみたら…つきませんでした。なんで～なんだろう。かぎのくさりもつく物ではなかった～!!　これはつく物だな！　と思っても、中にはつかない物もあるんだ!!

○　Ya／Mi

わたしがびっくり（発見）したのは、家のカギがつかなったことです。…なんでかな？とぎ問になってしまいました。家のカギは金ぞくのはずなのになぜつかないのか？　あと、なんでチョークをおく所もつかないのでしょう？　わたしは、じしゃくのぎ問はいっぱいあってこまってしまいました。

○　Wa／Ke

くっつくものは、ほぼ金ぞくせいしつということがわかった。でも、なぜつくかはふめい。

○　As／Da

てつでもつかない所があった。まどのてつの所はなんでつかないんだろう？

○　Ya／En

わたしは、ロッカーのよこの部分がつくとはおもいませんでした。あそこがてつでできてるとは、ぜんぜんしりませんでした。あと、ランドセルのかけるわのところもつきました。でも、てつでもつかないものもいくつかありました。それがふしぎです。

○　Ha／Da

みにほうきのかなぐのぶぶんは、アルミみたいなのにくっついたから、ふしぎだと思った。

○　Na／Ma

なんでカギはくっつかないのかがぎ問でした。なぜかというと、リングだけくっつくからです。でも、やっぱ、鉄でもくっつかないのあるのかなぁと思いました。

＊「金ぞくせいしつ」「てつでもつかないもの」と子どもたちが言うのも無理はありません。金属や鉄の概念がはっきりしていないのですから。そろそろ「磁石につく物は鉄である。」と子どもたちに入れる段階に来ていると思います。

○ To／Ma

きょう、じしゃくにつく物をさがしました。発見したことは、教室のストーブのカギを実けんしてみたことです。カギには、フックにかけるためにリングがついています。わたしは、カギもリングもつくと思っていました。そして、リングをしてみると、くっつきます。わたしは、カギもくっつくだろうと思いながらやってみました。そしたら、カギは、つかなかったのです。これは、発見!! どうして、カギのリングはつくのにカギはつかないのかな?

○ Ya／Ay

今日、じしゃくでくっつく物をさがしました。つくえのわくの下のほうに（じしゃくは）くっついていました。これなら、かみとかつけれてべんりだなぁ！と思いました。

次は、ストーブのかぎ。これはくっつくと思った。けど、くっつかなかった。どうしてかは、わたしの中ではなぞです。けど、かぎの上に丸いわっかがありました。それはくっつきました。おきがさのカンは、よおくくっつきました。たぶん、てつっぽい物がくっつくと思います。

○ Ma／No

かっぽうぎの鉄の所がつくと思ったら、鉄じゃない所がくっついて、どうしてだろうなあと思いました。

○ Ka／Ta

ぼくは、フックがどうしてついたか、とてもふしぎです。まわりはプラスチックみたいだけどなぁと思います。

○　Ko／So
どうしてカギはつかないのか。カギはアルミでできているから、じしゃくはてつでできているから、だからつかなかったのかもしれない。

＊これはとても鋭い指摘です。磁石は磁鉄鉱です。つまり鉄なのです。それが鉱物の中で唯一（例外はありますが）磁力を持つのです。その磁力を持った鉄が、仲間の鉄を引きつけるのです。

○　Ba／Ti
わたしが思ったのは、つく物がアルミとてつだけだった。それは、もしかしてアルミやてつの中に、じしゃくじゃないけどじしゃくとくっつくような物が中に入ってるのかもしれない。

＊これは分子の並び方の問題につながります。これを三年生で取り上げることはしませんが、なぜ磁石になるのかにつながる問題です。

○　Ue／Na
今、つくかつかない物をやってみたら、ストーブのかぎはつかなくて、ストーブのかぎのチェーンがくっついていました。砂鉄は、あたりまえというぐらいピタッとくっつきました。でも、なんで砂鉄というものはくっつくのだろう。

＊砂鉄の問題もいつか話さないと。

○　Si／Ri
なんでだか、ＳＮ両方つくのがいっぱいありました。

○　Sa／Ti
今日、わたしは、じっけんをしてふしぎだとおもったことがあります。じしゃくはてつなどによくつくけど、てつの中にはじしゃくはついているのか？　もしもついてないといゆうことは、ボールもじしゃくはつくと思います。

＊右の二つの問題は、とってもおもしろいと思います。これらの問題は、鉄が磁石についたときには、鉄の分子たちもSNに並んでいるという問題につながります。しかし、そこまで三年生に話す気はないし、どう扱うか。

問題1
じしゃくにつく物は何か？

「磁石につく物は鉄だけである。」ということを教える段階に来ています。

まず、子どもたちに前の実験の結果を発表させ、「木、紙、ノート、布、毛など」が磁石につかなかったことを確認しました。

ストーブのカギを取り出し、このカギは磁石につく？　と質問しました。半分くらいの子は前の実験の時に確かめていたので、やっていない子に聞きました。するど、全員がつかないと言います。理由は、アルミだから。カギはアルミでリングは金属だからとも言います。そこで、実験してカギはつかないけれどリングはつくということを、全員で確かめました。

「なぜカギは磁石につかないのに、リングはつくの？」と聞くと、

・金属の種類が違う。
・磁石は鉄でできているから、鉄と金属がつく。
・金属の中（成分）が違うから。
・鉄とアルミは金属だけど、鉄にはSNが入っているから。

と、とっても的確なことを言います。驚きました。

そこで硬貨を出しました。

「お金が、一円玉、五円玉、十円玉、五十円玉、百円玉、古い五百円玉、新しい五百円玉とあります。このお金はいろいろな金属でできています。アルミ、銅、しんちゅう、銀（かなりいい加減ですがそこは手八兆口八丁で）……。さて、このお金は磁石につくでしょうか？」

一円玉は全員がつかないと言います。アルミサッシがつかなったことを知っているのですから、当たり前

です。すぐに実験で確かめました。次に五円玉は三分の二の子がつくと言います。また実験。十円玉は半分の子がつくと言います。これも実験。五十円玉は？　だんだんつくと言う子が減ってきます。百円玉は3人。五百円玉になると一人もいません。
　金属の中の鉄だけが磁石につくと、ここで教えました。そして、教室にある物を一つひとつに磁石をつけて確認しました。
T「先生の机に磁石がついた。じゃあ、先生の机は？」
C「鉄。」
T「この画鋲は？」
C「鉄。」
T「この黒板は磁石がつかない。なんで？」
C「木だから。」
T「前の黒板には磁石がつくね。なぜ？」
C「鉄だから。」
T「ここにアルミサッシがあるよ。でも、磁石がつくよ！」
C「だってそこねじじゃない！」
T「じゃーこのねじは？」
C「鉄。」
これで入ったと思いました。

実験8
クリップと磁石であそぼう

　クリップを配って遊ばせました。「金属探知機だ。」と磁石をいくつかくっつけてクリップにつけようとした子がいたので、「金属じゃないでしょ？」と言うと、「そっかー。鉄探知機だ。」とすぐに訂正しました。私の期待通り、いろいろと報告に来ます。

　「クリップがくっつく。」とクリップ同士をくっつけて見せてくれる子。「磁石をクリップにこするとつくんだよ。」と一生懸命磁石でクリップをこすっている子。「磁石の砂鉄（磁石の粉のことでしょう）がつくんだよ。」と言いながら強くこする子。「磁石の成分がクリップに移るんだよ。」「磁石でこすらなくてもつくよ。」等々。「クリップは鉄なのにSNがない。」と言って来る子もいます。

私の調べたところでは、磁石をくっつけただけでクリップは磁石になるのですが、磁石を一定方向に軽くこするとより強力な磁石になるようです。ほんとかな？

〈子どもたちのノートより〉

○　To／Ma

今日、クリップとじしゃくで遊びました。ふしぎなことに、クリップどうしがくっつくようになっちゃいました！　ふしぎだなあと、いっしゅんおもいました。じしゃくでクリップをいっぱいつなげて遊びました。すごくおもしろかったです。あと、お金は全部つきませんでした。じしゃくは鉄だけにつくとは思ってもいませんでした。どうして鉄だけつくのかな？

○　Ya／Mi

わたしは、クリップの実けんをして、ふしぎだなぁと思ったのは、クリップどうしくっつくことです。じしゃくとクリップがつくのはあたりまえだと思ったけど、クリップとクリップでつくとは思ってなかったのでビックリと、すごいな～と思いました。

＊こういう感想が多いので、私はビックリしました。クリップが磁石になったと明確に書く子は少なかったのです。この授業の中で「クリップが磁石になったね。」と言わなくて良かったと思いました。「くっつく→磁石」という回路は子どもたちの中にまだできていなかったのです。しかし、次のように書く子が何人かいました。

○　Na／Ma

クリップはじしゃくにつけていると、クリップがじしゃくになるなんてはじめてしりました。ためしにクリップをふでばこの鉄の部分にくっつけたら、なんとくっつきました。すごいびっくりしました。

○　Ue／Na

今、だれかがクリップをじしゃくにすると「じしゃくになる！」という発見をしました。だからわたしもやってみたら、本当にじしゃくになりました。クリップとクリップがつながったからです。でも、なんでじしゃくになるのかなぁ。やっぱり？です。

○　Nu／Sy

クリップどうしてつくことはわかったけれども、ほかの鉄とクリップでつくかどうかが、わかりません。知りたいです。

＊この子は、クリップが磁石になったかを知りたいのだと思います。この子の言う実験をしている子（Na／Ma君）もいるのですが、次の授業で確認したい内容です。

○　Ha／Mi

わたしは発見しました。クリップとクリップがくっついたことです。じしゃくとクリップはとうぜんくっつくけど、でもね、クリップとクリップがくっつくのってびっくりしちゃうでしょ！　じしゃくはくっつくけどクリップとクリップがくっつくなんて…なんでだろう〜。わかった！　クリップの中にこなのじしゃくがはいってるんじゃないかな〜。でも…。わかんな〜い。でも、クリップとクリップがつくなんて、すごいよね！

○　Ya／Ay

今日、クリップがクリップどうしてつくか実けんしました。さいしょは、くっつかないと思いました。けど、何にもくっつけなくても、ピタと、くっつきました。ふしぎでした。とくしゅな鉄が入ってるのかな？でも、クリップどうしがくっつくのは、ふしぎです。

○　Ko／So

はじめ、クリップを使ってみて、じしゃくにくっつけていると、なんと、クリップがじしゃくのちからをもらって、クリップどうしてついている。どうしてつくのかな？

○　Wa／Ko

ぼくは、たぶん、クリップなどにじしゃくの力がはいるから、クリップがじしゃくのようになったと思います。

＊子どもたちは理由をいろいろと考えます。みな正しいと思います。

○　Ko／Hi

クリップをこすったら、クリップどうしがくっついた。クリップがじしゃくになったみたいでした。それと、つよいじしゃくにクリップをしばらくつけておいたら、クリップがじしゃくになりました。

わたしは、クリップの中にはSきょくとNきょくの小さいもとがばらばらになってるけど、じしゃくをこすると、NきょくSきょくの小さいもとがおなじムキになっているからだと思いました。

○　Se／Yu

クリップをじしゃくでつけて遊んでいたら、クリップどうしくっつくようになった。なぜ？　ぼくは、こう思います。じしゃくでくっつけて遊んでいたから、SきょくNきょくがクリップにうつってしまったのかなと思います。

○　Ba／Ti

クリップにS、Nがない！　なんとクリップは、鉄なのにS、Nがなかった。赤と黒の色のついたじしゃくで、クリップの前にじしゃくをひっくりかえして何度もやったのに、ピタとくっついてしまった。クリップにS、Nはない！

＊この子は、私の所に磁石とクリップを持ってきて、実験をして見せてくれました。クリップを磁石にしてクリップ同士がつくことを確認した上でそのクリップの左右にに磁石のS極とN極を交互に近づけるのです。相手が磁石ですので、両方ともくっついてしまいます。クリップ同士でS極、N極があるか調べてごらんとは言いませんでした。まだ全体の問題にするのは早いと考えたからです。

○　Tu／Ta

ぼくは、クリップがじしゃくにつく事はしっていました。でも、クリップがじしゃくになる事まではしりませんでした。あと、クリップじしゃくは、SきょくNきょくがない事もしりました。

○　Iz／Ke

なぜクリップは、アルミみたいなのに、鉄なんだろう。なぜクリップはNSかんけいないんだろう。先生、それをできたらけんきゅうして下さい。

＊「先生、それをできたらけんきゅうして下さい。」と「できたら」を入れるなんてかわいいですね。私は子どもたちにも「先生も磁石のこと分からないんだ。」と言っているからです。本当に磁石のことを詳しく知らないのですから仕方がないですね。

右の四人は、磁石ならS極N極があるはずだと思っているようです。磁石の概念が少しずつできているように感じます。

子どもたちのノートを何度も読みながら、次の授業を考えます。

このまま、クリップのS極N極の問題に行ってしまって良いのだろうか？　授業を始めた頃に、もう、はさみが磁石になることを発見していた子もいたし、磁石で鉄をこすると磁石になることを知っていた子もいた。だから、磁石につけると鉄が磁石になるということをほとんどの子が知っていると思っていた。ところが違った。私は、この授業で子どもたちがこんなに驚くなんて予想していなかった。また、S極N極とつなげて考える子もほとんどいないと考えていた。だから、迷ってしまう。

このままクリップのS極N極の問題に進んで良いのかどうか。強力アルニコ磁石で普通の磁石でつかなかった金属がつくかどうか、プラスチックでカバーされた給食着のフックの問題等々、子どもに聞いてみたいことはまだまだある。だが、これらの問題はクリップの磁極の問題とは直接つながらない。しかし、つながらないからといって、このまま進んでしまって付いて来れない子がいないだろうか。子どもの中で論理の飛躍が生まれないだろうか。

「まっ、いいか。」と私の悪い癖で、あまり考えずに

S極N極の問題に入ることにしました。

実験9
クリップにS極、N極はできるか？

昨日のクリップ同士がくっついたことを確認し、伸ばして針金状になったクリップを配る。それを磁化させて、ホチキスの針がつくことを確認させました。子どもたちは、クリップの両側ともホチキスの針をつける力があることを発見し「磁石と同じだ。」と言っていました。

T　ホチキスの針が両側ともつくね。1班は磁石と同じで真ん中はつかないと言ってるよ。じゃあ、これは磁石ですか？
C　磁石じゃない。くっつける力は移ったけど、磁石じゃない。
C　くっつくんだから磁石だよ。
T　磁石だというなら、磁石はS極N極があったから、これにもS極N極があるの？
C　ある、ないという声が入り乱れる。（ないという声のほうが圧倒的に多そう。）

・ある…12人
・ない…23人

そこで理由を聞くと、
・磁石のS極をつけたら、クリップはN極の磁石になる。だから、両方はない。（S極をつけると相手はN極になるというのです。）
・磁石のS極N極のどっちかの磁力がくっついただけだから、ない。
（これらの理由は結構支持を受けました。つまり、S極だけのもの、N極だけのものがあるとまだ考えているようです。）
・ない。鉄だから。
・S極N極がないと磁石じゃないから、ある。（この意見を持っている子はきっぱりと言いました。）

実験です。これは少し混乱しました。やはり3年生には少し難しかったようで、両方ともついてしまう子が何人かいました。それらの子に対しては、私が磁化させて示してやりました。

〈子どものノートより〉

○　Ya／Ay

私のよそうは、はずれました。じしゃくになって、ピタとくっつきました。もし、SNきょくがあるなら、もうくっついたので、くっつきません。ドキドキしながらやりました。はんぱつしました。あれ？　と思った。どっちもSSNNだからくっつくかと思った。ふしぎだった。

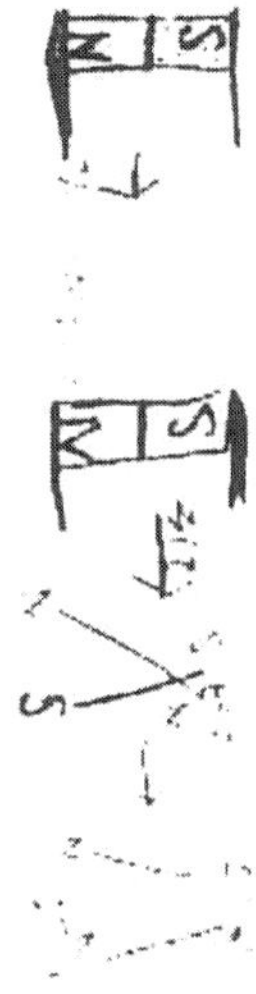

○　Ma／Ta

ぼくのよそうがはずれてしまいました。でも、SきょくとNきょくは、なんにでもできるんだと思いました。

○　Na／Ma

予想…あると思う。

理由…SNがないとじしゃくじゃないから。

かんそう…ぼくはじしゃくにつけたクリップにSNがあるなんて初めてしりました。それに、さいしょの予想が当たるなんて、しんじられませんでした。でも、とにかくびっくりしました。

実験10
世界一強力な磁石は、鉄以外のものもつくか？

大きいアルニコU磁石を見せました。その磁石で、子どもの椅子を持ち上げて見せました。子どもたちは驚きの声を挙げました。そこで、子どもの机（教科書も入っている）を持ち上げようとすると、飛び出してその周りに集まって来ます。みんなの見守る中、机は軽々と持ち上がりました。「お！」「すげえ。」「最強の磁石だ！」と感激しています。

「この磁石で、今まで磁石につかなかったお金など、つくと思う人！」と言うと、ほとんどの子が手を挙げました。挙げてない子は五人ほどです。理由を聞くと、「僕たちの磁石につかなかったんだから、つかない。」と言います。他の子たちは「僕たちの磁石は力が弱いから、その最強の磁石なら、つく。」と言います。

その話し合いの後、もう一度手を挙げさせると、
①つく……26人
②つかない……10人
と、つかないと思う子が増えていました。

ノートに実験10の問題を書かせていると、男の子たちは私が板書した「世界一強力」ではなく「世界最強」と書いているのです。おもしろいですね。


〈子どものノートより〉

○　Na／Ma

あんなにでかくて強力なじしゃく、生まれて初めて見ました。でも、力が強いだけで、じしゃくはじしゃくでした。でも、つくえを持ち上げたときはめちゃくちゃすごいと思いました。

○　Wa／Ko

ぼくは、はずれてしまいました。じしゃくでも世界でいろいろあるけど、じしゃくはじしゃくなんだな。

○　Se／Yu

ぼくたちのじしゃくは、じりょくが弱いけど、世界一強いならつくと思ったけど、つかなかった。世界一強いじしゃくも鉄いがいは、ぜったいつかない。つくのは、鉄だけ。アルミやどう、金、銀はぜったいつかない。

○　Ue／Na

やっぱり、世界一のじしゃくでも、つかないものはつかないんだね。でも、すごいじしゃくだなぁ。でも、お金はつくようにみえるけど、くっつかないんだ。

○　Ma／Yu

予想…つくと思う。

理由…この前お金でやった時はつかなかったけど、この前のふつうのじしゃくのは力が弱かったからつかなかっただけで、世界一強いじしゃくならつくと思う。

けっか…つかなかった。またはずれでした。わたしは、どんなに強いじしゃくでも鉄しかつかないことをしりました。

はずれてガッカリしたけれど、つかなくてビックリもしました。やっぱり、いくら強くても、鉄いがいはつかないんだなぁと思いました。

○ Ka／Ta

わたしのよそうははずれました。いくら世界一のきょうりょくじしゃくでも、じしゃくはじしゃくなんだから、くっつかないよね！

○ Ha／Mi

ぼくの予想は、はずれてしまいました。けれども、世界さいきょうのじしゃくのおかげで、どんなに強いじしゃくでも鉄いがいはくっつけることができないということが分かりました。

○ Tu／Ta

実験9と実験10の授業が終わって、実験9の授業が必要だったかどうかを考えました。

実験10の授業は三年生らしい反応で楽しい授業でした。三年生ではこういう授業で良いのではないかと思います。それに比べて、実験9の授業はダイナミックではありません。三年生には少し難しかったかなとも思います。しかし、私の授業の流れでは入れて良かったと思う。

（4）まとめの授業

「これで磁石の授業はおしまいです。」と話し、いろいろな話をしました。

①じしゃくの漢字について

この授業までは、じしゃくとひらがなで書いてきました。しかし、子どものノートに「ぼくは、はじめ、磁石は石でできていると思っていました。」と書いていた子がいたので、漢字を教えました。ここまでひらがなで通してきて良かったと思いました。

磁石は元々石であったこと、石の中に鉄が含まれていること、だから鉄同士仲間だから鉄だけが磁石につくこと、などを話しました。

②磁石クイズ

・磁石には（　　）だけがつく。
・磁石には、必ず（　　）と（　　）がある。
・鉄同士がくっついている。その鉄には（　　）と（　）がある。
など五問出しました。

子どもたちは「かんたんだー。」と言って皆手を挙げます。

最後のクイズ、応用問題です。
・給食着を掛けるプラスチックのフックがなぜ磁石につくのか？…こう問いかけると、即座に「中に鉄が入っているから。」と答えます。
・S君が見つけたホッカイロの問題。…これも、「中に鉄が入っているから。」と答えます。これで完璧に入ったと思いました。

③方位磁針について
これも話だけで済ませました。方位磁針という磁石があること（以前社会科の授業で使っています。）、地球自体が磁石である不思議、昔の船大工の家には必ず石の磁石があったこと、砂鉄の話などを話しました。

そして、磁鉄鉱でクリップをつけて見せました。

④いろいろな磁石で遊び
今まで見せていなかったいろいろな磁石を配り、遊ばせました。キーパー版の説明もしました。

次の時間は磁石遊び。2時間たっぷりと遊ばせます。子どもたちがどんな遊びを考えるか楽しみです。


〈子どもたちのノートより〉…磁石のまとめとして書いてもらいました。

○　　　　Ya／Ay
今日、さいごの感想です。ちょこっと悲しい。じ石は、すごいおもしろかったです。いろいろなじ石があっておもしろかった。中でも、世界一強力なじ石が好きです。じ石っていろいろあっておもしろいです。

○　　　　Ya／Mi
じ石のさいごのまとめですが、今回は実けん10までいって、きのうは世界一強いじ石までつかって勉強させてもらいました!! 世界一強いじ石は本当に強い。つくえ、いすも持ち上げて、クラスのみんなはビックリ! わたしはもっとじ石について勉強したいのですがもう終わってしまうので、こじんでもがんばって実けんしたいです。

さいごのかんそう　Na／Ma

いやー、世の中にはUがたじしゃくやボールじしゃくやちょう強力じしゃくやいろんなじしゃくがあるのを知りました。でも、まだまだ世の中にはたぶんじしゃくがあると思います。だから、ぼくはその世の中にあるじ石を全部見たいです。

色々なじ石　Ba／Ti

実けん6の時の感想でわたしが書いた事、鉄の中になぞの物が入っている、と書いた。そのなぞの物は何だか? やっとわかった。鉄にはS、Nが生まれるから、鉄のがびょうにS、Nが生まれてじ石とくっついた。

実けん1の時は、じ石ってれいぞう庫とかにつく物ぐらいしかしらなかったけど、実けん8まで勉強すると、じ石って何って事がよーくわかるようになった。いま、石のじ石がまわってまいりました。おっと、実けんしてみたら、その石はじ石をつけた。じ石は、とってもべんりですごい物だなぁと思った。

さいごのじっけん　Si／Ri

わたしは、「石なんてつくわけないよー。うそっぽー。」と思いました。だから、じしゃくについたとき、とーってもびっくりしました。すこしおもくて、じりょくがあんまりなかったです。とてもいっぱいさわっちゃいました。じしゃくでこすったら、さてつみたいのがつきました。

理科のじっけん　Wa／Ko

ぼくは、理科の実験は、「いろいろやるな。」と思いました。

さいしょは、かがみや色などを反しゃさせたり、かがみに色セロハンをつけて反しゃさせたら、なんと色もいっしょに反しゃしました。

電気では、金ぞくは電気を通したけれど、色がついていたり、さびていたら、電気は通さなかったけれど、紙やすりでこすったら、電気が通った。

じしゃくでは、なぜか、SきょくとNきょくがあり、ぜったいSきょくの反対はNきょくである。あそのぎゃくもおなじということ。ぼくは、じしゃくをうまくりようすれば、おもしろいことがたくさんできるような気がする。

ぼくのよそうは、当たったりはずれたりするけど、クイズみたいで楽しいです。ぼくは、なんでじしゃくにさてつがつくかしりたいです。そして、さてつは、じしゃくにくっつくとはりねずみのようになるけど、とるとやわらかくなって気持ちいいです。

クラスのみんなとわかれるのは、ちょっと悲しいけど、楽しい一年間でした。

ぜんぶのまとめ　Sa／Ti

わたしは、ずっとじ石であそんでいるうちに、ふしぎだなぁと思ったことがいっぱいありました。いちばんふしぎだなぁと思ったことは、なぜこくばんにはNきょくSきょくはどっちもつくのなと思いました。あとは、クリップをじしゃくにつけてじりょくがうつった時も、ふしぎだなぁと思いました。それと、じしゃくにはじりょくこうがついてるけど、てつなどにつけてる時、てつにじりょくをあげてるのに、じ石のじりょくはなくならないのかと思いました。

○　Ya／En

わたしはしらべてきて、ずっとじ石のまん中だけはつかなかった。じ石をきっても、まん中だけはかならずつかなかった。だからまん中には、Koさんがいったとおりに、SきょくNきょくがまじってるから、つかなかったんだなぁと思いました。じ石は鉄のまじった石からできていたんだなぁと思いました。

この一年間理科をやってきていちばん楽しかったのは、反しゃでした。反しゃするものがいっぱいわかったし、色まで反しゃすることがわかってよかったです。世界一強力なじ石、いろんなじ石がいっぱいみれてうれしかったです。いろんなあそびをみつけてみたいです。

4. 資料

〈教科書のねらいと単元構成〉啓林館

(1) ねらい

①磁石をいろいろな物に近づけたときの現象から、磁力の作用が及ぶ物と及ばない物があることをとらえるとともに、物の磁力に対する性質を、電気に対する性質と比べながらとらえることができるようになる。

②磁石には2種類の極があることを実験的に見い出し、磁石と極と極の相互作用や、磁力の作用を受けた鉄にみられる磁化の現象を調べ、磁石の性質についての科学的な見方や考え方ができるようにする。

(2) 学習展開の概要(11時間)

①磁石の引きつける力と極(4時間)

・どんな物が、磁石につくのだろうか。

・磁石の力は、磁石と鉄の間に、鉄でない物をはさんでも働くのだろうか。

・磁石が引きつける力は、磁石の場所によって違うのだろうか。

②磁石の極の性質(3時間)

・2つの磁石の極どうしを近づけると、どうなるのだろうか。

・自由に動けるようにした磁石は、どのような動きをするのだろうか。

・NやSの印がない磁石の極をみつけるには、どうすればよいだろう。

③磁石についたくぎ(3時間)

・磁石についたくぎに、別のくぎがつくのはどうしてだろうか。

④まとめ(1時間)

・磁石の性質を利用して、おもちゃをつくってみよう。

5. 自己評価

(1) 教材解釈について

私が今回磁石でした教材解釈は、大げさに言うと「教師という専門家のする専門的な解釈」である。つまり「学級にいる一人ひとりの子どもたちの、さまざまの論理とか思考とかを、教師が正確に知り、それと、教師の解釈なり主張なりとを、どう衝突させ、子どもたちの論理や思考をどうつぶし、どう方向づけたり発展させたり拡大させたりしていくかということを考える」ということであったと思う。

今までの教材研究はいろいろと調べてそれがバラバラと自分の中に入り、かえって混乱した教材研究だったと思う。燃焼の授業で言えば、燃焼とは何か、酸化である……と調べはするが、その本質には行き着けず（今回も「S極とS極が反発している間には何があるのか」「なぜ磁石のまん中に磁力がないのか」「アルニコ磁石はなぜ磁石に着かないアルミニウムが入っているのに磁力が強くなるのか」など結局分からなかった。）、自分の頭にランダムに知識が入るだけの教材解釈であった。

今回はそういうことではなく、消去法の教材研究とでもいうのだろうか、一つに絞ることができるようになってきた。それは、3年生を担任したということも私には大きい。今の3年生は1年2年と生活科しか勉強していなく理科は初めてである。しかも生活科では生物は扱うが物理化学的な内容は扱っていない。その子どもたちに私が持っている資料はそのままでは難しくて使えない。そこで、一つだけでも良いから絞って考えさせたいと思った。また、極地方式研究会や科学教育研究協議会が扱っている内容を問題にできる土壌をどうやって子どもたちの中に創っていくのかということも考えさせられた。つまり、子どもがあることを認識するために必要なことは何かということを考えたということだと思う。

ただ今回の私の一つに絞るということは自分の中の教材観、授業観と密接につながっていることだと思う。酸の授業でいえば「溶ける→科学変化的溶ける」、磁石の場合「極」ということ、しかしこれは誰でも同じように絞ると思う。私の中では、これが何か今までとは違う形で位置付いたのである。自分の認識の中で何か、目の前の子どもの状態（つまり子どもたちをどうしたいのか）とつながったのだと思う。だから子どもたちにどんな磁石を持たせ、何をさせて、何を考えさせたいのかが教材解釈の段階から考えることができた。つまり、展開の角度的なものが見えてきた、ということだろうか。

(2) 小学校の理科の授業について

①物質や現象の不思議さに触れさせたい

私は、今までの理科の実践で「現象の不思議に触れる」ことを強調してきた。それを一番感じたのは「酸のはたらき」の実践であった。科学変化は小学校の段階では説明不可能であり(こう言い切ってしまうことは危険だが)、小学生の言葉でぎりぎり言えれば良いと考えた。そのぎりぎり追求した結果「やっぱり不思議だなぁ。」と感じられれば良いと思うのである。

今回の磁石でも、それが成功したと思う。子どもたちは、どんな磁石にもN極S極があるということ、磁石を割れば(磁石のまん中には磁極がないのに)S極N極が生まれることなどを認識し、その仕組みは分からないが磁石の不思議さ(魅力)を感じ、もっと知りたいと感じていた。

色々なじ石　Ba/Ti

実けん6の時の感想でわたしが書いた事、鉄の中になぞの物が入っている、と書いた。そのなぞの物は何だか? やっとわかった。鉄にはS、Nが生まれるから、鉄のがびょうにS、Nが生まれてじ石とくっついた。

実けん1の時は、じ石ってれいぞう庫とかにつく物ぐらいしかしらなかったけど、実けん8まで勉強すると、じ石って何って事がよーくわかるようになった。いま、石のじ石がまわってまいりました。おっと、実けんしてみたら、その石はじ石をつけた。じ石は、とってもべんりですごい物だなぁと思った。

ぜんぶのまとめ　Sa/Ti

わたしは、ずっとじ石であそんでいるうちに、ふしぎだなぁと思ったことがいっぱいありました。いちばんふしぎだなぁと思ったことは、なぜこくばんにはNきょくSきょくはどっちもつくのなと思いました。あとは、クリップをじしゃくにつけてじりょくがうつった時も、ふしぎだなぁと思いました。それと、じしゃくにはじりょくこうがついてるけど、てつなどにつけてる時、てつにじりょくをあげてるのに、じ石のじりょくはなくならないのかと思いました。

○　　　　　　　　　　　Ya／En

わたしはしらべてきて、ずっとじ石のまん中だけはつかなかなかった。じ石をきっても、まん中だけはかならずつかなかった。だからまん中には、Koさんがいったとおりに、SきょくNきょくがまじってるから、つかなかったんだなぁと思いました。じ石は鉄のまじった石からできていたんだなぁと思いました。

この一年間理科をやってきていちばん楽しかったのは、反しゃでした。反しゃするものがいっぱいわかったし、色まで反しゃすることがわかってよかったです。世界一強力なじ石、いろんなじ石がいっぱいみれてうれしかったです。いろんなあそびをみつけてみたいです。

○　　　　　　　　　　　Ya／Mi

じ石のさいごのまとめですが、今回は実けん10までいって、きのうは世界一強いじ石までつかって勉強させてもらいましたー!!　世界一強いじ石は本当に強い。つくえ、いすも持ち上げて、クラスのみんなはビックリ！　わたしはもっとじ石について勉強したいのですがもう終わってしまうので、こじんでもがんばって実けんしたいです。

②いろいろな物質に触れさせたい

これは、たぶん極地方式研究会の考え方だと思う。極地方式では「ばたやの科学」という考え方があり、色々な物質に触れさせている。私は、溶解の授業以来、一つ二つの物質で追求するというより、ある角度で視点を決めながらいろいろな物質に触れさせ最後は一つの物質で追求するという方法をとってきた。例えば、溶解では透明という視点でいろいろな物質を調べ、酸では溶けるという視点でいろいろな金属を調べ最後はマグネシウムと酢酸で科学変化を追求した。

磁石で言えば、いろいろな磁石を扱った。剛鉄の磁石、フェライト磁石、アルニコ磁石、棒磁石、U磁石、ドーナツ磁石、円盤状磁石、大きい磁石・小さい磁石、磁力の強い磁石・弱い磁石などなど。それらを扱うことにより、子どもたちは、磁石っていろいろあるけどどの磁石にもN極S極がある、磁石ってそういうものだ、不思議だな、ということが分かったと思う。

○

今日、さいごの感想です。ちょこっと悲しい。じ石は、すごいおもしろかったです。いろいろなじ石があっておもしろかった。中でも、世界一強力なじ石が好きです。じ石っていろいろあっておもしろいです。じ石のじゅぎょう、たのしかったです。

Ya／Ay

さいごのかんそう

Na／Ma

いやー、世の中にはUがたじしゃくやボールじしゃくやちょう強力じしゃくやいろんなじしゃくがあるのを知りました。でも、まだまだ世の中にはたぶんじしゃくがあると思います。だから、ぼくはその世の中にあるじ石を全部見たいです。

理科のじっけん

Wa／Ko

ぼくは、理科の実験は、「いろいろやるな。」と思いました。

さいしょは、かがみや色などを反しゃさせたり、かがみに色セロハンをつけて反しゃさせたら、なんと色もいっしょに反しゃしました。

電気では、金ぞくは電気を通したけれど、色がついていたり、さびていたら、電気は通さなかったけれど、紙やすりでこすったら、電気が通った。

じしゃくでは、なぜか、SきょくとNきょくがあり、ぜったいSきょくの反対はNきょくである。あそのぎゃくもおなじということ。ぼくは、じしゃくをうまくりようすれば、おもしろいことがたくさんできるような気がする。

ぼくのよそうは、当たったりはずれたりするけど、クイズみたいで楽しいです。ぼくは、なんでじしゃくにさてつがつくかしりたいです。そして、さてつは、じしゃくにくっつくとはりねずみのようになるけど、とるとやわらかくなって気持ちいいです。

（3）子どもに、ある認識を入れるということ

「すべての磁石にはN極S極がある」「どこを切って

もS極N極が生まれる」ということをどの段階でどのように子どもたちに入れるかということを考えた。そしてそれは成功したと思っている。

◎いろいろな磁石で遊ばせることにより子どもの中に磁石の土壌をつくる。遊びはどの時間も必ず入れた。子どもたちはいろいろな磁石を使っていろいろな遊びをしていろいろな発見をしていた。

◎しつこく子どもたちをかまう。子どもたちをかまうことができた。それはゆさぶりであり、子どもたちの認識をより強固なものとする。

　実験6の「まん中で切る」ということ。

　実験10の「世界一協力な磁石」の実験。

◎逆思考というか、「鉄が磁石になった→S極N極がある」という実けん8。

6．授業の流れ

（1）遊び（3時間）

①実験1　磁石で遊ぼう

②実験2　磁石で遊ぼうパート2

（2）S極、N極について（時間、余った時間は自由遊び）

①実験3　S極N極をさがせ…リング磁石で

②実験4　S極N極をさがせパート2…アルニコ磁石で

③実験5　S極N極をさがせパート3…ゴム磁石で、

④実験6　磁石を切る

　左を切る

　まん中を切る

　1ミリで切る

（3）磁石には鉄だけがつく

①実けん7　磁石につく物をさがせ

②問題1　磁石につく物は何か？

「なぜカギは磁石につかないのに、リングはつくの？」と聞くと、

・金属の種類が違う。

・磁石は鉄でできているから、鉄と金属がつく。

・金属の中（成分）が違うから。
・鉄とアルミは金属だけど、鉄にはSNが入っているから。

と、とっても的確なことを言います。驚きました。

③実験8　クリップと磁石であそぼう
④実験9　クリップにS極N極はできるか
⑤実験10　世界一強力な磁石は、鉄以外のものもくっつけるか？

「物のかさと温度」（四年）の授業

1．授業のねらい

◎この授業は、「溶解」「酸のはたらき」の授業の延長と考えていた。つまり、子どもたちに実験を提示し、その実験を子どもたちがどう感じるか、なにを考えたかにより次の実験を私が考え子どもたちに提示する。そのことにより、子どもたち自らが自然認識を創っていく過程を大切にするという実践である。

◎気体の代表である空気、液体の代表である水、金属の代表である鉄を使い、3つの物質が温度により膨張・収縮する現象を扱い、子どもたちの物質概念を少しでもつくる。

（1）空気、水、鉄が温度により膨張・収縮するという現象を子どもたちがどう認識するのかを探りながら入れる。

・温度により、空気、水、鉄は膨張・収縮することが分かる。膨張・収縮率は、空気、水、鉄の順番であることが分かる。

（2）子どもたちの思考にそった実験を入れて子どもたちの不正確な言葉（認識）を限定していく。

・最終的にはふくらむ、ちぢむという言葉で表現させるが、子どもの表現を大切にする。

（3）子どもに文章や絵を書かせ、自分なりの考えを持たせ、友だちの意見についての考えを言えるようにする。

2．自己評価

◎全体としておもしろい授業になった。子どもたちは、最初のころは文章や絵で表現できなかったが、徐々にいろいろな考えを出せるようになった。

（1）最初、空気の膨張・収縮について子どもたちはとまどった。どう考えて良いか分からなかった。しかし、実験を重ねているうちに、少しずつ考える方向性が分かり、3つの物質が温度により膨張・収縮するということは子どもたちに入ったと思う。

①最後の鉄の収縮の実験で

鉄球の収縮の時、子どもたちは全員縮むと考えた。理由は、鉄が膨張したから（このことが子どもたちにとって意外であった）冷やせば縮むはずだと、というのである。実験でやってみると、温度が下がらず鉄球は輪を通過しなかった。それを見た子どもたちは、「えー」とそんなバカなという声をあげた。もう一度やっても同じだった。また子どもたちは「えー」と言うのである。そして、子どもたちは「もっと冷やして。」と言った。実験を失敗してしまって焦っていた私は、この言葉を聞いて嬉しくなった。さっそくドライアイスを購入し、再度挑戦すると、鉄球は輪を見事通過し、子どもたちは「やったー。」とみんなで拍手をした。

このことで、鉄さえも温度により縮むということと、膨張・収縮率は、空気、水、鉄の順番であるということが入ったと思った。

（2）空気の膨張と収縮について

◎子どもたちからいろいろな考えが出た。最終的にほとんどの子は「ふくらむ・ちぢむ」という言葉で表現した。しかし、一部の子の考え、空気はあたためられると上に行くから栓がとんだという考えは最後まで否定できなかった。

①フラスコで栓をとばす実験。……どう考えて良いか分からない。空気でっぽう（3年の学習）のように押

してもいないし、空気が入る場所もない。

←

②ペットボトルで栓をとばす実験。……爆発する（栓がとぶ状態を言っている）、（中に入った）水がとばす、空気がとばすと迷っていたが、空気がとばすと限定して考えた。その結果、〈温められた空気が上へ行き栓を押す〉〈空気がふくらむ〉〈破裂する〉〈空気が薄くなる〉〈空気が暴れる〉の5つにまとまった。

子どもたちに話し合わせると、〈破裂する〉〈空気が薄くなる〉に反対意見が集中し、理由が言えないためつぶれてしまった。

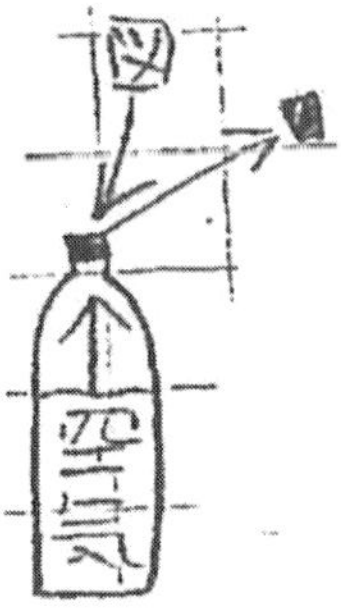

私は、残った3つはどれも正しい（間違いではない）と考えていたので、それぞれが自分の意見を作っていければいいと思った。また、あばれる説も大切にしたいと考えていた。

←

③ペットボトルを逆さにお湯に入れる実験……〈温められた空気が上へ行き栓を押す〉という考えをゆさぶった。実験の結果はずぼっと音を立てて栓は下にとんだ。何人かの子は「これで上へ行く行く説はつぶれたな。」と言っていた。私も、この実験で上に行くという考えはなくなると思っていた。しかし、そうではなかった。

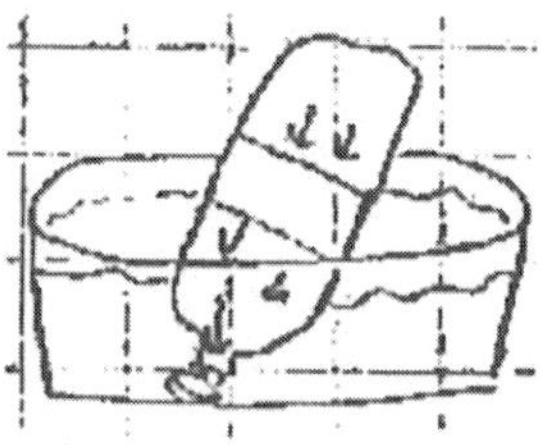

←

④フラスコの口に石けん膜を作り、上下左右に向けて手で温める実験。…上下左右に石けん膜は膨らむのでこれで完全に上へ上がる説は消えると考えていた。しかし、あまり良い実験ではなかったのだ。上へ上がる説の子は、「上下にむけたら、まくは大きめにふくらんだ。だから、上へ上がるせつです。」としぶといのだ。膨らむ説に移った子は多かったが……。

←

⑤今までの実験の結果をもとに話し合い。…子どもたちは〈上にあがる〉〈ふくらむ〉〈あばれる〉の3つに分かれた。〈上にあがる〉説の子たちは〈上に行って、

行ききれなくなるので下にも行く」という意見だった。他の子どもたちからは「あばれる説とどう違うの？」という疑問が出てきた。それは、「上に行く説は、上と下だけで横には行かないけれど、あばれる説は上下左右に行く。」ということになった。

←

⑥ペットボトルの上下に風船をつけてまん中を温める実験。……子どもたちは、上にあがる説だと上がまずふくらんでその後下がふくらむはずだと考えた。ふくらむ説、あばれる説では同時にふくらむと予想した。

実験後、子どもたちは「これで上にあがる説はつぶれたな。」と言っていた。

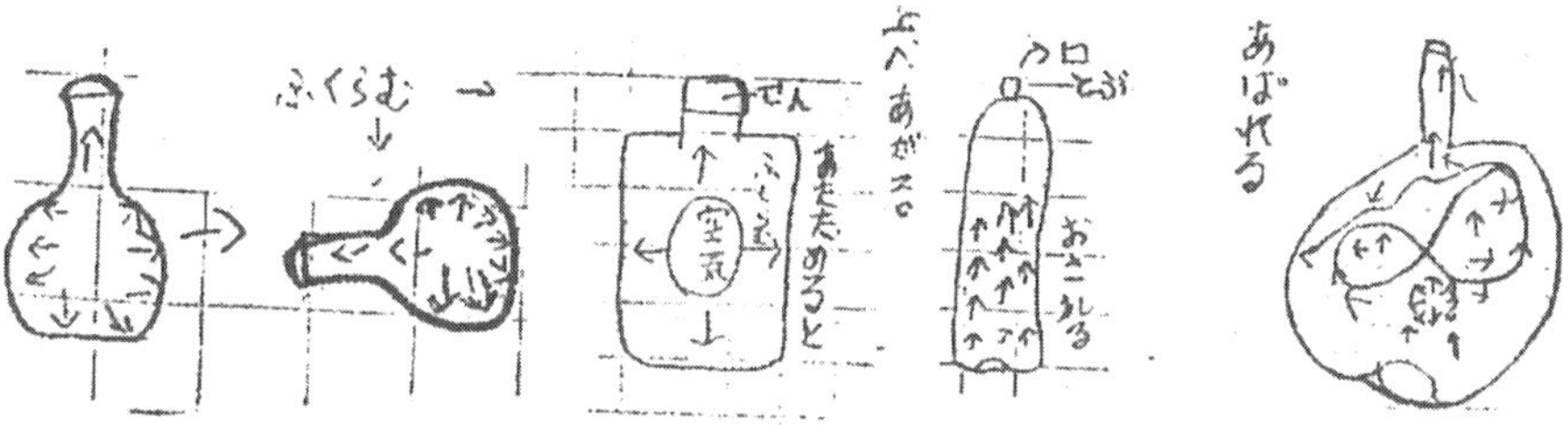

私は、ここでまとめをして上にあがる説をつぶしてしまおうかとも考えたのだが、視点を変えて実験をして、子どもたちにもう一度考えてもらう方法をとった。

ここできちんと説明してしまわなかったのが、最後まで上へあがる説が残った原因かもしれない。

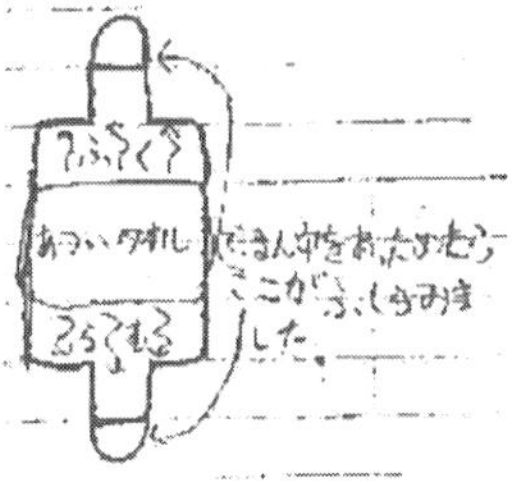

←

⑦空気を冷やす実験。……試験管と注射器を使い、氷水で試験管を冷やした。子どもたちは6つの考えを出した。〈ちぢむ〉〈下に下がる〉〈あばれながらさがる〉〈空気がなくなる、かたまってうすくなる〉〈あばれるのがおさまる〉〈重くなる、かたまってうすくなる〉という考えだ。

〈ふくらむ〉説の子たちのイメージはかなりはっきりとしてきた。

〈下へさがる〉説、これは温めると上へあがると考えている子たちだ。その逆になると考えている。

〈あばれながらさがる〉説も温めると上へあがる説を含んでいる。

〈空気がなくなる、かたまってうすくなる〉説はふくらむ説の反対のことをこう表現した。

〈あばれるのがおさまる〉説はあばれなくなるというきわめて曖昧な表現だった。

〈重くなる、かたまってうすくなる〉説は氷のイメージがあった。

これは実験がまずかったと思った。注射器の筒が下にさがるのを見て、下にさがるという印象を与えてしまったのだ。

←

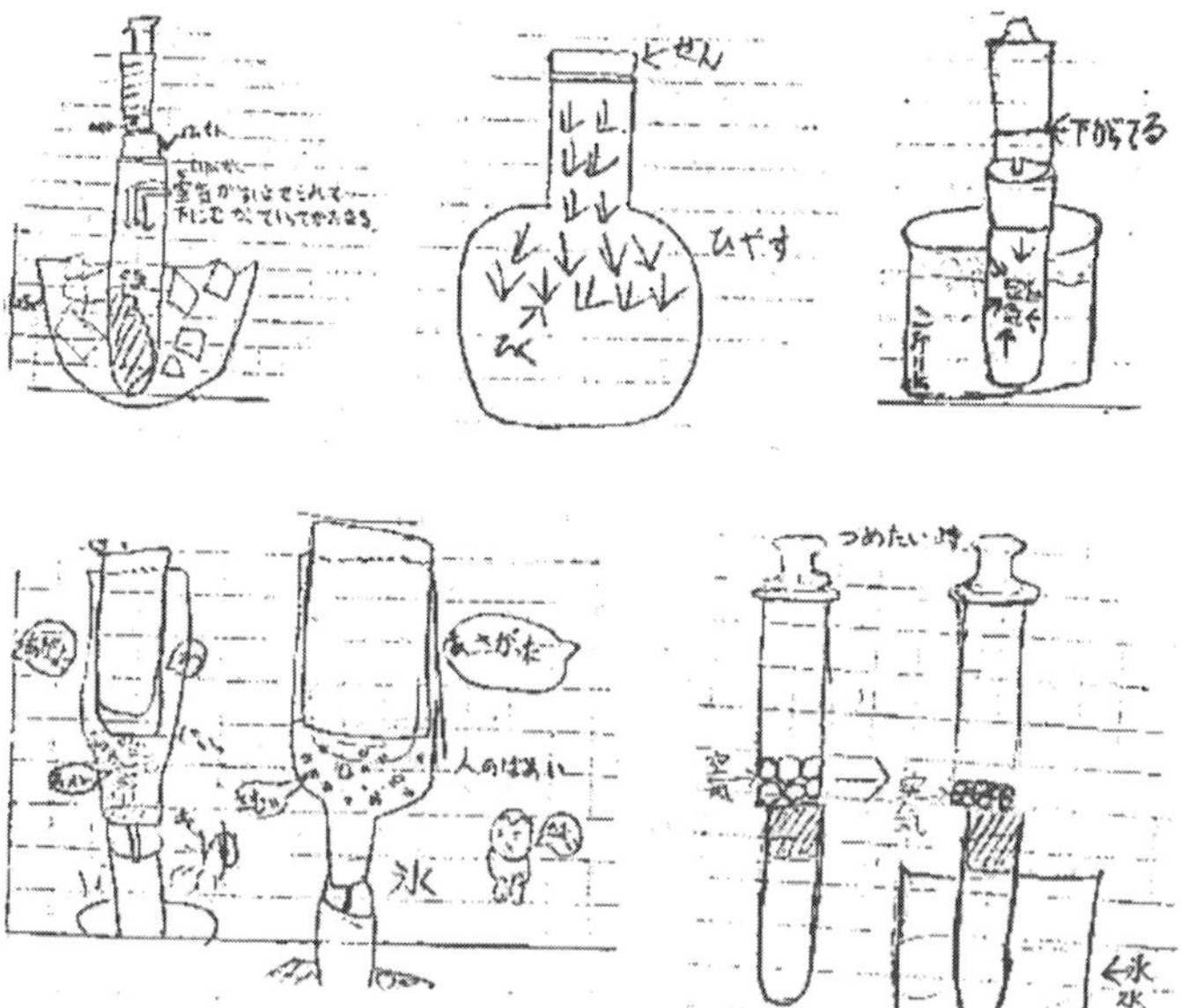

⑧考えを整理する。…温める、冷やすをつなげて考える。ペットボトルのまん中を冷やしたら上と下の風船はどうなるか。

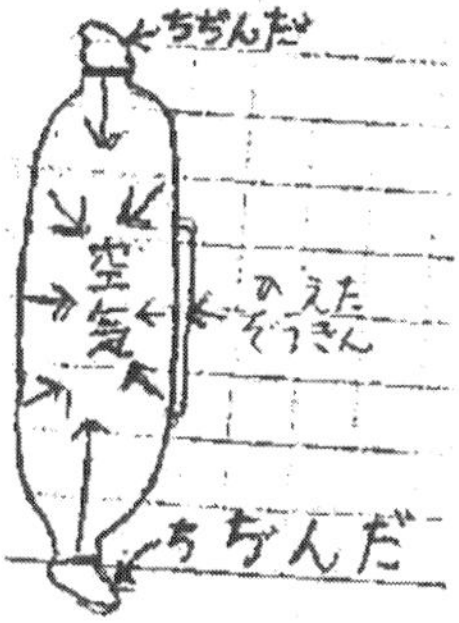

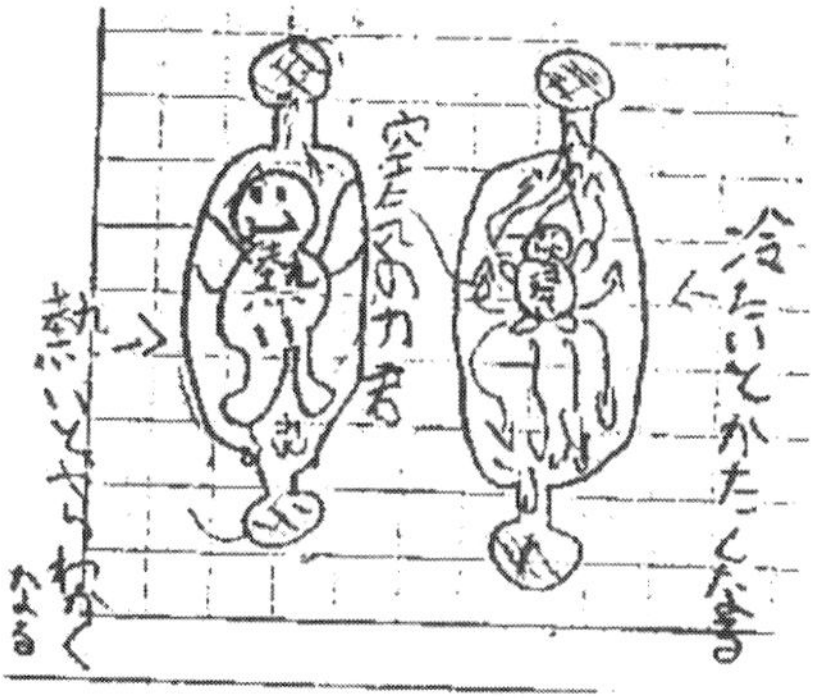

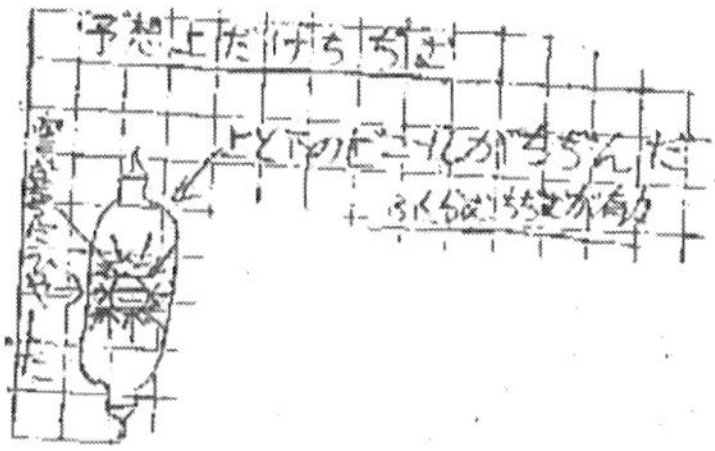

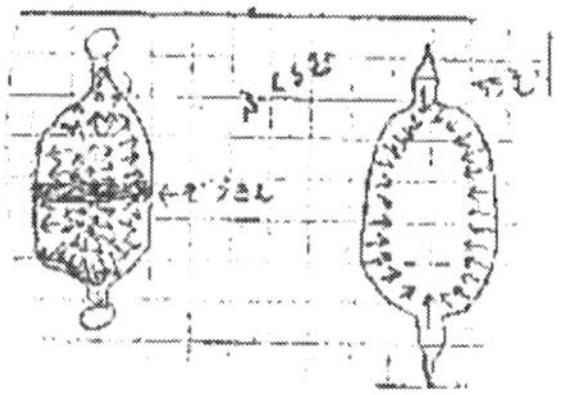

温める　→　冷やす　→　まん中を冷やす
・ふくらむ→ちぢむ（18人）→上下両方がちぢむ
・上にあがる→下にさがる（4人）→上だけがちぢむ
・あばれる→そのまま（1人）→上下両方がちぢむ
→空気がなくなる、かたまる（3人）→上だけがちぢむ
→かたまる、重くなる（1人）→上だけがちぢむ

〈空気がなくなる、かたまる〉と〈かたまる、重くなる〉の説の子たちは、空気を温めたときの状態の説明ができなかった。

子どもたちが、実験の結果をまとめているときに、ずうっと黙っていたY君がこんなことを言い出した（下のノート）。

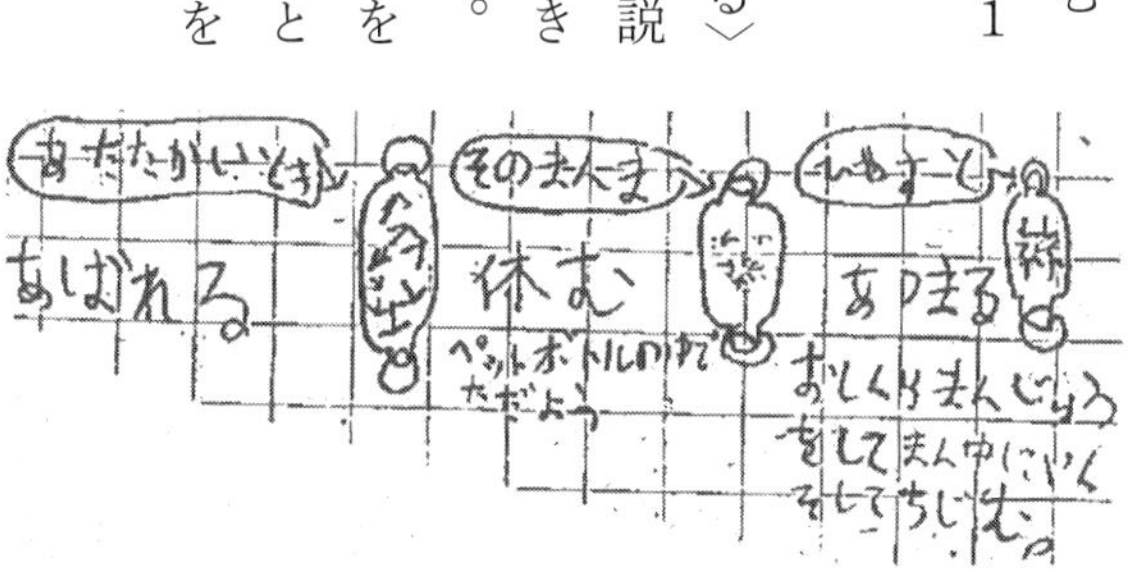

（3）子どもたちの絵はかなり正確になってきた。最初は、どう考えて良いか分からない状態だったが、友だちの考えに対して、意見としては分かるが自分は賛成しないという子が増えてきた。また、自分の意見を持つことができるようになってきた。

3．実際の授業の流れ

【1時間目】

1時間目の実験は次の実験です。

実験1
フラスコにセンをしてお湯に入れるとどうなるか。

結果は、せんが飛びました。そこで、なぜとぶのかを考えました。

これは3年生の理科の空気でっぽうの学習の発展です。3年生では空気はおしちぢめられること、その力を利用して空気でっぽうの玉がとぶことを学習してきました。

今度は、空気をおしていないのに、あたためただけでとぶのです。それはなぜかを考える学習です。

子どもたちは、なかなか考えを出せませんでした。ある班は、「空気は中に入らないよなあ～」と悩んでいました。

最終的に子どもたちは2つの考えを出しました。

（1）中に水が少し入っていて、その水の力でとんだ。
(実験の途中で入ってしまったらしいのです。)
（2）空気は温められると上に行くので、その力でとんだ。

まだ、子どもたちははっきりと自分の考えを持っていませんので、授業はここで終わりました。

後でノートを見ると、Rさんは、
「空気があたためられると、ふくらんで、がまんしきれなくなるから。」
と、ふくらむという考えを書いていました。

【2時間目】

次は、ペットボトルで実験しました。

> 実験2
> ペットボトルにセンをして、お湯に入れるとセンが飛ぶ
> なぜだろうか。
>
> 
>

ペットボトルは完全にかわいていて、中に水の入っていないのを使いました。いろいろ実験して、意見を聞きました。

Kくんは言います。

「ペットボトルの中で、空気がたまって、中の空気があばれて、がまんできなくなり、はれつして、空気といっしょに、センがとぶ。でも、どこから空気が入ったのだろうか？」

＊Kくんは、ペットボトルがふくらんだのは、空気がどこからか入ったのだと考えたのです。

Y君も悩んでいます。

「センをして、お湯に入れたとき、ペットボトルがかたくなった。ぎもんは、センのしてあるペットボトルに、空気が入るのかが、ぎもんだった。」

Nさんの考えはこうです。

「ペットボトルの中の空気があたためられて、はれつした。なぜ、あたためるとはれつするのか？」

＊Nさんは、空気が入ってきたとは考えていないようです。あたためるとはれつすると考えました。しかし、その理由が分からなくて、困っています。

＊ペットボトルの中の水がとばしたと考える子もいました。しかし、それはほかの班の子たちが、実験で明確に否定しました。

Sさんはこう言います。

「さいしょに、水を入れないでやったら、すごくとんだけど、水をはんぶん入れてやると、少しとぶ力がよわくなった。」

Ｋ君も同じです。

「ペットボトルに水を入れると、中にある空気が水を入れた分、少なくなる。すると、水を入れたまま湯に入れてセンをぬくと、水がないときにくらべて、ぬいたときの音が小さくなる。」

＊空気がセンを飛ばすということが分かりました。では、空気はペットボトルの中に入ってきているのでしょうか？　これは、センをしないペットボトルを水になまめに入れてみました。すると、ぶくぶくとあわを出して、その分ペットボトルに水が入りました。つまり、空気が出入りすると、その分、水も出入りするということが分かり、空気は入ってきていないと分かりました。

では、なぜとぶのでしょうか？


Ｊ君は、こう考えました。

「空気がおしあげられたとき、とばす。」
＊つまり、空気があたためられて上にあがると考えているのでしょうか。

Ｍさんは、こう言います。

「空気がおんどにまけて、空気がセンをおす。」
＊おもしろい表現ですが、おんどにまけるって、どういうことを言いたいのでしょうね。明確にできると良いのですが。

Ｉ君はこう言っています。

「お湯に入れると、空気があたたかくなり、お湯をおす力ができて、せんをおしている。でも、なぜ、おす力ができるのか。」
＊そうですね。なぜできるのでしょうか。そこが問題です。

Ｕさんは、ふくらむと言います。

「ペットボトルの中の空気、ねっとうのあつさでふくらみ、入りきらなくなると、センがとぶ。」


Ａさんはくわしく書いています。

「ペットボトルにセンをしてお湯にすこしつけて、センをとると、ポンと音がする。私は、その音を、空気が出る音だと思う。」

「お湯の温度がひくいときは、とぶまでの時間が長い。お湯の温度がたかいときは、10秒ぐらいでとぶときもある。私は、空気がセンをおすと思う。」

「なぜ、湯の温度がたかいととぶのか？　私は、外のお湯が、空気をふくらまして、その空気が外に出ようとして、センをおして、センがとぶと思う。」

N君は、おもしろい表現のしかたをしました。

「人間で言うと、空気はあたためられると太って、冷やすとやせる。だから、お湯であたためると、ふとって、きゅうくつになって、センがとぶ。」


【3時間目】

少し、子どもたちに頭を整理してもらいました。

> ペットボトルをあたためると、せんがとぶ。何がとばしたのか。
> ↓
> 空気があたためられて、とばした。
> ↓
> 空気がどうなるのだろうか？
> 空気がどうするのだろうか？

一番多かった意見は、
①空気があたためられて上に行き、せんをおす。という考えです。

〈上へ行く説〉（11人）
・あたためると、つめたかった空気があたたまって、上にいって、せんをおす。（2人）
・空気があたたまって、上にいきたくなる。（2人）
・あたためると、空気は上のほうにいきたがるから、せんがとぶ。（2人）
・空気が上に行って、行ききれなくなって、ポタ。（1人）

・上へあがろうとして、せんをおす。（1人）
・空気があたたまると上にあがって、ひやすと空気が下にいくから、あたためるとせんがとぶ。（1人）
・上へ上へいこうとする。（1人）
・空気がつめたい上にいって、せんをおす。（1人）

②ふくらむ説（8人）
・空気があたたまると、ふくらんで、入りきれなくなってしまう。（4人）
・空気は、あたためられるとふくらんで、せんはおしだされる。（1人）
・空気があたためられると、空気はふくらみ、そして、外に出ようとして、せんをおして、せんがとぶ。（1人）
・ふとってせんをおす。（1人）
・空気はあたためると、ぱんぱんになるせいしつがある。だから、ぱんぱんになった空気がペットボトルの中に入りきらなくなって、せんをおしだした。（1人）

③はれつ説（3人）
・空気がはれつする（2人）
・空気があつくなると、ペットボトルごとあつくなり、せんをおしだすときに、小さいけれどバクハツする。（1人）

④うすくなる説（1人）
・あついと、その分、空気がうすくなる。（1人）

⑤あばれる説（3人）
・あたためると、空気があばれて、せんをおす。（1人）
・空気があばれて、がまんできなくなって、せんがおされてとぶ。（1人）
・せんをしておゆに入れるとパンパンにふくらんだ。わたしは、空気が外へ行こうとする力がはったつすると思います。（1人）

前回の5つの考えを発表し合い、それぞれの考えについて話し合いました。

まず出されたのが、③のはれつが分からないという意見でした。「はれつってバクハツすること？ そうしたらペットボトルが粉々になるじゃないか。」というのです。また、④のうすくなるというのも意味がわからないと質問が出ました。どちらに対しても、こたえられる子はいませんでした。

【4・5時間目】

次の実験をしてみました。

実験4
ペットボトルにセンをし、お湯に逆さまに入れる。センは、とぶだろうか。

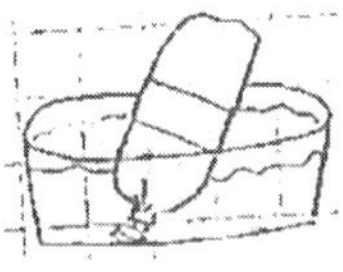

実験の結果、センは、ずぼっと音を立てて、水中に飛び出しました。さて、この実験から、子どもたちはどんなことを考えるのでしょうか。

実験後、何人かの子は、「これで、①と④はつぶれたな。」と言っていました。

続けて、次の実験をしました。

実験4―2
フラスコの口に石けんまくをつけて、手で中の空気をあたためる。石けんまくはどうなるだろうか。フラスコの口を、上、横、下に向けるとどうなるだろうか。

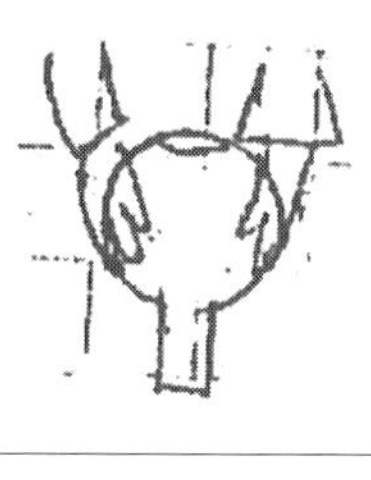

その実験の結果を、子どもたちは次のように書いています。

〈①の上へあがる説〉

「フラスコを上下にむけたら、まくは大きめにふくらんだ。

フラスコを左右にしてやってみたら、あまり大きくならなかった。ななめ上、ななめ下もふくらんだが、あまり大きくなかった。

結論　自分は①の上へあがる説です。」

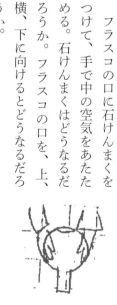

〈②のふくらむ説〉

「どっちの方向でもふくらんだ。だから、ぜったいふくらむせつが正しい。

①はへん。だって下へ向けてもふくらむ。③もへん。はれつしたら、石けん水ごとはれつする。④も、うすくなるなら、石けん水がふくらむはずがない。⑤も、③と同じ。」

かなりの子がふくらむ説にうつっています。

【6時間目】

もう一度、それぞれの考え方を整理して、考えてみました。

問題2
ペットボトルのせんは、下に向けても、なぜとぶのか？
空気がどうなるのだろうか？

子どもたちの意見を整理しました。

①上にあがる（3人）
②ふくらむ（25人）
③あばれる（4人）

と分かれました。それぞれ、説明してもらいました。

①の上にあがるは、N君とK君が説明しました。

N君「あたためられた空気が上に行き、いけないので、下にいく。」

K君「あたためられた空気が上に行き、行ききれなくなって、下にいく。」

すると、U君が言います。「横向きでやったら、どうなるんだろう。」

また、Sくんはこんな疑問を出しました。「③のあばれる説とどうちがうの？」「あばれるは右にも左にも行くのに、上がるは上と下だけ」ということになりました。

【7・8時間目】

次の実験で考えることにしました。

実験5
上と下に穴のあいたペットボトルのまん中をあたためると、どうなるか。

これは簡単に予想を言ってもらって、すぐに実験に入りました。

子どもたちは、「①の上にあがる」だと、まず上がふくらみ、そして下がふくらむはずだと言います。また、そうすると上はへこむとも言いました。

さて、実験です。ペットボトルのまん中を熱いタオルでおおいました。

すると、みるみるうちに上、下ともにふくらんできました。

この実験を見て、子どもたちは、「これで、上にあがる説はつぶれちゃうぞ。」と言っていました。

ここでまとめないで、視点を変えて実験してみることにしました。

実験6
空気を冷やすと、どうなるだろうか。

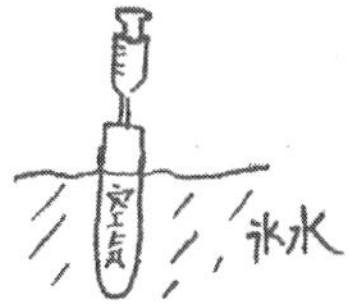

この実験で、また、いろいろな考えがでてきました。

①ちぢむ（18人）
②下にさがる（4人）
③あばれながら下がる（3人）
④空気がなくなる・かたまってうすくなる（2人）
⑤あばれるのがおさまる（1人）
⑥重くなる・かたまってうすくなる（2人）

〈①のちぢむ説の子〉
・ちぢむというのは、空気が最初、○だとすると◦になるという事です。お湯の時にふくらむのはその反対で、◦だった空気が○になるという事です。
・空気がちぢまって、ちゅうしゃきが下がる

〈②の下へさがる説の子〉
・つめたい空気は下へいくので、その空気にちゅうしゃきがひっぱられて下にいく。

〈③のあばれ説の子〉
・中の空気をあたためると上にいきながらあばれて、ひやすと下にいきながらあばれる。だから、ペットボトルの向きを反対にすると下にせんがとぶ。

〈④空気がなくなる〉
・ひやしたら、つめたくて、空気が氷みたいにかたまったようなじょうたいになって、どんどん空気がかたまっていって、うすくなって、ちゅうしゃきのめもりを下げたんだと思います。
・空気がつめたさにまけて、空気がなくなるから、ちゅうしゃきをすいよせると思う。

〈⑤あばれるのがおさまる説の子〉
・あついからあばれる。ひやすからあばれるのがおさまる。

〈⑥重くなる・かたまってうすくなる説の子〉
・氷のようにかたまって、下におちる。

【9・10時間目】

どうもはっきりしませんので、温めたときと冷やしたときを比較しながら考えました。すると、子どもたちの意見は次のように分かれました。

温める→冷やす

①ふくらむ　→　ちぢむ（18人）
②上にあがる　→　下にさがる（4人）
③あばれる　→　そのまま（1人）
　あばれる　→　あばれながら下がる（3人）
④　→　空気がなくなる（3人）
⑤　→　かたまる、重くなる（1人）

④の子はあたためるとどう考えたらよいか分からなくなりました。⑤の子は「かるくなる、やわらかくなる???」とあやふやになってきました。

そこで、次の実験をしました。

実験７　ペットボトルのまん中を冷やしたらどうなるだろうか。

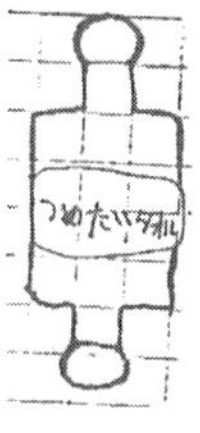

①の子は、上、下の両方がちぢむと考えました。
②の子は、上だけがちぢむと考えました。
③の子も、上だけがちぢむと考えました。
④の子も、上だけがちぢむと考えました。
⑤の子も、上だけがちぢむと考えました。

実験をすると、上、下ともに見る間にちぢんでいきました。

その後の子どもたちの考えは、

①ちぢむ説（25人）
②上にあがる説（３人）
③あばれる説（１人）
④かたまる説（１人）

となりました。私は無理に１つにしぼる必要はないと考えているので、全部認めました。ただ、子どもたちは、実験の結果から②の上にあがる説はおかしいと言っています。しかし、本人たちには納得できないようです。

すると、③のあばれ説を１人で頑張っていたＹ君がこんなことを言い出しました。

「あったためると空気はあばれて、ふつうだと休んで、ひやすとまん中にあつまる。」

みんな、へえ～、と納得。

「そういうふうにも考えられるな。」

Ｙ君のノートには次のように書いてありました。

〈Ｙ君のノート〉

ひやすと上下にちぢんだ。わけは、あたたかいときはあばれて、そのままのときは休んでる。ひやすと、人間みたいにおしくらまんじゅうをし

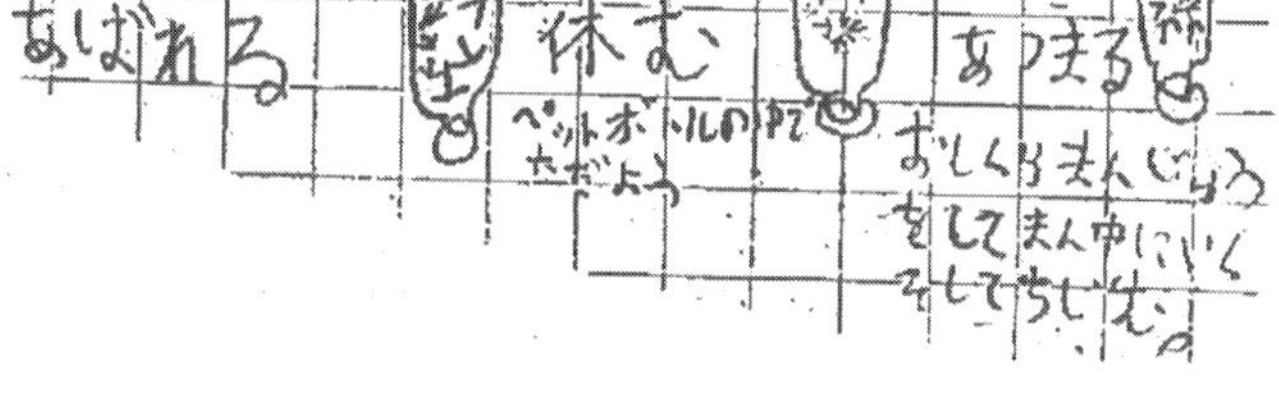

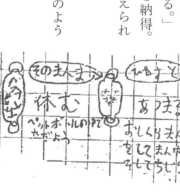

にまん中に空気があつまる。だから③だと思う。

最後に、いろいろな言い方があるけれども、今回はそういう状態を「ふくらむ・ちぢむ」と言うことにしようと、まとめておきました。

【11・12時間目】

実験8
水をあたためたり冷やしたりするとどうなるだろうか。

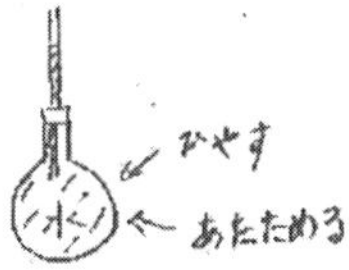

これは簡単に扱いました。空気と比較し、膨張、収縮が小さいことを押さえました。

【13・14時間目】

〈金属の実験〉

実験9
金属はあたためるとふくらむか。

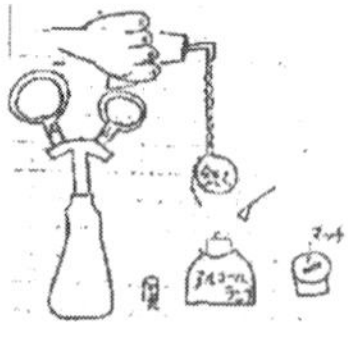

これは3分の2の子がふくらまないと言いました。金属は固いから・重いからふくらむはずはないと言うのです。空気や水はやわらかいというか、形がない物だからふくらんだりちぢんだりするけれども、金属は形があるからというのです。

それに対してふくらむ説の子は、空気や水がふくらんだからなんとなく、という意見でした。

これは議論してもしかたがないので、すぐに実験です。すると、金属球がふくらみ、おどろいていました。

実験10
金属は、ひやすとちぢむか。

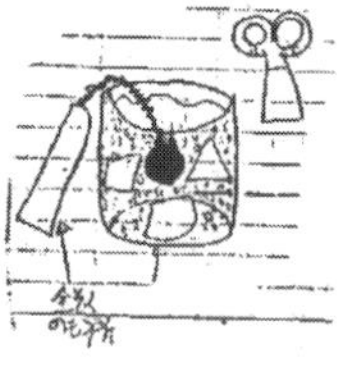

これは、全員の子が「ちぢむ」と自信を持って言いました。ふくらんだから、冷やせば反対にちぢむはずだと言うのです。

そこで、実験をしました。すると、金属球はちぢまないのです。

子どもたち

「えー!!!」

「そんなー!!」

「先生、もっと冷やしてー!」

(実は、予備実験で氷・塩・アルコール寒剤で成功していたのですが、その寒剤が時間がたち温度が上がっていたのでした。)

子どもたちは、もっと冷やせばちぢむはずだと言いますので、ドライアイス・アルコール寒剤で冷やすことにしました。

すると、見事に金属球は環を通り、子どもたちもほっとしていました。

〈子どもたちのまとめ〉

・えき体(水)、固体(金ぞく)、気体(空気)はあつくするとふくらみ、ひやすとちぢむ。へんかが一番早かったのが気体、2番がえき体、やっぱり固体がおそかった。

・ぼくは、空気と水と金ぞくは、あたためるとふくらみ、ひやすとちぢむということがわかった。

・最後の実験でおどろいたのが、金ぞくもちぢむ、ふくらむことで、おどろきました。

・ドライアイスでやっとちぢんだから、とてもびっくりした。なんで、えきたい、きたいははやいのに、固体はおそいんだろう。

4. この授業の問題点

私は、この授業は成功したと考えていたが、いくつかの問題点があると、今は思っている。それは、子どもたちの意見を整理することができなかったという問題である。

3時間目の授業で初期の段階での子どもたちの考えを整理したとき、私は5つの考えを並列して認めていた。つまり、どの考え方もある意味では合っているし、ある意味では間違っているからである。教科書では、「ふくらむ、ちぢむ」と押さえることになっていたし、私のねらいも大部分の子どもたちは「ふくらむ、ちぢむ」と表現するだろうけれど、他の表現も認めて、どの表現でも正しいとまとめるという予定でいた。

それは、「ふくらむ、ちぢむ」と子どもたちが表現したとしても、子どもたちは分子論を学んでいないのだから、餅のようにふくらむイメージなのか、違うのかなどを他の表現を聞くことにより少しでも正確なイメージになればいいと考えていたからである。また、その段階では、子どもたちはなんとなくそう思うという曖昧な状態だったので、子どもたちに詳しく聞き返したところで、子どもたちは答えられないだろうという私の判断もあった。

しかし、6時間目の授業の「上にあがる、ふくらむ、あばれる」の3つに整理した段階で、ここはもっと明確にすべきだったと、今は思っている。その3つの違いを明確にしないまま、実験で子どもたちに考えさせようとした。だから、実験の結果は「下もふくらんだ」にもかかわらず、また、「ふくらむ、あばれる」説の子たちは「これで上へあがる説はつぶれたな。」と感想を言ってたのにも関わらず、「上へあがる」説の子たちはその考えを捨てなかった。

「上へあがるということは、下には何もなくなるということなのか。」「上に行って行ききれなくなったら下に行くということは、上には何もなくなるということなのか。」等々。そうすることにより友達の意見との違いが明確になり、自分の考えも明確になる。上へあがる説はあばれる説とくっついたかもしれないし、ふくらむ説はその曖昧さがはっきりし、いくつかに分かれたりあばれる説に移って行ったりしたかもしれない。その後で実験をしたのなら、より子どもたちのイメージははっきりとしてきただろう。

なぜそういう授業になってしまったか。その原因は私の教材解釈、授業の結晶点（ゴール）が曖昧だったからである。

3時間目の授業で「上へ行く」「ふくらむ」「はれつする」「うすくなる」「あばれる」の5つの意見が子ど

もたちから出たときに私は、意見は感覚的だが精一杯考えているなと思い、並列的に全部認めても良いと考えていた。「上へ行く」は子どもたちの生活経験から出ているものであり、空気は対流を起こしながら膨張しているのかもしれない、「ふくらむ」は教科書でもそうまとめており最終的には私もふくらむとまとめても良い、「うすくなる」は密度の問題だし、「あばれる」分子運動のことであると考え、「はれつ」以外は全部認めて、最終的に「ふくらむ、ちぢむ」という言葉でまとめようと考えていた。

私がまとめで使おうと考えていた言葉「ふくらむ」は実に曖昧だった。教科書で「ふくらむ、ちぢむ」とまとめていることだし、子どもたちには「ふくらむ、ちぢむ」という現象が分かれば良いと考えていた程度だった。

しかし、「ふくらむ」説の子のノートを見ると、一部の子は一つひとつの。が○になると分子論的に書いていたが、ほとんどの子は矢印（↓）でふくらむ方向を示していた。その時この違いが私には分からなかった。解釈が無いから位置づけられなかったのである。矢印の子の場合、容器の中心に空気があると考えているのか、無いと考えているのか、あると考えているならば「あばれ」説とどう違うのかが問題になったであろう。

また、最後まで「あばれる」説で頑張った子（この子は授業になかなか集中できない子なのだが）が明確にノートに書いている。この子の考えやノートに私は感動し、子どもたちも驚いてはいたが、私に解釈があれば、全体の授業がその子の考えへと集約していったであろうし、その子のこの授業における位置づけももっと明確になったであろう。

教師の解釈として、結晶点（ゴール）は「あばれる」説にしておくべきであったと今は考えている。

「氷・水・水じょう気」(四年)の授業

1. 授業のねらい

(1) ものが温度により三態に変化するという現象が分かる。

(2) 子どもたちが、氷を温めたときに出るあわを「水の気体」だと言える。

(3) 子どもたちの反応をみて、実験の順番を入れかえたり、新しい実験を考えたりする。

2. 実際の授業の流れ

〈1・2時間目〉

〈問題1〉

アルコールを熱い水に入れると、どうなるだろうか?

ばくぜんとした問題ですが、子どもたちがどう考えるか、聞いてみました。

子どもたちは次のように考えました。

①アルコールが熱くなる。

・アルコールまで熱くなる。さらに熱くなる。(4名)

②熱くならない。

・熱いのと冷たいとの間。ぬるくなる。さめてくる。つめたくなる。あつくなんない。(10名)

③あわがでる。

・たんさんみたく、ちいさいあわがでて、シャーと音がして、でっかいあわになって、あふれる。（1名）
・ぼこぼこあわだつ。（2名）
・あわのような物が下から上に上がってきて、一番上ではれつする。（1名）
・さらに熱くなって、下からボコボコ熱い水があふれだす。（1名）
・ぶくぶくしてくる。（1名）
④ふっとうする。
・水よりも早くふっとうする。あわがいきおいよくでる。（4名）
⑤じょうはつする。
・熱さで少なくなる。じょうはつする。（1名）
⑥色が変わる。（1名）
子どもたちは、いろいろに考えていました。

②の「熱くならない、冷たくなる」という考えは、前の実験でドライアイスにアルコーを入れてマイナス70℃にしたことが強烈に頭に残っていたようです。そこで、普通の状態のアルコールの温度を計って、12℃であることを確認しました。

⑥の「色が変わる」という考えも、色はわざわざつけてあるのだから、この場合は考えないようにしようということで、これも除きました。

実験条件（何を使ってどのような実験をするのか）を話してないので、これ以上は考えないで、さっそく実験です。

実験1

子どもたちには、空気が入らないようにアルコールを入れ、口を輪ゴムでしばったビニール袋を渡しました。それを、熱い水（熱湯のことを理科では「熱い水」と呼ぶことを話しました。冷たい水、ぬるい水、熱い水などと呼ぶ。）をビーカーに入れ、その中に、ビニール袋ごと入れます。

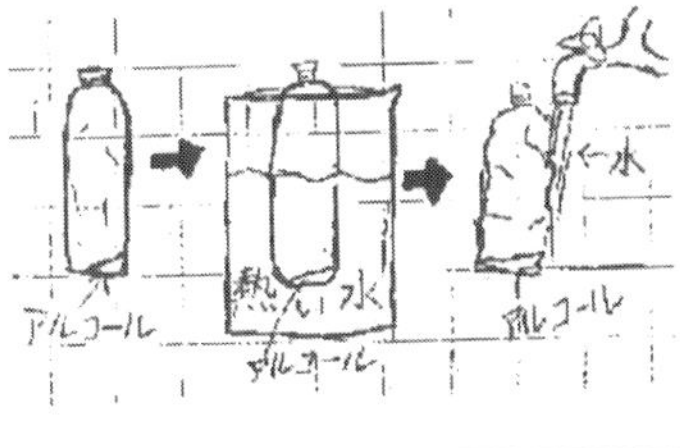

〈子どもたちの感想〉

・ぜんぜん予想してないことだったのでびっくりしました。まさか、ふくらむとは思わなかった。やくさじでおすと、ぎゃくにおされるかんじがしてふしぎだった。(KU)

・熱い水にアルコールがはいったふくろを入れたら、そのアルコールがはいったふくろが、「プー。」とふくらんだ！　ふくらむ時は、いっしゅんで「プー。」とふくらんだ。

一回目…3秒でふくらんだ。そのパンパンのふくろを水につけると、すぐしぼんでしまいました。ぶくぶくとふくらんだ。(U)

・ビニールぶくろがふくらんだ。少しのアルコールでパンパンにふくらんだ。(TR)

・アルコールがだんだんとへっていた。熱い水につけたらふくらんで、冷たい水につけたらしおれた。ビニールの中で、アルコールがぼこぼことあわだっていた。(S)

・アルコールを入れたふくろがふくらんだ。中のアルコールから、ブクブクッというしん動の後にあわが出てきた。やっているうちに、ふくらむのがおそくなった。(IA)

・あわをたてながらふくらんだ。やるとどうじに、アルコールがどんどんへっていった。数分たつとしぼんだ。(NH)

・アルコールのはいったふくろを熱い水にいれたら、ふくらんだ。アルコールの入ったふくろのどこにもあながあいてないのに、あわが入っていた。(TM)

・さいしょに、アルコールをふくろに入れたのを熱い水の中に入れたら、中でアルコールがふっとうしながらふくらんだ。

・最初は、ぺちゃんこだった。熱い水の中に入れたらふくらんだ。わたしは、熱い水とへやの温度がちがうから、熱い水から出すと、少しへこんだと思う。だから、アルコールは熱い水にはんのうすると思いました。（NY）

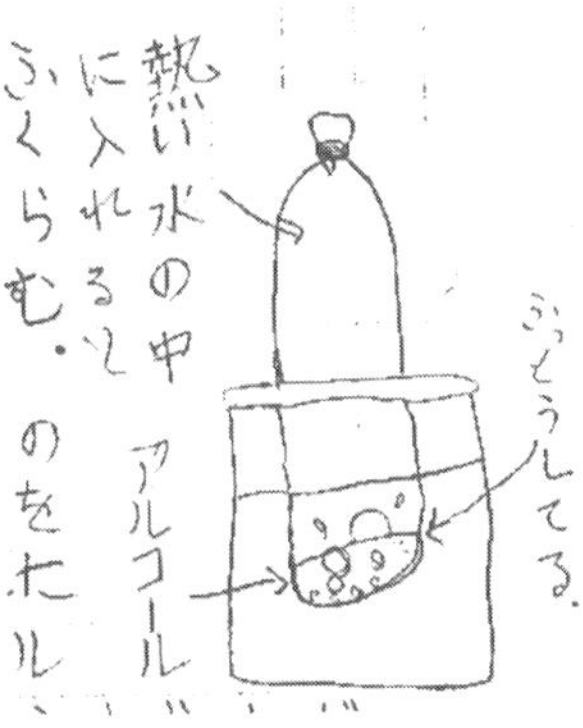

・ふくらんだビニールが冷やすとちぢんだ。
ぎもん：空気もなく、どうやってふくらんだのか？
よそう：アルコールを熱い水に入れると、アルコールがビニールの周りをとおる。そして、ふくらむ。冷やすと、一カ所にあつまり、ちぢむ。（Y）

・アルコールが上へ上がっていく。ふくらむ。アルコールは湯から逃げているようなかんじがする。
発見：湯につけて、水につけるのくり返しをしていると、だんだんふくらむあいだの時間が長くなる。アルコールが全体にちらばる。（KK）

・中のアルコールがふっとうして、あわが出た。あわが出るとビニールがふくらみ、ひやしてみると中の空気がなくなってぺっちゃんこになった。
ぎもん：なぜ、おゆにつけるとふくらんで、水につけるとちぢむのか。
予想：空気のべんきょうでしたように、アルコールが、ふくらんだり、ちぢんだりしている。（KS）

・ふくらんだ。アルコールを熱い水にいれると、アルコールの入ったふくろがふくらんだ。熱い水に入れた時、ふくろの中のアルコールをよく見ると、ふくろの中で、アルコールがあわのようになって、ぼこぼことはれつしていた。そのはれつで、どんどんふくろがふくらんでいった。（O）

　そこで、次の問題を出し、同じ実験をしながら考えてもらいました。

問題2
なぜふくらむのだろうか。

子どもたちは、豆科学者のように考え出しました。

①アルコール説

・新発見：熱けりゃ熱いほどふくらむ早さが速い。1℃でも下がるとおそくなる。下からふくらむ。かぎはアルコールだ。（NK）

・発見：お湯があつければあついほど、ふくらむのが速い（約2秒）。アルコールがあたためられると、何かがおきる!?（I、NH）

・はっけん：温度のへんかによって、ふくらむ早さがはやくなったり、おそくなったりした。しかも、下から（おゆにつけたところから）ふくらんだ。アルコールが、かぎ!

アルコールが、あたたまると、何かが、おきる。（NY）

・はっけん：熱い水にいれたらすぐにふくらんで、二回目のさいしょに、一回目と同じで、すぐにふくらんだ。

まとめ：アルコールがおゆにはんのうしてふくらむ。（N）

・アルコールが熱い水にはんのうして、まん中にあつまって、どうじに上と下にいって、ふくらむ。（Y、T、K、U、UT）

・発見：ブクブクいっているうちに、アルコールが上にいってふくらんで、ちぢんでくると、上にいったアルコールが、水てきになっておちてくる。下がちょっとふくらむと、上がいっきにふくらんで、下がふくらむ。

予想：アルコールが上にいくうちに下がちょっとふくらんで、上にいって、上が全部ふくらむと下にいって、ふくらんでない部分をふくらませる。（KS）

②空気説

・はっけん：熱い水にいれると、いっきにふくらむけど、だんだんやっているうちに、ふくらむのがおそくなった。それは、おゆがぬるくなったからだ。
予想：それは、ぶくぶくあわがなったのは、熱い水に入れたからだと思います。それで、そのあわは、中でどんどんわれて、中からでてきた空気でふくらんだと思います。（K）
・ぶくぶくといっているあわがわれたときの空気でふくらむと思う。（OO、TR、SY）

③ビニールぶくろ説
・発見：ぶくぶくいっているあいだに、アルコールは上へ行き、ひやすと、水てきで下ってくる。
予想：ビニールぶくろが、あつさでふくらむ。（K）

＊こんな発見をした子たちがいます。
・熱くして袋がふくらんでいる時は、アルコールがへっていて、冷やして袋がしぼんでいる時は、アルコールがふえていた。（4名）
・ふくらんでいるときは、上のほうにアルコールがいって、少なく見える。しぼむころに、アルコールが、下におりてくる。（M）
・ふくらんでいる時は、アルコールが下にあるのが少ない（上にいっている。）。しぼんだ時は、下にあるのが多い（上にいったのがもどってきた。）ので、へったわけではないと思う。（IA）

〈3・4時間目〉

今日は、「げんき（学級通信）」をみんなで読みあってから、授業を始めました。

「ああ、私ももっと書いておけば良かった。」

「○○君の意見、いい。」

などの感想を言っている子がいました。

> 問題2
> なぜふくらむのだろうか。

それぞれの意見を読んで、次の３つにまとめました。

①アルコール説（28人）
②空気説（７人）
③ビニールぶくろ説（０人）

①のアルコール説は、アルコールにカギがある、アルコールがあたためられると何かがおこる、アルコールがふくらむ、と考えた子たちです。

②の空気説は、アルコールをあたためたときのあわは空気であり、その空気がビニールぶくろをふくらませたという考えです。

③のビニールぶくろ説は、ビニールぶくろそのものがふくらむという考えです。

③の考えの子は一人もいなかったので、その実験からやってみました。

実験２
何も入れないビニールぶくろをゴムでしばって熱い水に入れる。
ビニールぶくろはふくらむか。

子どもたちに聞くと、何人かの子が「ふくらむ。」と言います。そこで、次のように話しました。

「①のアルコール説だったら、ビニールの中にアルコールが入っていないのだから、ふくらまない、と考えるのが普通じゃないの？」

「②の空気説も、空気が入っていないのだから、ふくらまない、と考えないとおかしいでしょう。」

さっそく実験をしてみると、全くふくらみませんでした。③のビニールぶくろ説は消えました。

そこで、議論です。

ＮＴ「空気でふくらむというのは、中に空気が入っていないのだから、空気でふくらむことはできないと思います。」

NK「②のあわでふくらむというのは、へんです。前に実験したときは、空気でふくらんでいました。でも、あわだっていませんでした。」
教師「言ってること分かる?」
NK「前に実験したのは、あわだたないで、そのまま、ふつうにふくらんでいました。」
教師「前っていつ?」
NK「前の空気の実験。そこでは、あわだっていなかった。」
NT「やっと意味が分かった。」
NT「NK君は、この前の空気の実験で、空気がふくらんだときにはあわがたたなかったから、だから、②は違うと思う、と言っている。」
教師「今回のはアルコールがあわだったから違うと。前の実験で空気をあたためた時は空気があわだっていなかった。だから、違うんだ、と言っているわけね。」
U「中にアルコールが入っていて、アルコールは他のよりも燃えやすいから、それで、ふっとうして、それからあわが出て、それから、ふくらむ。」
教師「じゃあ、そのあわは空気なのね。」
U「う〜ん。」(困ってしまう。)
教師「①も②も両方とも、ぶくぶくとなってふくらむ、ということはいいんでしょう? そのあわが空気で、ビニールふくろがばんばんになるんだと考えているのが②の空気説。①の人は、空気じゃないと考えているんでしょう? アルコールで何か起きるんだと。」
KS「そのあわが、アルコールだと思うんですけど。」
教師「あわがアルコール?」
KS「そのあわはアルコールだと思うんですよ。先生がビニールふくろに空気を入れないようにしてアルコールを入れて、空気はもう入らないようになってるじゃないですか。その後、あったためて、その中にアルコールしかないんだから、そのあわだっているのが、そのあわがアルコールだと思います。」
教師「なるほど。あわがアルコールなんだって。」
KS「そのあわが、ふくらませたんだと思います。」
教師「新しい考えが出てきたね。」

I 「ぼくもKS君と同じで、あわはアルコールだと思います。アルコールしか中に入っていないんだから、アルコールから空気は出てこないと思います。」
教師 「アルコールしかないいんだから、アルコールのあわなんだろう、と。」
Y 「アルコールは燃えやすいものだから、熱い水の中であわになる。」
NT 「ぼくもアルコール説なんですけど、アルコールが蒸発して上にいって、気体になる。」
（以下省略）

〈子どもたちのノートより〉
②の空気説の子（3人）
・理由：ぶくぶくとあわだつということは、空気が自然にできると、思う。空気がどうやってできるかは、わからない。
ぎもん：アルコールの意見の人は、ぶくぶくいっているあわがわれた時は、空気ではないと言っている。では、われた時、空気じゃないんだったら、なんなのか。（S）

＊S君に、①のアルコール説の人は、「あのあわはアルコールの空気のようなもの（アルコールの気体）だ。」と言っているんだよ、と話すと、S君は「う〜ん。」となってしまいました。

・みんなは、あわがアルコールのあわって言ってるけど、アルコールのあわが無くなったら、アルコールは無くなっていくのに、そのままなのはおかしいと思う。（IJ）

・アルコールは熱くなると、ぶくぶくいって、そのあわはアルコールじゃなくて、空気で、その空気が熱くてふくらむと思う。（YY）

①のアルコール説
・予想：アルコールがふくらむ。
理由：ビニールぶくろの中に空気がないから、アルコールがふくらませている。（KJ）
・理由：まえ、ぼくたちのはんが発見したのが、かぎ。なぜ、アルコールがへるかというと、ビニールぶくろにあなはあいていない。アルコールをつかい、ふくらむ。なぜ、水にぬらすとアルコールが多くなるかというと、ビニールぶくろにあながあいていないから、さっきつかったアルコールがもとどおりになり、アルコールが多くなる。だから、①のアルコール説だと思う。（ＭＩ）

・予想：わたしは、アルコールであわがたつと思います。それは、アルコールがないとあわはできないからです。

発見：中にアルコールが入ったふくろを熱い水に入れたら、アルコールがあわをたてながら上にいっているようなかんじがした。それに、水でひやしたら、下にアルコールがたまってた。（ＫＫ）

・予想：ビニールの中には、アルコールしかはいっていなくて、空気ははいっていないから、アルコールが、あわになって、上にあわがいって、アルコールがないように見えた。そして、水でひやすと、あわがなくなり、アルコールが見えるようになる。（ＳＭ）

・理由：アルコールがあつくなって、ビニールぶくろにあつりょくをあたえて、ふくらむ。（ＫＯ）

・理由：アルコールがお湯にはんのうし、アルコールがたえきれなくなって、ビニールぶくろをおして、ふくらませる。（ＴＹ）

・理由：ビニールぶくろの中にアルコールが入っていて、そのビニールぶくろを熱い水に入れるとあわがでて、だんだんとあわがふえてきて、そのあわが上にいきます。そのあわは、アルコールがおゆにはんのうしたあわだと思います。（ＯＺ）

・理由：だって、空気がふくらむって、中に空気は入っていない。だから、空気がふくらむ事はない。

予想：アルコールがじょう発して、気体になる。そして、気体がふくらむ。（ＮＴ）

・予想：中のアルコールが、鉄球をあつくしたように、

ふくらむ。大きくなる。（ＫＲ）
・よそう：アルコールがじょうはつして、空気（アルコールの空気、あわ）がきたいになって、ふくらむ。
　まとめ：アルコールがふえる。すこし冷たい水でもふくろがぶくぶく中でふくらんでた。（ＵＴ）
・アルコールが、熱い水にはんのうして、まん中に集まって、上と下にどうじにふくらむ。
理由：ふくろの中に空気もないのにふくらむのは、アルコールがじょう発して、ちらばって、内側からおすから、ふくろがふくらむ、と思う。（ＵＳ）
・理由：アルコールは、火をつけると、アルコールがもえる。でも、火ではなく、

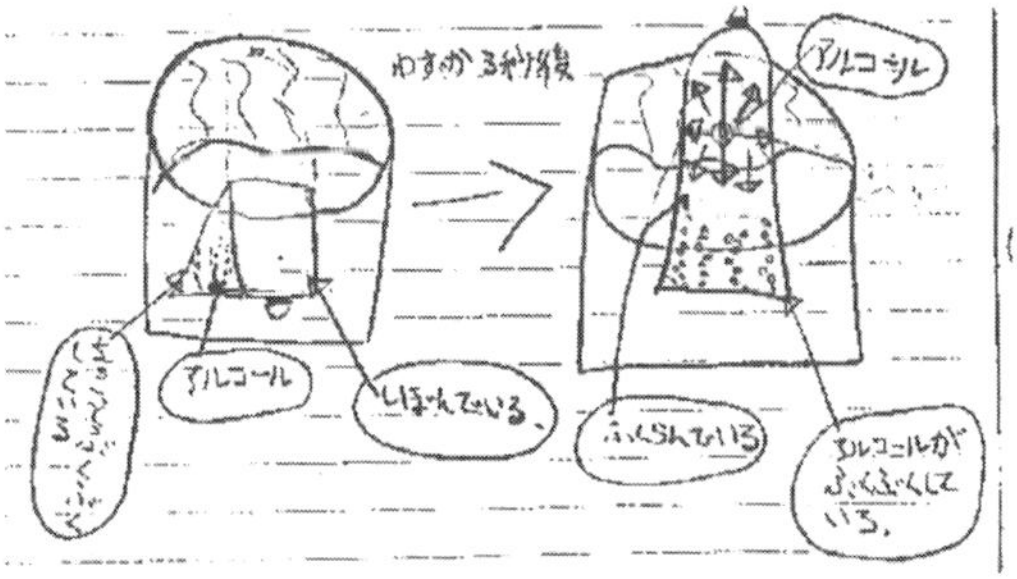

お湯なんだから、お湯は水をあたためたものだから、アルコールの入ったふくろを入れても、火はつかない。けれど、火はつかないけど、そのあつさで、アルコールがあわになって出てくるのだろう。（ＯＪ）
・りゆう：おゆは、ただ水をあたたかくしただけだけど、火には水にはないぶっしつがあり、アルコールがはんのうして、もえた。けど、水は、火にあるぶっしつをもっていないため、あついだけではもえない。けど、あわになり、アルコールが入ったふくろをふくらませた。
　空気のときどうよう。おゆに入れると、アルコールがあわになり、あわがあばれるようなかんじで、ビニールぶくろをふくらませる。（Ｙ）

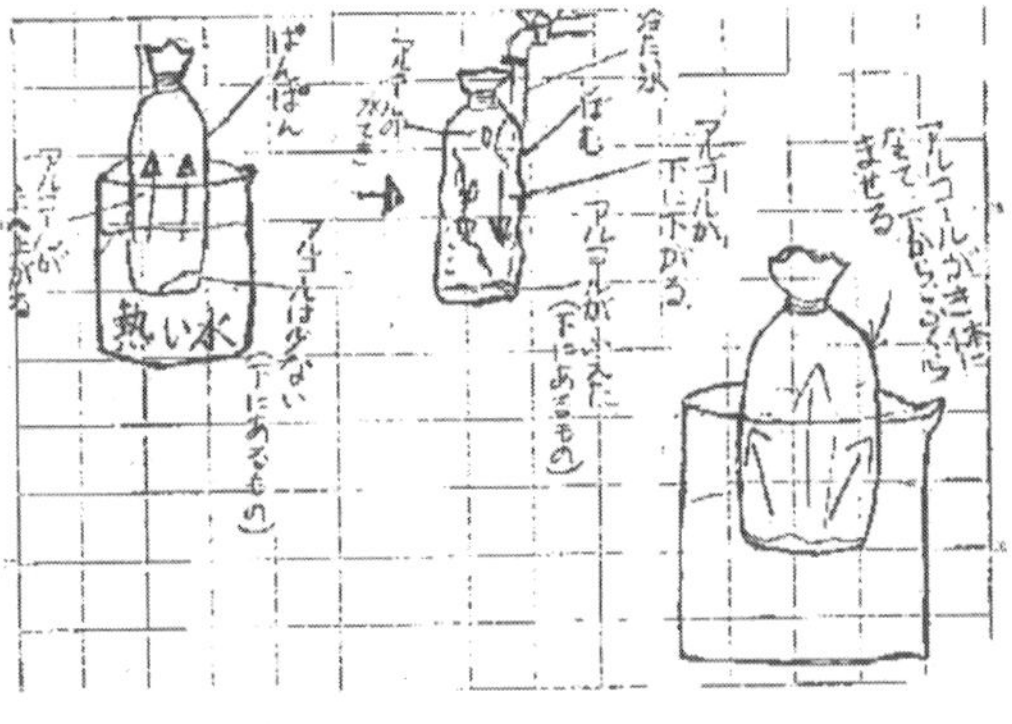

・理由：アルコールが気体になって、それが上にあがって、水てきになっておちてくる。あわ、水じょう気は、ちらばりながら、上にいく。それだから、ふくらむ。（ＫＳ）

・ふくろの中には、アルコールしか入ってないのだから、空気じゃないと思う。ふくろがふくらんでいるときは、少しアルコールが上にいっている。だから、アルコールがおゆにはんのうして、ブクッといって、上や下にいき、ふくらんでいる。熱い水に入ったアルコールが、あつくて、外ににげようとする。だから、上や下にいく。外に出ようとするから、ふくろをおして、ふくらむ。（ＭＳ）

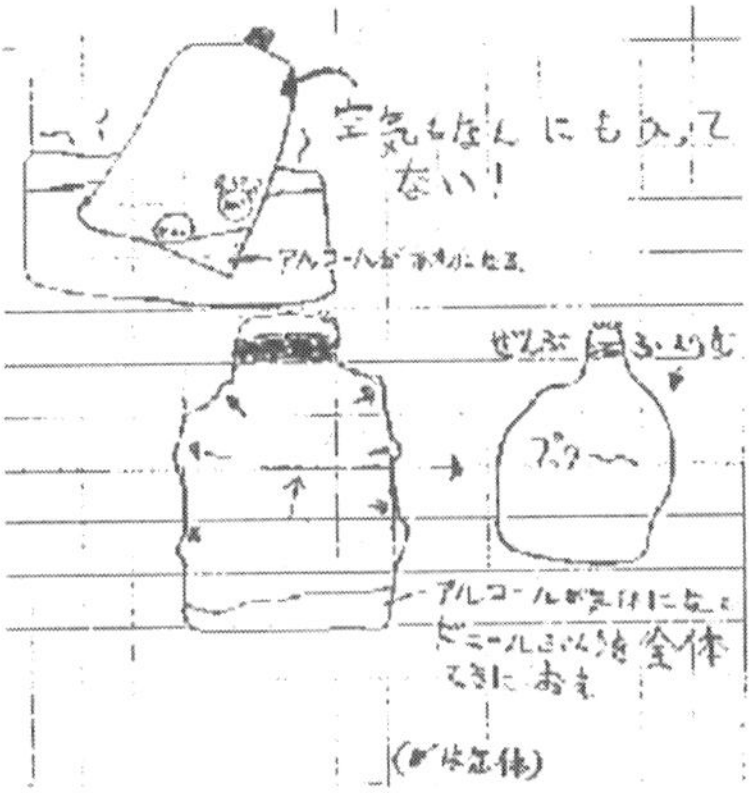

・よそう：アルコールがじょうはつして、上にいったり下にいったりして、ふくろがふくらむんだと思う。（ＴＭ）

・あわは、アルコール。しぼんだ時、アルコールが水てきになって上から落ちてくるということは、アルコールが上にいっていて、ビニールぶくろをふくらませたと、思うから。（ＩＡ）

・ビニールぶくろの中には、アルコールしか入ってないから。あわは、アルコール。（ＮＨ）

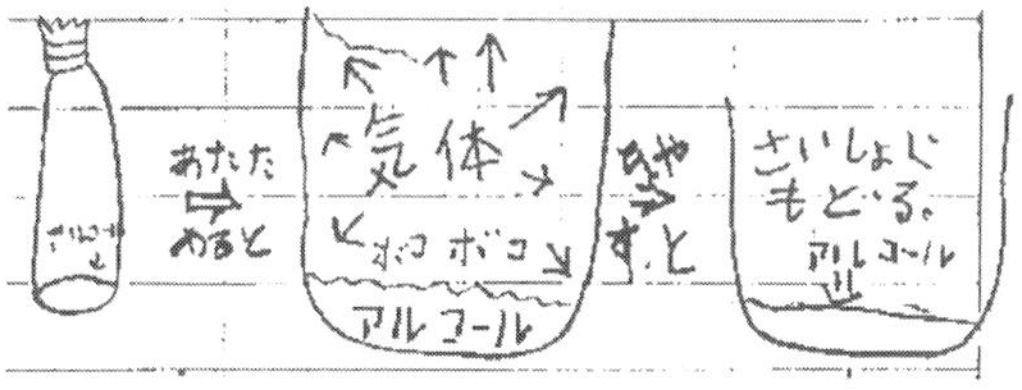

・理由：②の空気説は、ふくろの中はアルコールだけなのに、なぜ空気でふくらむのかふしぎに思った。なんかおかしいと思った。あわがはれつすると空気になるだなんて、へんと思った。あわはたったけど、空気とはちがうと思う。アルコールがふっとうして、あわ

をたてて、気体になってふくらむ、と思う。（NY）

・理由：ビニールぶくろの中になにも入っていないじょうたいで、熱い水の中に入れたら、あわがたたなかった。でも、アルコールを入れて、熱い水に入れたら、あわがたった。だから、アルコールがかぎだと思う。じょう発して気体となったアルコールが、ビニールぶくろをふくらませたと思う。中から気体がビニールぶくろをおす。（IT）

・理由：前の実験では、泡もたたなかったから。

予想：アルコールがふっとうする。アルコールが気体になって内側から押す。（NK）

・理由：袋の中に空気は入ってないし、あわが出たとしても、それはアルコールが反のうしてあわを出しているから、アルコールでふくらむ。（II）

・理由：アルコールがおゆにはんのうして、あわになって、内側からおしてふくらむと思う。（YR）

・りゆう：アルコールがふくろの中にはいってないとあわはでないんだから、あわのもとはアルコールだから、アルコールがふくらましてるとおもいます。あたためられたアルコールは、上にいって下にいって、こうこにうごく。ひやしたアルコールは、さいしょとおんなじくらいのアルコールがふくろの中にはいっている。（NS）

・理由：②の空気説は、空気でふくらむと言っても、袋の中に空気が入っていないから、少し考えられないと思う。だから、アルコールだと思う。アルコールがじょう発しているということ？　かなと思う……。
　もし、袋の中に空気が入っていたら、何もしなくてもふくらむと思う。それに、熱い水の中に入れたのに、全然ふくらまなかったから、アルコールの中に何かが

ふくまれているのかなと思う。（NY）

・Y君が言ったように、アルコールは火にはんのうするけど、水にははんのうしないから。熱いお湯は火じゃないけど、ねっとうだからはんのうする。（KY）

〈5・6時間目〉

実験3
アルコールから出る気体に火をつけてみる。
もえるか？

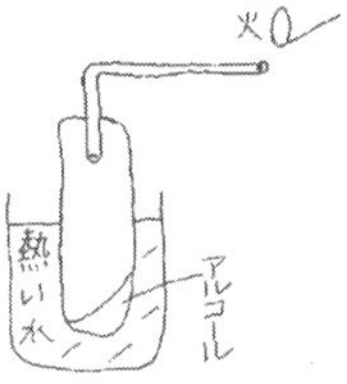

これは、②の空気説ならば、空気が出てくるのだからもえない、①のアルコール説ならばもえる、という実験です。

実験の結果、青い炎を出して、もえました。ですから、アルコールから出たあわは、アルコールの気体だということになりました。

その炎を見て子どもたちは、「百円ライターみたい。」「青い炎って温度が高いんでしょう?」などと言っていました。

〈子どもたちのノートより〉

・予想：もえない。
結果：アルコールがもえた。
感想：最初は、空気だと思っていた。だけど、いろいろな予想、理由とかを聞くと、空気にしようかアルコールにしようかまよった。だけど、空気にした。結果はアルコールだった。（YY）

・予想：もえない。
結果：もえた。
感想：まさか、アルコールだとは、思いもしなかった。（IJ）

・予そう：もえない。
理由：ビニールがぱんぱんにふくらんだから、人間でいうと、おおきくいきをすってはくと同じように、ぱんぱんに空気が入っているから、空気がプシューってでてくると思う。
結果：もえた。ぶくぶくいっているあわは、空気ではないということがわかった。（ＳＨ）

・予想：もえない。
理由：？
結果：くだの先でシューッといってもえた。
感想：理由はわからなかったけれど、ライターみたいでおもしろかった。なっとくできた気もする。（ＴＲ）

・予想：もえると思う。
理由：中に空気そのものは入っていなく、アルコールの空気（気体）が入っていると思うから、その気体が出ると思う。だから、もえる。
結果：もえた！？　やっぱりカギはアルコールだった。しかも、火はむらさきだった。すっごくあつそうだった。
ぎもん：どうして、アルコールの中に気体が入っているのに、火がつくのか？　気体が入っているのなら、火が消えると思う。（ＮＲ）

・予想：燃える。
理由：袋には空気が入ってないのだから、あるのはアルコールとアルコールの気体。だから、出てくるのはアルコールの気体。
結果：燃えた。
感想：火を近づけたとたん、ぼっと火がついた。青い火で、ずっと燃えていた。ぼくは、ライターのげんりだと思います。（ＩＩ）

・予想：もえる。
理由：アルコールじたいもえるから、気体でももえると思う。
結果：もえた。
発見：青い火の中に赤い火がまじっていた。（ＮＹ）

・予想：もえる。
結果：火がついた。ということは、あのあわはアルコールの気体ということです。火は青かった。

感想：ボッという音で火がついて、最初はすぐ消えたけど、最後の方は長くついていて、「すごい！」と思いました。（ＩＡ）

・予想：もえる。
結果：もえました。もえたということは、アルコールの気体が、ガラス管からでてきたということ。赤ではなく、青い火がつきました。
感想：いきなり、火がついたので、少しびっくりした。（ＭＡ）

・予想：アルコールの気体だと思う。もえると思う。
理由：アルコールがはんのうして、気体をおしだし出る。たえられなくて、にげ出すかんじ。
結果：もえた。
感想：もえたとたん、すごいなあー。ほんともえたと思いました。気体をおし出したのかなあーと思いました。（ＫＹ）

・もえます。アルコールがきたいになっても、そのきたいはアルコールなんだから、もえます。（ＭＳ）

・予想：もえる。
理由：えきたいが熱い水にさわると、たえきれなくなり、まん中にあつまって、いっきに上下左右に気体になっていくから。

実験４
アルコールを試験管に入れて熱い水に入れる。どうなるか。

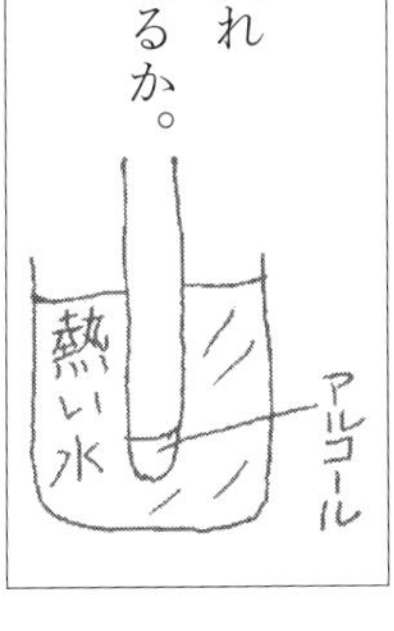

〈子どもたちのノートより〉

・予想：あわだつ。
理由：ビニールぶくろと同じ実験。
結果：１てきもなくなった。まさか、１てきもなくなるとは思っていませんでした。
まとめ：アルコールが上から出て、最後には１てきもなくなった。（Ｋ）

・予想：気体になってへる。
理由：実験3で、アルコールが気体になって、チャッカマンで火をつけたら火がついたから。
結果：1てきものこらず、へった。かなりびっくりぎょうてんというかんじだった。（NY）

・予想：アルコールが無くなる。
理由：さっき実験したように、試験管は上に穴があるので、あたためると、さっきと同じように穴から出ていくと思う。
結果：1てきもアルコールがなくなった。（KR）

・予想：ぶくぶくあわだって、アルコールが外に出て、中のアルコールがなくなる。
理由：実験3でやったように、アルコールが外に出るから、なくなってしまう。
結果：アルコールがなくなった。（KS）

・予想：アルコールがどんどん少なくなる。
理由：アルコールは、熱くすると気体になってあちこちにいくことがわかったから、今度は、出る所があるから、どんどん出てしまって、少なくなると思います。
結果：1てきもなくなった。（IA）

・予想：アルコールがなくなる。
理由：ビニールぶくろの時は、上をゴムでしばっていたので、上で気体になったアルコールは上でとまっていたが、今度は上がないので、じょう発して、なくなってしまう。
結果：一てきもなくなった。さかさにしても、アルコールがたれてこなかった。びっくりしました。（IS）

・よそう：アルコールがなくなる。
りゆう：アルコールが気体になって、上にいって、外にでる。
けっか：一てきのこらずなくなった。（US）

・予想：なくなる。
理由：あつくて気体になるから。

結果：一てきもなくなった。
まとめ：アルコールはあつくなると気体になることがわかりました。（HS）

〈7・8時間目〉

授業前に「げんき3（学級通信）」を読み、今までのまとめをしました。

〈今までのまとめ〉
1、アルコールを熱い水に入れると、あわが出る。
2、そのあわは、空気か、アルコールの気体か？
3、あわは、アルコールの気体であった。
①空気はどこからも入っていない。
②その気体に火をつけたら、燃えた。

そして、気体という概念を簡単に教えました。空気も気体、プロパンガスも気体、おならも気体……。

「げんき3」に試験管からなくなった液体のアルコールはどこに行ったのだろうかという疑問を書いている子が何人かいました。

そこで聞いてみました。

問題3
実験4でなくなったアルコールはどこに行ったんだろうか。

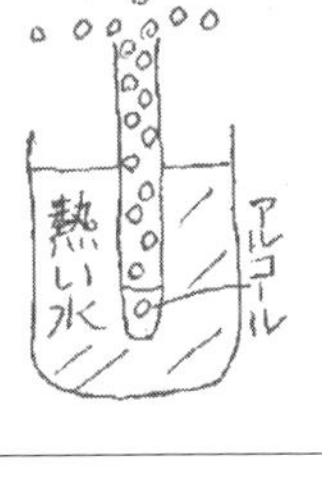

SM「アルコールが気体になって蒸発して、なくなったんだと思います。」
IA「アルコールを熱くすると気体になってあちこちに行くことが分かったから、あちこちにいってなくなってしまうと思います。」
子どもたち「外に出ちゃうんだ。」
II「アルコールを熱い水に入れて出てきた気体に火をつけたら燃えたから、それで出てくるのはアルコールということだから、熱い水にはんのうして蒸発するから、なくなると思います。」
KS「ぼくは、実験3でやったように、IAさんの言うように、アルコールがちらばって外に出てしまうんですよ。え〜と、水蒸気になって、蒸発して。アルコールの気体になって外に出てしまうと、それがアルコールだから、中のアルコールがなくなると思います。」

US「アルコールがあたためられると、お湯といっしょで、ゆげが出ると思いますよ。ゆげが気体なんですよ。アルコールのゆげ、気体が上に行くから、アルコールが一滴残らずなくなって行く。」

教師「アルコールの気体は、どこに行ったの？」

子どもたち「あっちこっちに散らばっている。」

子どもたち「空気の中に混じっている。」

教師「でも、あわは出ていない。」

そのことについて、KS君はノートにこんな事を書いていました。

「アルコールが外に出ていくから、なくなってしまう。火をちかづけるともえるはず。」

そこで、KS君に説明してもらいました。

KS「試験管にアルコールを入れて熱い水に入れると、アルコールが気体になって、外に出るじゃないですか。で、その近くに火を近づけると、それも燃えるはずだと思います。」

子どもたち「分かった。」

子どもたち「気体が混じっちゃうじゃないかな。」

教師「口に近づければ、燃えるんじゃないかということね。」

実験5（KS君の考えた実験）

試験管の先に火を近づけると燃えるか。

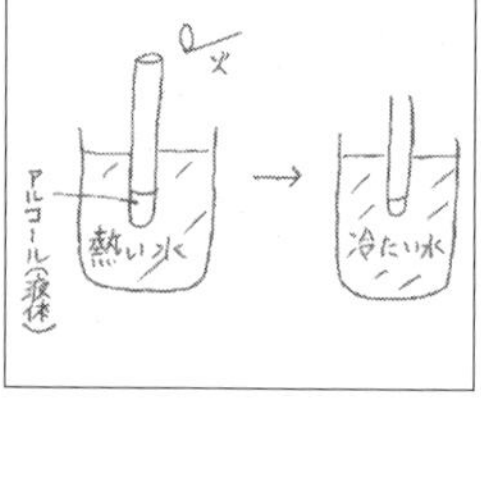

これに対して、全員が「燃える」と考えました。理由は、試験管の口が開いているのだから、そこから逃げたと考えているようです。

「この辺をただよっているのかなあ。」と言う子もいました。

〈子どもたちのノートより〉

・予想：もえる。

理由：実験3のように、くだのさきに火がつくから、つくと思います。
結果：もえた。
まとめ：熱い水にアルコールが入ったしけん管を入れて、チャッカマンでしけん管の先に火をつけて、少しまっていると、しけん管の先に青い火がつきました。
発見：ほんとうは、赤い火がつくのに、青い火がつきました。それと、その青い火は、熱い水から出したら、だんだんと中に入っていきました。（ＯＪ）

・予想：もえる。
理由：中には、アルコールがはいっていて、アルコールが気体になって、上にいって、チャッカマンの火をちかづけると、もえる。
結果：もえた。
発見：熱い水に入れて、チャッカマンで火をつけて、ふかくいれると火がつよくなって、上にひくと、火がよわくなる。そして、熱い水からつめたい水に入れたら、ほのおが下に行って、きえた。（ＳＭ）

・予想：もえる。
理由：実験3や実験4でやったみたいに、しけん管でもあつくするとアルコールの気体が出るから、もえる。
結果：もえた。
感想：アルコールを入れたしけん管を熱い水に入れて火をつけると、アルコールの気体が出ているから、火がついた。ちょっと見づらい青くて小さい火だったけれど、「やっぱ、もえた。」と思いました。（ＹＹ）

・予想：もえる。
理由：アルコールが気体になってじょうはつして、ちらばり、しけん管の先からとびだしてなくなると思う。だから、もえる。
結果：もえた。
感想：やっぱり、アルコールの気体がじょうはつして、ちらばった。アルコールが試験管の先から出ていくから、もえる。実験4のけっかは、このようになって、なくなった。（ＯＪ）

・予想：もえる。

理由：実験3でやった時と同じようにもえると思う。
結果：もえた。熱い水から、冷たい水にそろっと入れたら、火が下にいって消えた。試験管を熱い水の下の方に入れると、火が大きくなった。全体が熱くなるから、だと思う。
感想：冷たい水に入れた時、下にいって消えるのが面白いなと思いました。（ＩＡ）

・予想：もえる（大きい火）。
理由：アルコールの気体が上にいって、そこで火をつけるから、もえる。
結果：もえた。
気づいたこと：もえてからあつい水に6ｃｍぐらい深くいれると、火がつよくなる。
りゆう：しけんかんがあたためられる（6ｃｍぐらい入れる）と、それじたいあたためられるから、もっとふかく入れると気体がいっぱいでるから、火もつよくなる。（ＵＳ）

・予想：燃える。
理由：アルコールが、えき体から気体になって、外に出る。だから燃える。
結果：燃えた。熱い水に、試験管を入れて、すぐにチャッカマンで火をつけたけどすぐに火はつかなかった。火は青かった。試験管を下のほうに入れるほど、大きく火がついた。それは、試験管がたくさんの熱い水にふれているからだと思う。そのはんたいに、もちあげると、火が小さくなるのは、試験管全体が空気にふれているからだと思う。消える時は、下のほうにいき「ふっ」と消えました。（ＭＭ）

・予想、：もえる。
理由：アルコールがじょうはつして、気体ででてくるのなら、その気体のもとはアルコールだから、もえると思う。
結果：もえた。
感想：しけん管のふちに青い火がついた。そして、水に入れると、火がしけんかんの下にいって、消えた。そして、熱い水がさめてくると、火がよわくなった。しけん管の上からみると、火が丸くみえた。（ＭＡ）

・予想：もえる。
理由：気体（アルコール）が外に出ているから、火を近づければ、もえるはず。
結果：もえた。
感想：やっぱりもえた。よそうどおり。
発見1：おくに入れると全体があたたまるから、火がつよくなった。
発見2：試験管を水につけたら、火が下にいってきえた。そしたら、下の方に水てきがあった。
理由1：全体があったまるから。
理由2：下にいった火が、つめたくなってきえて、アルコールの水てきになる。（KS）

・予そう：もえる。
けっか：もえた
りゆう：あわだってないのに、火がついた。みえないけど、アルコールは、にげている。たぶん、あながあるから、空気が入ってきて、あわがたたないのは、空気がじゃまをしてあわができない。じゃあ、なぜ火がつくのかって？！　それは、アルコールはふつう熱い水であたためると気たいになる。かんたんに言うと、アルコールの空気（気たい）で、空気がきても、アルコールが気たいになって、かんたんに言うと、ばける。だから、空気がきても、空気におされなくて、しのげる（にげる事ができた）。で、にげてきたアルコールの気たいは、外にあるチャッカマンでもえる。（Y）

明確につかんでいるようです。そこで、次の実験に移りました。

実験6
気体のアルコールを冷やすと液体のアルコールはとれるか。

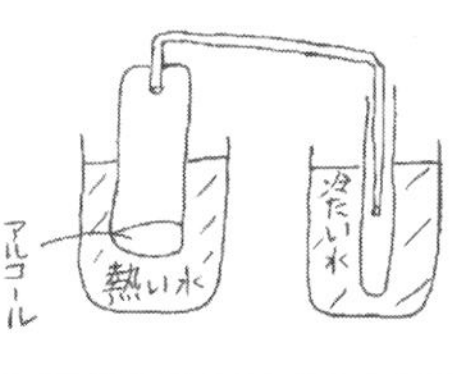

これも、全員がとれると予想しました。

〈子どもたちのノートより〉

・予想：気体が冷やされると液体になる。だから、とれる。
結果：液体になって、それがアルコールだということが分かった。（ＵＳ）

・予想：もとにもどる。
理由：あたためられてアルコールの気体になるんだから、冷たい水の中に入っているしけん管にアルコールの気体を入れると、もとにもどると思う。
結果：アルコールの気体がもとにもどった。
発見：ブクブクとあわだって、気体がえき体にもどった。（ＴＭ）

・予想：液体はとれる。
理由：アルコールをあたためると気体になるから、ひやすと液体にもどる。
結果：液体は、とれた。
感想：液体にもどると予想してたけど、本当にもどるかな？　もどらないかな？　と、ちょっとどきどきしました。結果は、液体にもどった。（ＹＡ）

・予想：たまる。
理由：熱い水の中に入れるから、じょうはつして、向こうにうつる。
結果：たまった。（ＮＫ）

・予想：とれる。
理由：熱い水であたためると気体になるのだから、冷たい水で冷やしたら液体にもどる。
結果：とれた。
感想：あんなにはっきりと、たくさん移るとは思いませんでした。（ＩＵ）

・予想：とれる。
理由：？
結果：とれた。
感想：理由が書けなかったけど、うつってる時はやっぱり気体なのかな？（ＨＳ）

・予想：えき体はとれると思う。
理由：？
結果：えき体はとれた。
感想：くだをアルコールがとおって、しけん管につった。それがぜんぶアルコールだった。（ＹＲ）

・予想：冷たい水のほうにうつる。
理由：アルコールがあたためられたら、液体は気体になって上にいって、くだをとおっていって、つめたいほうで気体は液体にまたもどる、とおもいます。
けっか：うつった。
まとめ：熱い水のほうはすくなくなって、つめたい水のほうはいっぱいはいっていた。（ＮＳ）

・予想：アルコールにもどる。
理由：前の実験と同じで、熱い水につけるのとぎゃくで、冷たい水につけるとえき体にもどる。
結果：もどった。
感想：やっぱりもどった。
まとめ：アルコールの気体がくだをとおってえき体にかわった。（ＩＹ）

・予想：液体はとれる。
理由：あつくなって気体になるから、冷たくなると液体になる。
結果：もどった。
感想：やっぱり、あたためると気体になったから、冷やすと液体にもどった。（ＫＫ）

・予想：液体になる（とれる。）
結果：とれた。
まとめ：アルコールはあたためると気体になり、冷やすと液体にもどる。（ＴＲ）

・予想：えき体にもどる（えき体になる）。
理由：実験１ではあたためるとアルコールがへり、冷やすとアルコールがふえた。それは、あたためるとアルコールが気体になり、冷やすと液対にもどる。それと同じだと思う。結果：試験管にうどうして、液体にもどった。（ＫＲ）

・予想、：とれる。
理由：アルコールがあたためられて気体になったから、冷たい水にいくなら、もとにもどると思う。それは、アイスといっしょ。あついところにいくととけて、ひやすとかたまるのといっしょ。
結果：とれた。
感想：その実験のあと、さらに実験をした。スプーンにそのアルコールを入れ、チャッカマンで火をつけると、火がついた。（ＭＳ）

・予想：とれる。
理由：氷はあたためると水になるけど、水は冷やすと氷になる。アルコールをあたためたら気体になったから、反たいにアルコールの気体を冷やすと、液体になる。
結果：えきたいにもどった。そのえきたいはアルコールだった。

〈9・10時間目〉

実験7
気体Aをドライアイス・アルコールで冷やす。気体Aはどうなるか。

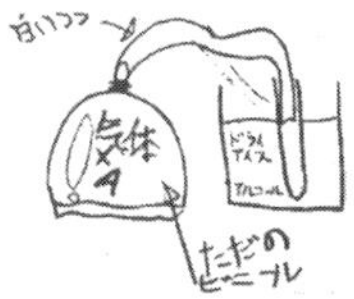

ビニール袋に入れた気体Aを子どもたちに見せました。上から落としてみせて、空気よりも重いことを見せました。ドライアイスとアルコールで、マイナス70℃位になることも教えました。

子どもたちからは、次の4つの予想が出ました。
①液体になる（固体にまでなるという子もいた）。
②けむりになる。
③変わらない。
④ふくらむ。

①の理由は、実験6でアルコールの気体が冷やすと液体になったから、これも同じと考えました。また、

固体にまでなると考えた子たちは、マイナスの世界で冷やすから、固体になると考えました。

②のけむりになるという考えは、気体Aが二酸化炭素だとしたら、人間が冬の寒い日、息を吐くと白くなるから、というのです。その子たちに、「気体Aが二酸化炭素でなかったら、どうなる?」と聞くと、「液体になる。」との答えでした。

③と④の理由は、何となくということでした。

〈子どものノートより〉

・予想：えき体になる。

理由：マイナス60度は気体Aにとって冷たいものだと思う。この前の実験で、ビニールにアルコールをいれてお湯にいれると、あたためられてふくらんだ。そして、ひやすとえき体になったのと同じで、気体Aもひやされるとえき体になり、あまりにつめたいため、固体になる。

結果：えき体になった。

感想：固体になるのはマイナス200度かで、固体にはならなかった。気体Aは、ブタンとよばれるガスだった。ブタンはもえる気体で、チャッカマンで火をつけたら、アルコール以上にもえた。（HS）

・予想：えき体になる。

理由：?

結果：えきたいになった。

発けん：気体がえき体になって、人間の手の温度でもあわだっていた。

かんそう：そのえき体の気体に火をつけたら、火がついた。今までで一番すごい火だった。その気体Aは、ブタンというプロパンガスの仲間だった。（ST）

・予想：きたいが、水てきっぽくなるのか?（えき体）

理由：急に温度がマイナスになって、びっくりする?

結果：えき体になった。

感想マイナス200℃ぐらいまでさげるとこたいになるっていうけど、すごい。空気より重い。ブタン。外に出すと、気体になってへっていく。あわだちながら。ブクッ、ブクッ。（NS）

・予想：けむりになる。
理由：？
けっか：えき体になった。
かんそう：Aはブタンという気体で、おもしろい名前だと思った。しかも、火をつけたら、ゴーともえた1！　びっくりした。少しかたまっていた。手でさわっただけでもあわがたっていた。アルコールより、火をつけたらすぎいいきおいでもえていた。ファイアーというかんじだった。火をつけたら、少しあったかくかんじた。（NY）

・予想：しけん管に移って、液体になる。
理由：実験6と同じようにマイナスの世界で冷やすから。
結果：液体になった。
感想：水であたためたブタンに火をつけたら、ぼっとはげしくもえあがった。あわだっていた。
ぎもん：なんで水に入れただけでふっとうしたようにあわだつのか。
理由：マイナスの世界にとっては、水でもあたたかいのかもしれない。（IU）

・予想：液体になってこおる。
理由：？
結果：こおりはしなかったけど、液体になった。液体の入った試験管を手でにぎったりすると、あたたかくなって気体になるから、あわが下からぶくぶくとでていた。
感想：気体から液体になった気体Aにチャッカマンで火をつけたら、ぼおと火がついた。火は、だいだい色だった。30cmくらいの大きさだった。（MA）

・予想：まず、えき体になってから固体になる。
理由：この前の実験で、気体からえき体になったから、まずえき体になって、もっと冷やされると固体になる。
結果：えき体になった。
感想：固体になると思ったらえき体になった。
発見：ブタンのえき体が白くにごっていた。たぶん、ちょっとこおってたんだと思う。すっごいもえた。（NT）

・予想：えき体になる。
理由：？
結果：気体A（ブタン）はもえる液体になった。気体に火をつけたら、大きい炎がでた。前とちがってオレンジ色の火だった。（KK）

・予想：液体になる。
理由：実験6のように、液体になると思う。
結果：液体になった。
感想：私は、ドライアイスとアルコールで、マイナスの世界になるなんて、すごいと思った。気体Aは、プロパンガスだった。そのしけんかんの中は、液体が入っていた。その液体に火をつけたら、「ボッ」と、中かの料理を作っているコンロみたいだった。すごくびっくりした。（UU）

（KS）

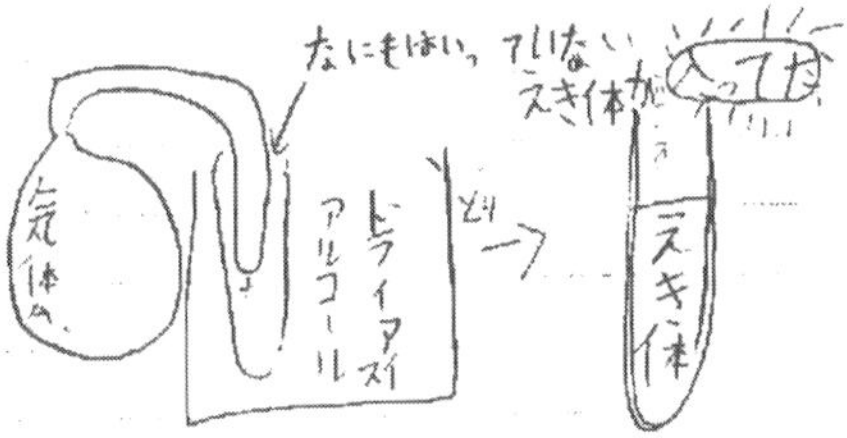

〈二度目のまとめ〉
①アルコールをあたためると、あわをたてて、液体のアルコールが気体になる。（ふっとうする）
②気体のアルコールを冷やすと、液体になる。
③気体のブタンをマイナス70℃に冷やすと、ブタンは液体になる。ブタンの液体をあたためると、気体になる。

〈11・12時間目〉

一応、アルコールの三態変化については一段落しましたので、ふくらんだビニール袋の中でアルコールがどのような状態でいると子どもたちが考えているか、聞いてみました。

> 問題4
> アルコールに熱い水をかけるとなぜビニール袋はふくらむのか。
> アルコールの気体がどうなっているのか

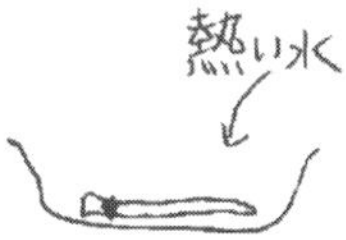

少し大きめのビニール袋に少しのアルコールを入れ、上から熱湯をかけました。ビニール袋は風船玉ぐらいの大きさになりました。

子どもたちから次の4つの考えが出されました。

①まわりにちらばる
②上へあがる
③あばれる
④ふくらむ・増える（ふくらむは10の大きさのアルコールが100になるという考え、増えるは核分裂のように増えるという考え）

黒板にそれぞれの考えの絵を描いてもらい、少し討論しました。

①まわりにちらばる説の絵

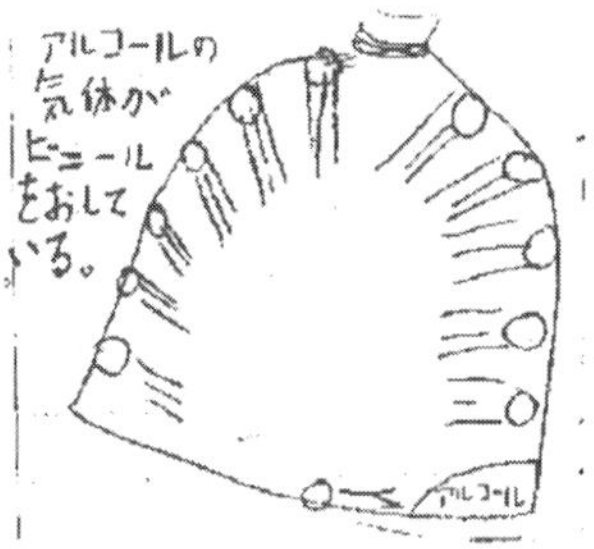

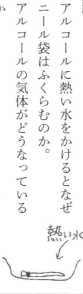

②上へあがる説の絵

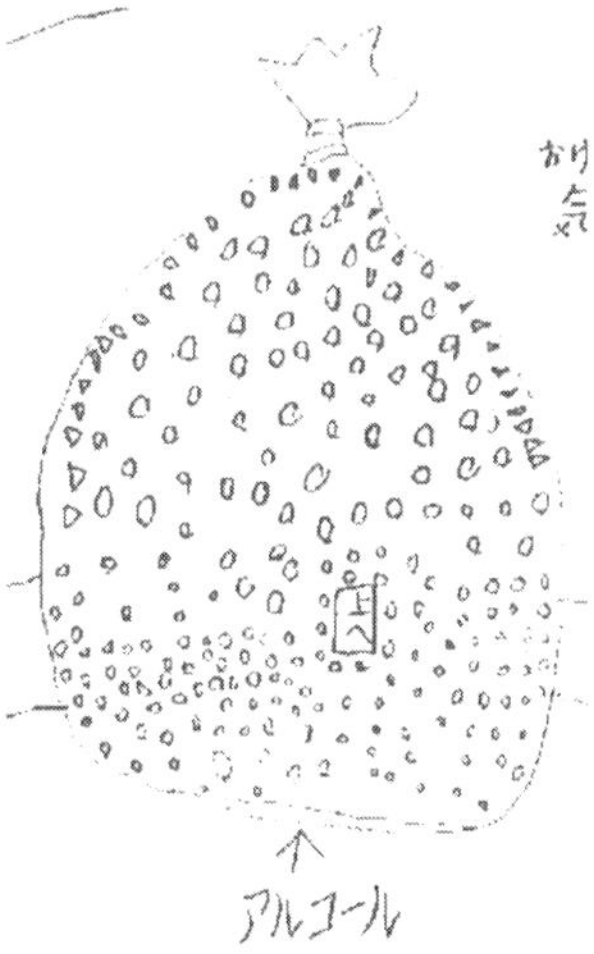

③あばれる説の絵

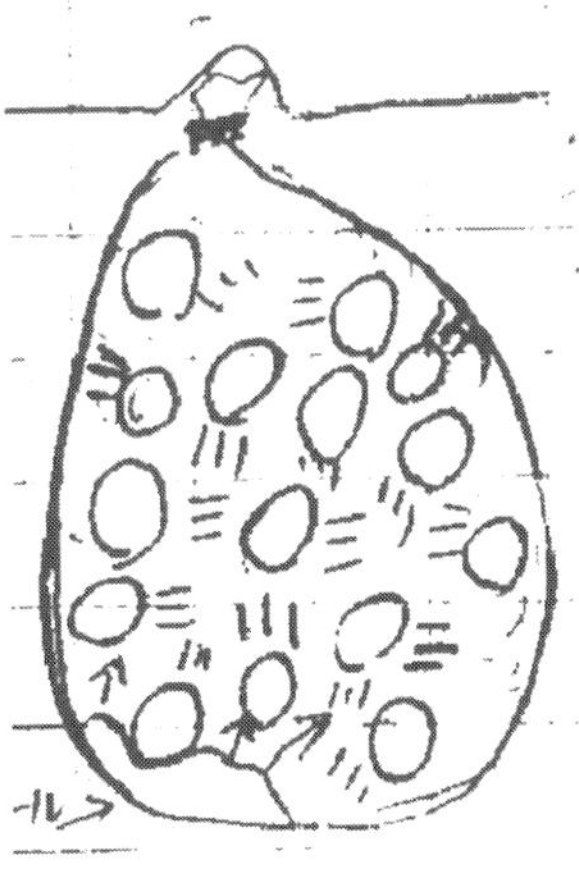

④ふくらむ・増える説の絵

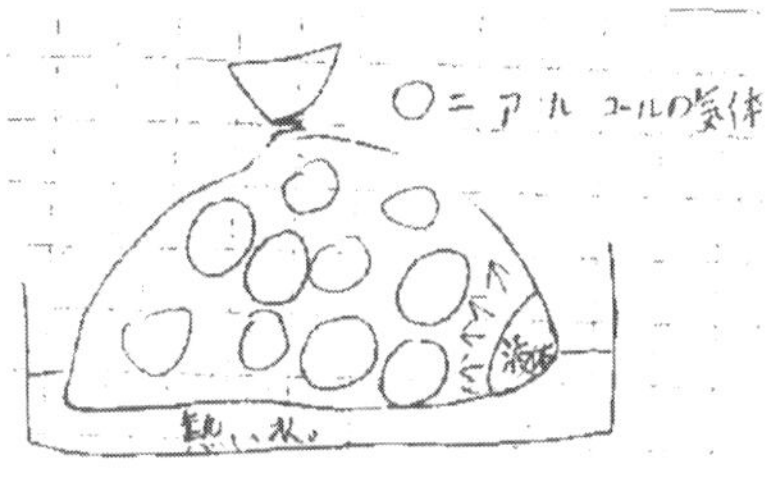

まず、①のまわりに集まって押すという説に反論がありました。真ん中にはなにがあるの？　と。真空になっちゃうじゃない、というのです。

また、②の上へあがる説には、みんな上に上がっちゃったら、下は縮んじゃうんじゃないの？　と言っていました。

すると、Y君が立ち上がって来て、「先生、身体で説明して良いですか。」と言います。理科室の机と机の間の2メートル四方の場所を指して、

「ここが大きなビニール袋だとします。僕がアルコールになります。（小さくかがんで）あっちっち（と言いながら立ち上がり、両手を広げて大きくなって、ビニール袋の上の方に走って行く）、あれ？　行けない。（下の方に移動して）あれ？　行けない。（また、上の方に移動する）」と何度か繰り返しました。

　そこで、私が「両側は？」と聞くと、

「横にもアルコールの気体がいて、押し合っている。斜めにも動く。」と斜めにも動いて見せてくれました。

　子どもたち「分かりやすい！」と納得。

　最後に最終的考えをそれぞれに書いてもらうと、

③あばれ説18人（Y君の説と書いている子が多い）

④ふくらむ・増える説5人

でした。

〈13・14時間目〉

　この時間から、「氷・水・水蒸気」に入りました。

実験8

　水をあたためるとあわが出る。そのあわは何か。

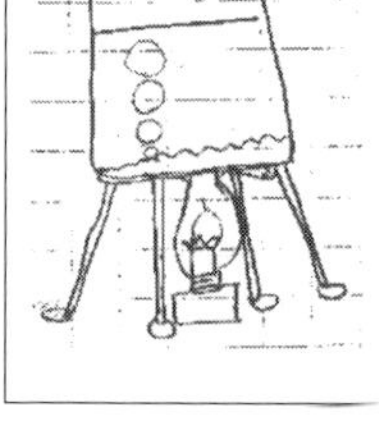

〈子どもたちの予想〉

①空気…7人

②水の気体…23人

③水の液体…1人

　①と考えた子たちの理由は次のようです。

・水の中のわずかな空気があたためられて、上に行こうとして、空気がすがたをあらわしている。かんたんにいうと、空気の実験と同じで、空気などの気体をあたためると上に行くということ。つまり、水の中から出ている。

＊この子は、水に含まれている空気が熱で膨張して泡になっていると考えています。

・アルコールランプの火で水をあたためる。そうすると、ふっとうして、あわがでる。

そのあわは、くうき。

＊このように書いている子が他にもいました。つまり、あの泡は空気だと思いこんでいるということなのでしょう。

②と考えた子たちの理由
・アルコールの時と同じように、水が熱くなって、たえきれなくなって、あわになってじょう発するから、水の気体だと思う。
・アルコールは熱くすると気体になったから、水も同じ液体だから、気体になると思う。
・水を入れたビーカーを熱くすると、水がビーカーから少なくなったので、水が気体になったと思う。

③の理由
・中には水しかないから。

〈15・16時間目〉

それぞれの説ごとにグループを作り、ビーカーの水をあたためながら話し合っています。

さて、全体で討論です。まずは、水の気体説から説明してもらいました。

C　液体をあたためると気体になるから、中で液体の水が気体になり、この中で空気のように泡になると思います。

C　前に、アルコールの実験で、液体のアルコールが気体のアルコールになったから。

T　つまり、アルコールの実験を思い出せば、アルコールは熱で気体に変わったと。同じように、水も熱で気体に変わると言ってるんですね。

C　湯気と、水の気体で、水が減っていくと思います。沸騰している時、泡が上がって中の気体が出て、水が減っていくと思います。

T　水が減っていると。それは、水が気体になって、外に出ていっちゃうから、水が減っているんだと言ってるわけね。水が気体に変わって、空気の中に入っていっちゃうんだと。

C　えっと、水の気体だっていう理由は、アルコールとかの前の実験で、アルコールを沸騰させると、アルコールがなくなったじゃないですか。で、水も沸騰してなくなるんだと思います。

T　アルコールは沸騰させると、なくなった。それは、気体になって出ていったんだと。水も、気体になって出ていって、なくなっちゃう。だから、水の気体なんだと。

　では、空気の理由を言ってください。

C　前の空気の実験でやったんですけど、息が苦しくなるじゃないですか。息が苦しくなるということは、空気が薄くなるということだから、水の中と同じに考えて、薄くなるってことは、空気が出ていっているということです。

T　分かる？　人の息だけじゃなくて、水で説明できないかな。人が苦しくなるのは、例えばビニール袋を顔に当てると苦しくなるでしょう？　それは、なぜ苦しくなるの？　空気が入ってこないからでしょう？　それと、この泡とどう関係するの？　そこがはっきりしないよね。

C　僕の考えでは、水の中には泡にならない小さい空気がいっぱいあり、水をあたためると水の中で対流が起きるじゃあないですか、ぐるぐるまわるじゃないですか。一回まわって下までいった時にちっちゃい空気とちっちゃい空気がぶつかり合って泡になり、上へあがって破裂します。空気だと思います。

C　お風呂に入っている時に、例えば僕が入るとしたら、お風呂の水が増えてみえるじゃないですか。それで、出たら減ってるじゃないですか。で、僕を空気と考えて、空気がある時は水が多くみえるんですけど、空気が出たらその水は少なくみえるんだと思います。

T　だから減っていくと。

C　はい。

C　あのー、新しく意見を変えたんですが、真空説ということなんですが、ビーカーの中に水を入れてあたためると、暴れ出して、中の水が押されていって泡になっていくという考えなんです。

T　泡は何なの？

C　泡は中は真空で…

T　真空ってどういう意味？

C　真空は中に何にもないことです。

＊子どもたち口々に言い出す。

C　えっと、空気説は変だと思います。ちっちゃい空気が中にあって、対流の時に後から出てくるというんですけど、空気は水よりも軽いからあたためる前から普通上に出て来てて、もうそん中にはないと思います。

C　空気説に反論で、下の方に泡にならないほどの小さい空気がいっぱい入っていると言ったんですけど、水をあたためると沸騰して大きな泡になっているから、変だと思います。

C　僕も空気説に反論です。お風呂のことなんですけど、空気が全部出たら水もなくなるから…

C　真空説に反論なんですけど、真空って何もないことなのに何で逃げたがるんですか？

C　真空説に反論なんですけど、真空状態だったら、普通ぺちゃんこになると思います。こんな泡になることはないと思います。

C　普通はそうなるよな。

C　空気も何も入ってないんだから。

C　水の気体に反対なんですけど、水の気体は破裂した後どうなるんですか？

C　（口々に）気体だから紛れ込んでいる。

C　それじゃあ、（ビーカーの）中はあたたかかったけど、外に出たら冷えるから、水になって落ちてくるんじゃないですか。

（口々に言い出す）

C　いや、もう気体になったら……

C　ちょっと待って。それもそうだ。

C　ここら辺に浮かんでいる気体はさあ、そこの中（ビーカー）から出る気体じゃなくてさ、そこら辺に浮かんでる気体は全部水になっちゃうじゃん。

C　水の気体だから水になるんだよ。だから、ああ、そうかもしれない。

T　アルコールの気体はどうなった？

C　空気説に付け足しです。ビニール袋の中にアルコールを入れてあたためると気体になったじゃないですか。それで冷やしたらまた液体に戻ったじゃないですか。もし水の気体だったら、破裂して水の気体が空気中に浮かんだら、そのお湯の中とは全く温度は違うし、空気中の方がもっと寒いから、上に行ったら、空気中に浮かんだら、水に戻っちゃうと思います。

C　さらに付け足しです。アルコールと同じと言ってた人がいたじゃないですか。アルコールと同じなら、冷えればまた元に戻ると思います。

C　空気説の人に反対なんですけど、試験管にアルコールを入れてあたためたときに、あのときはこっち（空気中）の方が寒いのに、液体に戻らなかったじゃないですか。それなのに、液体になるというのは、ちょっとおかしいと思います。

C　さらに付け足しです。あたためたらアルコールがなくなって、そのまま気体になったじゃないですか。それで、気体を冷やすと液体に戻るじゃないですか。戻ったときは、先生がわざわざドライアイスを使って、わざとマイナスのやつで冷やして液体にしたものだから、そのまま試験管でやったものだったら、実際に液体になってない。

C　こんな実験をしたら良いんじゃないかなあと思うんですけど、この間みたいに、ドライアイスとかで冷やした試験管に、管を使って気体を集めれば、液体になって落ちてくるんじゃないですか。

C　もしも、この水の気体がまた冷やされて水になったとしても（空気中で）、その水は霧みたいになって空気中を漂っているということもあると思います。

T　空気説の人は、水の中に空気が少し入っていると考えているわけでしょう？　あたためるとこの空気はどうなるの？

C　ぐるぐるまわって、ぶつかって泡になる。

T　出ていっちゃうの？

C　はい。

T　これが全部出ていったら、どうなるの？　その後どうなるの？

C　実際さっきからあったためてるけど、泡はなくなんないじゃん。

C　空気が入ってるんならさあ、いつかそれがなくなったら、泡が出なくなるはず。

〈17・18時間目〉

実験9　あわをあつめてひやすと水がとれるか。

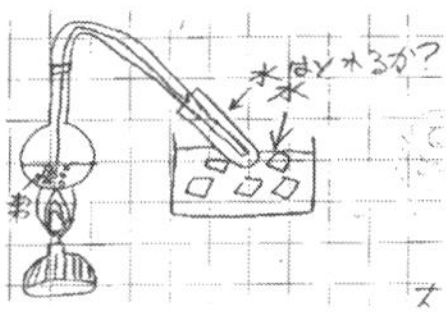

この子どもたちが言い出した実験で、水がとれたことにより、子どもたちは泡が水の泡（水蒸気）であることを納得しました。

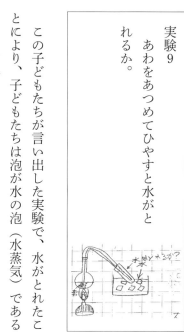

「もののとけ方」（五年）の授業Ⅰ

Ⅰ　この授業のねらい

①溶けたという基準をおさえる
ア、液が透明になること
イ、ろ紙を通ってしまうということ
ウ、再結晶できること

　混合と溶解の違いをきちんとおさえたい。科教協の実践などではわりと早い段階で「透明―溶けた、にごる―溶けていない」と教師が教えてしまうが、子どもたちは混合も溶けると考えているので（小麦粉を水に溶かすなど）、教師が説明するのではなく子どもの方からその考えが出せないか、と考えていた。また、もし出ない場合はどの段階かで教師が説明するということを考えていた。

②ものが水に溶けると、ものの形（姿）が見えなくなって、液全体に広がる。液全体に広がった物は、時間がたっても水と分かれることはない。

③子どもたちに丁寧な思考をさせたい。一歩一歩進んでいくようにさせたい。

Ⅱ　自己評価

・①の目的は達成されたと思う。子どもの認識が少しずつ変わってきて、面白かった。
・①に時間がかかってしまい、②にはいけなかった。

溶解という概念全体には迫れなかったが、①に時間をかけたことは、意味があると私は考える。

・溶解と混合の区別にこれだけの時間をかけたのは、今回の場合子どもの様子を見ていると仕方がなかったと思うが、もっと短い時間でやれたとは思う。

Ⅲ　授業記録

1．溶けるととろける（1時間）

2．色々な物を溶かしてみる（2時間）

〈子どもたちの溶かした物〉

・塩　・砂糖　・氷砂糖　・小麦粉　・みそ
・チョコレート　・薬　・チョーク
・飴　・オブラート　・カプセル　・お菓子

＊塩が溶けないと考えた子は6人。砂糖が溶けないと考えた子は4人。氷砂糖が溶けないと考えた子は4人。小麦粉が溶けたと考えた子は10人、溶けないと考えた子は11人。

＊それらの理由は、「下にたまっている」「ある程度溶けたが下に残っている」である。

＊味噌についても「下にあるから溶けない」「水に色がついたから溶けた（下にたまっているのは豆である」と、意見が分かれた。

＊色のある物については、一人の子は色が移っただけで溶けていないと考えている。

3．塩化ナトリウム（塩）の過飽和状態をつくり、溶けたかどうかを考えさせる。（2時間）

・下にたまっているから溶けていない、上水には溶けていると意見が分かれるであろうから、蒸発乾固で確かめる。

〈実際の授業では〉

問題1　薬品Aは、溶けているか、溶けていないか？

薬品Aということで、子どもたちには薬品の名前は教えないで、塩化ナトリウムが溶けているか溶けていないかを考えてもらいました。

薬品Aをたくさん渡し、試験管に3㎝ぐらいの水に入

れました。薬品Aは試験管の底にたくさんたまりました。（過飽和の状態を作りました）

薬品Aは溶けたと言えるでしょうか？

子どもたちは、全員溶けてないと言いました。

その理由は、

①底にたまっているから、溶けていない。
②上にある水に色がついていないから、溶けていない。
③薬品Aがへっていないから、溶けていない。
④薬品Aの粒が小さくなっていないから、溶けていない。

などがあがりました。

そこで、私が「みんなが〈溶けていない〉ではおもしろくないから、先生は〈溶けている〉になろう。」と言うと、5人ほどが〈溶けている〉に移りました。その子たちは、私が〈溶けている〉と言ったから単純に移ったのではなく、もともと〈溶けている〉と思っていたようですが、みんなが〈溶けていない〉方に手をあげたから〈溶けている〉とは言い出せなかったようです。

その子たち（溶けている）の理由は、

①つぶが小さくなっているから、溶けている。
②薬品Aが少なくなっているから、溶けている。
③10分おいておいたら何ミリか少なくなったから、溶けている。

などでした。

しかし、〈溶けている〉と考えている子たちの理由はすぐに否定されました。

大多数の子は、

①つぶは小さくなっているとは見えない。同じ大きさである。
②薬品Aの量は減っていない。
③10分おいておいて少なくなって見えたのは、試験管をふったから、薬品Aのたまっている形が変わって見えただけだ。

と言うのです。

〈溶けていない〉と考えている子を「そうか、そうとも考えられるな。」とか、「なるほど、じゃあ、溶けているんだ。」と納得させる意見ではありませんでした。

そこで、私の方から、〈溶けていない〉方へ質問しました。

①上にある水に色がついていないと言うけれど、さとうが水に溶けた場合、色はつくのか。

②薬品Aは減っていないと言うけれど、最初に配った量とくらべて減っていないのか。

③底に薬品Aがあるけれども、上にある水の中には、薬品Aはとけていないのか。

Aさんがさっと手を挙げました。

「私は、上にある水にも少しは溶けているけど、底に薬品Aがしずんでいるので、溶けないと考えました。」と言うのです。

すると、Y君がするどく反論します。

「それは、溶けているということだ。水にとけたけれど、薬品Aの量が多かったので、とけ残ったのが下にしずんでいるのだ。」

そこで、そういう場合は溶けているのか溶けていないのかが議論になりましたが、〈溶けている〉と考える子がほとんどになりました。

水が多ければ薬品Aは溶けて、溶け残りが出ないという意見もあり、プリンカップに薬品Aを少量入れて実験してみました。その結果、薬品Aのつぶは消えました。

次に、上水液にとけているかどうかを確かめる方法を考えてもらうと、その液を蒸発させると、溶けていれば出てくる、という考えが出されました。

さっそく実験です。

①水道水をカレースプーンにとり、アルコールランプで熱する。

②試験管の上水液をカレースプーンに取り、アルコールランプで熱する。

その結果、水道水からは何も出てこないで、試験管の上水液からは白い薬品Aがたくさん出てきました。
〈子どもたちのノートより〉
○薬品Aは水にとけるか？
・考え：とけない
・理由：これは、いくらふっても、下にしずんで、色が変わらなかったので、とけないと思う。
・まとめ：これは、実験してみて、上水液をじょうはつさせて、薬品Aが出てきた。
カップの実験で、水を多くして薬品Aを少し入れたら、とけ残りがなかったので、試験管のとけ残りも、試験管の水をもっと多く入れると、とけ残りもなくなるのかな、と思いました。（Iさん）
・考え：とけない
・理由：まぜてもまぜても、とけ残るので、とけないと思います。それに、最初と変わらないので、とけないと思います。
・まとめ：薬品Aのしずんでいる上の水をとってアルコールランプにあてると、じょうはつしてスプーンの上に薬品Aが残りました。この実験で薬品Aが水の中にとけていることが分かりました。最初はとけていないと思っていたので、びっくりしました。（Sさん）
〈こんな疑問も出されました〉
・時間がたつと、溶け残りの薬品Aは全部とけるのか？（Y君）
・どれくらいの水の量なら、全部とけるのか？（Mさん）
・薬品Aはとけたのに、どうして色がつかなかったのか？（K君）
・水の色はそんなに変わっていないように見える。（A君）

4．炭酸カルシウム（チョーク）が溶けたかどうかを考えさせる。（2時間）

・下にたまっているから溶けていない、上水には溶けている。前回の実験が生きていれば、上水には溶けていると考える子が多いだろう。蒸発乾固で確かめる。

〈実際の授業では〉

子どもたちに配っている「今週の予定」に、水曜日の1、2時間目は理科と書いておきました。職員打ち合わせが終わって、「子どもたちはまだ教室にいるだろうな。今から呼びに行って授業を始めると遅くなるな。」と思いながら理科室のドアを開けると、なんと、子どもたちが全員いるではないですか。しかも、私が見てまだ返していなかった理科のノート（教室の私の机に乗せてあった）をもう配ってあったのです。そして、TさんとMさんが「先生、教室においてあった理科のノートを配っちゃいましたが、良いですか。」と聞きに来たのでした。感動しました。

さて、今日の問題は、

薬品Bは水に溶けるか？

です。

白いパウダー状の薬品です。子どもたちはさっそくビーカーに水を入れて溶かしだしました。ぱーっと水の中に白い粉が広がりました。「先生、牛乳みたいだ。」と言う子もいます。

しばらく観察してから、溶けていると思うか溶けていないと思うかを発表してもらいました。

＊溶けている……22名　＊溶けていない……11名

3分の2の子が溶けたと考え、3分の1の子が溶けていないと考えました。

＊溶けたと考える理由

①溶けながら下にいったから
②水が白くなったから
③小麦粉ににていて、小麦粉は溶けるから
④粉薬ににていて、粉薬は前の実験で溶けたから
⑤薬品Bの量が減ったから
⑥白い色が下にしずんでこない
⑦下に溶け残っているけれども上には溶けている

＊溶けていないと考える理由

①溶けないで下にいったから
②色が白くなったから
③色だけ落ちて粉は溶けていない

④とうめいにならないから
⑤しばらくおいておくと、上の方から水になってきている
⑥粉が下に残っているから。上にあるのはまざっているだけ

子どもたちがどんどん意見を出しました。しかし、同じ理由から溶けている、溶けていないと分かれています。溶けるとはどういうことかが、分かっていないのですから、無理もありません。しかし、子どもたちの意見を聞いていると、少しずつ絞られてきています。


〈溶けると考えた子たちの意見〉

（N君）水に入れたら、粉じょうの物体から液体に変わったから。小麦粉のように底にたまった。しかし、それは、水の量が足りないからだ。しかも、上の方は水がとうめいだ。それは、水にとけたところである。

（H君）下に落ちるときにとけながら落ちたから。小麦粉に似ていて、小麦粉はとけたから。下にたまっているけど、水が白くなっているから、とけたことに変わりない。

（O君）小麦粉と同じような物で、小麦粉の時はとけたので、とけると思う。水がにごったから、とけると思う。

（S君）水に入れたとき、すぐにもわもわと水に色がついて、粉がなくなった。つまり、ぼくはとけていると思う。ずっとおいといたら下にたまったけど、上の水にはちゃんと色がついている。


〈溶けていないと考えた子たちの意見〉

（K君）水の中が白くにごったためとけたと思ったが、下の方に残っていると思う。ただ、白くにごっただけだと思う。

（A君）ふつうは、とける物は、そんなに色は変わらないのに、これはすごく色が変わっているから。しかも、かきまぜるとまわりに粉みたいなものがつくから。

それに、しばらくたってからかきまぜると、モヤモヤが出てきたから、下にたまっているというしょうこだと思います。

（Sさん）ビーカーの底にとけ残りがあるし、ビーカーの中のまわりにストローで白くにごった水をつけたら、白い粉がまわりについていました。中はにごっているから、とけていないと思います。とけていたら、とうめいか、すきとおっているからです。

最後に、その液をろ過し、蒸発乾固して、溶けていないことを確認しました。

5. カリみょうばんが水に溶けるかどうかを、見分ける。（2時間）

子どもたちは、今までの学習で、「溶け残りがあるかどうかでは判断できない」「ろ過し、蒸発させれば、溶けているか溶けていないか判断できる」の2点を学んできました。今回は、薬品C（カリみょうばん）が溶けるのか、溶けないのかを、「ろ過、蒸発」する前に判断できないか、という問題です。

〈実際の授業では〉

今日の授業の課題は、

薬品Cが水に溶けるか溶けないかを調べよう、です。

〈子どもたちのノートより〉

（O君）

方法：薬品Cが、色や粉がなくなったらとけた。薬品Cが、かきまぜても粉がなくなっていなかったら、とけない。

結論：薬さじ1ぱい半分と水を試験管に入れ、わりばしで薬品Cをかきまぜた。最初はつぶがあったけど、後からなくなったので、とけた。

（Hさん）

方法：水の割合を多くして、薬品Cを少々入れて、とけるかをみる。薬品Cが消えたら（つぶが小さくなったら）とけたといえると思う。薬品Cの大きさが変わらないととけていないといえると思う。

結果：とけた！

理由：カップの半分と試験管半分に水を入れて、１つぶの薬品Cを入れたら、だんだん丸くなってきて、消えていった！　あと、薬品Cを薬さじ半分ぐらいの量を水に入れたら、10分位して全部消えたから、とけたと思う。

（U君）

方法：セロハンテープに薬品Cをつけて、セロハンテープをビーカーの水に入れる。時間がたって、セロハンテープを出してみて、ついているかいないかを見る。セロハンテープに薬品Cがついていなかったら、とけた。ついていたら、とけていない。

結論：セロテープに薬品Cをつけて、水の中に入れたら、白色だった薬品Cがとうめいになったし、元より少しちっちゃくなったし、量も減ったので、ぼくはとけたと思う。

6．かたくり粉が水に溶けるかどうかを調べる。（2時間）

子どもたちは、かたくり粉や小麦粉は溶けると考えています。理由は、白く水がにごるからです。そこで、今回は名前を出して考えてもらいました。

〈実際の授業では〉

今日の授業は、

片栗粉は水にとけるか？

です。

最初の予想は、

溶ける（23人）　溶けない（9人）　でした。

理由は、生活経験からのがほとんどでした。料理で使うから溶ける。水でとくけど下にしずんでいるから溶けない、などなど。

次に、かたくり粉を水の中に入れて、その様子からとけるかとけないかを考えました。水を多くビーカー

に入れ、かたくり粉を少しずつ入れる班が多くありました。その結果、
溶ける（16人）　溶けない（15人）
に変わりました。

〈溶けないという理由〉
・水の色が白くなった。にごっている。まざっているだけ。
・薬品B（チョークの粉）と同じ状態になっているから。
・水の中の粒が見える。
・下にスルスルと溶けずに落ちていった。
・下にたまり、上がとう明になっているから。

〈溶けるという理由〉
・粒が小さくなりながら下に落ちた。
・モヤモヤ（けむりのよう）が出てきた。つまり、とけた。
・かたくり粉の量が減っている。
・粉が上にいく。溶けてかるくなったから。
・少し入れたら、なくなった。
・下にあるのは、溶け残り。

これらの中には、明らかに観察が雑だから出た理由もあります。

さあ、これから、ろ過・蒸発の実験に入ろうとした時、A君が発言しました。

A君「ずっと置いておいたら、かたくり粉が下にしずみ、真ん中へんは白くモヤモヤしていて、上の方はとう明になってきている。だから、溶けていない。」

すると、すかさず反論する子がいます。

Iさん、K君「薬品A（塩）の時も、下にたまって上はとう明だった。けど、溶けていたから、溶けているかもしれない。」

それに対して、また反論がありました。

O君、K君「でも、薬品A（塩）はすぐにとう明になったけど、薬品B（チョークの粉）は最初にごって、それからしずんできて、上がとう明になっている。薬

品Bにかたくり粉は似ているから、溶けていない。」と言うのです。するどいですね。

そして、ろ過・蒸発乾固で溶けていないことを確認しました。

〈子どもたちのノートより〉

（Y君）

予想：とける！？

理由：前のとかす実験のことが「子どもの世界」にのっていたとき、Mさんは「かたくり粉はとけない」と書いてあって、それを読んだとき、Sさんが「えー、とけるよねー」と言っていたので、とけると思う。

2回目の予想：やっぱりとけない！？

理由：入れたとたん、白いのがたつまきのようにまわっていて、よく見たら、白い粉がまわっていたので、とけていない。

ゆかにちょっと水をこぼし、その中にちょっとかたくり粉を入れてぞうきんでふき、そこをゆびでさわったら、粉がついたので、とけていないと思う。

結果：とけない！！　ろかして、スプーンで蒸発したら、何も残らなかった。モヤモヤが出たり、水の色が白くなったけど、あれはかたくり粉だったんだ。もし、ずうっとあのかたくり粉の水をおいといていたら、下にたまったかたくり粉の上は、全部真水になるのかな？　と思います。

（H君）

最初の予想：とける

理由：料理で使うとき、とけなかったら口の中で変な味になるので、とける。

水に入れてみての自分の結論：ぼくは、とけたと思います。何度も入れたけど、すぐとけて、白い色になった。白い色になったってことは、もともと白い色のかたくりこがとけたということ。下も見たけど、少しかかたくりこがなかった。量をたくさん入れた。たぶん、水の中に入っていると思う。だから、とけている。

まとめ：この実験で分かったことは、色や下にこながたまっているというだけでは「とける」か「とけない」かは分からないということ。ぼくは、始め、とけると思っていた。しかし、とけなかった。この実験をしていって、最後に、じょう発させたら、何も出なかった。結論は、とけていないでした。

(K君)
予想：とける
理由：うちのお母さんが、ぎょうざのふちをとめるとき、水と片栗粉をまぜてとかしてつけると言われたので、とけてると思います。
水に入れてみての自分の結論：最初、少しだけ片栗粉を入れたとき、上にかたまってとけながら下に落ちたので、とけると思う。かきまわしたら、何もなくなったので、とけたと思う。水を少しにして、片栗粉を多く入れれば、粉は残るのが当たり前だ。
まとめ：ぼくは最初はとけないと思った。でも、色が白いので、とけているのかなと思った。その時、薬品Aのことを思い出した。片栗粉の上の方の水はとう明になってきていた。薬品Aの時は、水はとう明けどとけていたので、これもとけているんじゃないかと思った。でも、結果はちがっていた。ぼくは、O君とK君の意見はあっていたなと思った。

(Hさん)
予想：とける
理由：お母さんが、家で料理を作っているときに、水にとかしているのを見たから。その時に、自分でもとかしたことがあるから。その時に、水が白くなって、全部なくなったから。
水に入れてみての自分の結論：かたくり粉を水に入れたしゅんかん、白い物体がモヤモヤと出てきた。下にためて、それをストローでさわると、同じようにモヤモヤとなった。私は、これは水にとけたしゅんかんだと思う。でも、白い小さなツブツブが、かきまわすとういてくるので、気になる。でも、私は、とけたと思う。
本当の結果：ろかして、その水をじょう発させたら、水だけだった。

(M君)
予想：とける

理由：かたくり粉は、小麦粉と同じようだ。小麦粉は水にとかすと色が白くにごり、とけたと思ったので、かたくり粉も似ているので。

水に入れたとき：モヤモヤが出て、消えた。モヤモヤは残っていたが、それはモヤモヤのとけ残りだと思う。

結論：とけなかった。よくお母さんが水にとかすかたくり粉だったけど、水にとけなくてびっくりしました。ビーカーは、三段階に分かれて、上の方はとう明、真ん中はモヤモヤ、下はたまった（残り）でした。

（Hさん）

予想：とける

理由：わたしは、この前、お母さんがかたくり粉を水の中に入れたのを見たことがあるし、よく料理に入れてるので、とけると思います。それに、もしとけていなかったら、料理で、かたくり粉の粉がそのままということがあるから、とけると思う。

水の中に入れてみて：とけた。後でじょう発させれば分かるけど、とけたと思う。最初、かたくり粉を入れたとき、水面にういたのもあるし、したにしずんだのもあった。そして、ストローでかきまわしていたら、ういているのもしずんでいるのもなくなったので、とけたと思います。

まとめ：とけませんでした。じょう発させているとき、水がふっとうしたようになりました。ただまざっているだけでした。

（K君）

予想：とけない！！

理由：石灰のときのように色がつくだけで〝とけない〟と思う。

2回目の予想：とけない

理由：白い粉が水の中でぐるぐる回っているだけ。色が白いけど。最初、入れたとき〝とけたかな〟と思ったけど、ずっと見ていると、粉がつぶになってぐるぐる回っていて、残っているので〝とけない〟と思う。

結果：〝とけない〟だった。やっぱり、ろ紙を使ってやったら、ただの水で、やっぱりまざっていただけだと分かりました。最初は〝とける〟と思っていたけど、「いや、これはまざっているだけだ」と分かりました。

（K君）
予想：とけない
理由：ぼくは、たぶん水に入れてもどろどろするだけなので、とけないと思います。
2回目の予想：とけない
理由：かたくり粉を入れても、薬品Bみたいに水が白くにごっているだけなので、とけないと思います。
まとめ：最初は「とける」と思っていたけど、H君の意見で「とけない」に変わりました。実験してみると本当にあっていました。

（S君）
予想：とけない
理由：自分の家で水に入れたとき、時間がたつと下にかたまっていて、量も変わっていなかったような気がしたから。
水に入れた時：水の中をよく見ると、小さい粉がたくさんういていた。そして、少したつと、上の方からとう明になって、粉はしずんでいった。だから、「水に色がついたから」という理由はちがうと思う。
まとめ：スプーンの上には何も出てこなかった。とけていなかったということ。だから、予想はあたっていた。最初はまどわされたけど、後からだんだん分かってきた。

（Mさん）
予想：とけない
理由：水に入れると、トロ～っとするから。もし、とけていたら、水状のままだと思う。
水に入れたとき：少～しいれても、もやのような物を出しながら、すぐにビーカーの底に落ちていった。たくさん入れると、水だけをかきまぜるときより重い感じがした。それから、たくさん入れたとき、はじめは上にういていて、しばらくすると下にしずんだ。それは、上にういているとき、水分をすいとったので重くなり、下にしずんだ。
結果：とけていない
まとめ：もやみたいになって、水がにごった後、そのままにしておくと上の方からとう明になる物は、とけていない。★塩のように、はじめからとう明な物は分からない★今度は、このことについて調べてみたい。

7．今までのまとめ。5種類の薬品（塩化ナトリウム、炭酸カルシウム、カリみょうばん、小麦粉、ほう酸）の名前を教えないで渡し、溶けるか溶けないかを見分ける。（2時間）

〈実際の授業では〉

今日は、

溶けたか溶けないかを見分ける。

ということで、目で見ただけで、溶けた溶けないを見分けようということです。

子どもたちには5種類の薬品を渡しました。薬品の名前は教えないで渡して、ビーカーを使って溶けるか溶けないかを決めてもらいました。

1、溶けた　2、溶けない　3、溶けた

4、溶けない　5、溶けた

子どもたちは、この5種類を間違わずに見分けました。薬品名を、1は塩、2はチョークの粉、3はカリみょうばん、4は小麦粉、5はホウ酸と教えると、小麦粉が溶けないということに驚きの声があがりました。

そこで、どうやって見分けたのかを聞きました。

（O君）2の粉は下に落ちていたので溶けないと思った。3は、最初見た時は溶けないと思ったけど、かきまぜているとだんだんなくなってきたので、溶けると思った。まず、その粉が減るか、なくなるかで見分けます。

そのほかの方法で見分けた人に出してもらうと、

「色がついたのは溶けていなくて、とう明になれば溶けている。」と言うのです。

「色って何色？」と聞くと、

「白」と答えます。

「水に白く色がついたの？」と再度聞くと、

「まじっているだけだ。」「後で下にしずむ。」と言います。

そこで、「まじっている状態を、にごると言い」「溶けるととう明になり、とけないとにごる」とまとめました。

〈子どもたちのノートより〉

（O君）ぼくたちが、とけたかとけないかを、どうして見分けたか？　これは、にごったりするほうがとけない、とう明なやつはとけた。それで見分けた。ぼくは、前は、とけたととけないの理由がぎゃくでした。

（O・I君）とける物は、水に入れたときにとう明になって、とけない物は、水に入れたときに水がにごることが分かった。だから、今まで考えていたことは、反対でした。なので、次からは、薬にだまされないようになりたいです。

（A君）ぼくは、この実験ではじめて見分けられるようになった。チョークと小麦粉は、上がにごっていて、下にたまっていた。そして、とける方は、入れたとき、とけなかったみたいに、にごらなかった。

（Iさん）今日は、とけたかとけていないかの見分け方が分かった。つぶ（粉）を入れて、水がとう明ならとけていて、水に色がついていたらとけていない。今までは、色がついていたのがとけているのかと思っていた。それは、つぶ（粉）がとけて、色が水についていたのかと思っていたから。

（H君）この5つをやって分かりました。水に全部入れて、色がついていなくてとう明になった物はとけていて、色がついている物はとけていない。最初は、色がついている物がとけていると思っていました。

（I・Sさん）薬品を水に入れたとき、もわっと色が広がらないものがとけるということが分かった。今まででは、あまり色などかんけいないと思っていました。それで、にごっている物（まざっている物）はとけなくて、時間がたつと下にしずむことが分かった。

（K君）ぼくは、5種類の薬品を見分けられた。チョークの粉は水にとけると思った。それは、家で、チョークで絵をかいて、消すとき、色がなくなったからとけたと思ったが、理科で実験してみると、下にたまってとけなかった。色がついたからとけたと思っていた。色がついただけだと、とけたとはいえないことが分かった。

（Mさん）とけたか、とけないかを見分けるには、水の中に薬品を入れたしゅんかん、にごったりまざったりすると、とけていない。水に入れたしゅんかん、下にしずんでも色が変わらない（とう明）になったら、とける。私は最初、色が変わったらとけると思っていたけど、それはちがいました。見分け方が分かったから、今度は見分けられると思います。

（Aさん）とう明になったらとけるっていうのにはおどろいた。でも、私の見分け方は、ある意味ではあっていたのかも。どういうのかというと、「もやが出たらとけていない」だった。白くなったらとけたと、最初は思っていた。

（M君）この実験で、上が水で、そこに薬品がたまっている物はとけないことが分かった。それは、前の実験でも末次さんが「水に混ざっているだけで、とけていない。」と言っていたのと同じだからです。

（Uさん）塩やみょうばんはとけてとう明で、小麦粉やチョークはにごっていた。とけない物はにごる。私は、5番目のほう酸みたいに、少しずつ入れなければ分からない物もあるので、今度からも、少しずつ入れた方がいいと思いました。私は、とけない物がまざって、とける物がとう明になることが分かりました。

（I・Mさん）とけたといえるのは、すべてとう明であるのをとけたといえる。とけないといえるのは、にごっていたり、まざっているような時の様子を、とけないといえる。私は、小麦粉はとけると思っていたのに、とけなかったのでびっくりしました。

〈新たに次のような問題も出てきました〉

（Y君）チョークと小麦粉は、入れたとたん白い色がつき下にたまったけど、塩などは白いのに、入れても水の色が変わらない。つまり、入れてにごる物はとけない。入れても色が変わらないのがとける物である。だいたい、粉状の物はとけなくて、かたくて小さいつぶのような物はとけると思う。

（Hさん）塩・みょうばん・ほう酸みたいなつぶ状の薬品は、とう明にとける。チョーク・小麦粉みたいな粉状の薬品は、水がにごってまじっているだけ。時間がたてば、まじった物体が下にたまって、水がとう明になる。

（A君）ぼくは、全部とけたかとけないかを当てられました。ぼくは、今までの実験をもとにして見分けました。つぶじょうの物はとけ、粉じょうの物はとけないということです。

8．塩化ナトリウムを粉状にし、これが溶けるかどうかを考える。（1時間）

〈実際の授業では〉

薬品Dは、水に溶けるか？

塩を乳鉢ですりつぶして粉状にして薬品Dということで、子どもたちに渡しました。この実験は、子どもたちが、「粉状の物は溶けない、粒状の物は溶ける」と考えていたからやった実験です。

自分たちの机に薬品Dを持っていくと、さっそく粉を調べだしました。さわって手触りを確かめる子、においをかぐ子。

「これは粉だからきっと溶けないよ。」と言っています。

実験が始まりました。少しずつ入れた班は、粉がなくなっていくので「溶けた」と結論を出しましたが、薬さじの大きい方を使った班は、水が白くにごったため「溶けない」と結論を出しました。

1つの班はみんなで迷っています。「粉がなくなっているんだけど、上の方はにごっている。どっちにしたら良いんだ。」

もう一つの班は、「にごっているから、溶けない。」と結論を出して、さっそくノートにまとめています。しかし、ノートに書きながらビーカーを見ると、なんと下の方からとう明になってくるではないですか。それを見て、その班はまた話し合いを始めました。そして、「溶ける」という結論に変わりました。

〈子どもたちのノートより〉

(K君) 一番最初に入れたときは、とけてると思った。残り全部入れたら、白くなってまざっているようだった。かきまぜても白いままだった。白い粉がまざっているようだったから、とけないと思った。今までやってきた中で粉はとけなかったから、とけないとも思った。

でも、時間がたつにつれて、今までの実験とちがって、下の方からとう明になっていった。いっぱいかきまぜても、一番最初のように白くはならなかった。

それで、その水がすきとおったか見るために、向こう側に消しゴムをおいたら、消しゴムがはっきり見えたので、とけたと思いました。最後には、粉も何もなくなっていた。

(N君) 少しずつ入れると、とけていった。それでもよく分からないので、全部入れた。すると、水がにごったから、とけないと思った。しかし、ほうっておくと、水が上からではなく下からとう明になった。変だと思って観察を続けると、下から全部とう明になった。量もへっている。つまり、とけた。

(E君) 下にたまっていないし、水中にういていた薬品がなくなったから、とけた。今までとちがって、色がつかなかったから。粉だからとけないと、最初は思った。今まで粉はとけたためしがない。

今までで粉は初めてとけた。粉でも、お湯ではなく、水でとけた。粉だからとけないという考えは、まちがっていた。今度からは、見た目だけで判断できなくなった。粉やつぶで見分けられなくなった。今度は、においで見分けられる法則があるかどうか調べたい。

（M君）ぼくは、粉だからとけないと思いました。薬さじの小さい方を使って入れてみたら、下にしずんで、かきまぜたらすぐとけました。次は、薬さじの大きい方を使って入れてかきまわしたら、ちょっとたってとけました。全部入れてみました。そうしたら、白い色になって、かきまぜているうちに、とう明になりました。

（S君）最初、少し入れてみたとき、なくなった。その後、全部入れた。そして、ずっとまぜていると、にごった。小さい小さいつぶがあって白くにごった。だから、ぼくはとけないと、最初考えた。少し入れて見えなくなったのは、上にういていたのかなぁと思った。だけど、時間がたつにつれてとう明になってきた。そして、全部入れたときより、あきらかに少なくなっていた。だから、とけたと思った。

（Sさん）最初、粉をもらったとき、見た目は小麦粉だけど、さわってみたらざらざらしていました。本当にまよいました。理由は、見た目は小麦粉だけどさわったらざらざらで砂みたいだったからです。でも、ふれた感覚は小麦粉なので、とけないにしました。

とかしてみたらなくなったので、全部入れました。そうしたら、白くにごったようになりました。私は、「あれ？　さっきはとけてとう明だったのに、白くなってしまった。」と思いました。とても不思議でした。

（Mさん）最初、見た感じ粉だったので、とけないと思いました。そして、水の中に入れてかきまぜると、白くにごりました。だから、私は、今までの実験の結果から、とけないと思いました。

だけど、そのままにしておくと、だんだん下の方がとう明になってきて、最後には全部とう明になって、向こうがすきとおって見えました。その後、わりばしでかきまぜると、ふつう粉だとにごるのに、にごらなかったし、粉がなくなってきたので、私はとけると思います。

私は、粉がとけなくて、つぶはとけると思ったけど、そうとは限らないということが分かりました。とけるもの…とう明、とけない…すき通らない・にごっている。


(A君) ぼくは、この薬品は、たぶん水に入れると塩のようになる薬品で、最初はポカリスエットのような色だったけど、後から水の色にもどってきたということは、この薬品がとける薬品だということだと思います。

最初、ぼくは、見た感じは粉だったので、「とけないよ。」と言ってしまいました。

そして、水に少し入れたとき、とけたので、ぼくは、「うそだ。」と思いました。たくさん入れると白くなったので、「やっぱり、とけないのかあ。」と思いました。でも、まぜていると、量がへって、水の色にもどったので、とけたと思いました。

今日の実験で、粉でもとける物とけない物があることが分かりました。粉でもとけるということは、性質のちがいだと思います。

9. 硫酸銅は水に溶けるか。(1時間)

・今まで無色透明のものばかりやってきたので、しかも子どもたちはにごった状態を白く色がついたと考えていたので、有色透明をどう考えるのかをやってみました。

〈実際の授業では〉

薬品Eは、水に溶けるか?


今回は硫酸銅を使いました。青い粒状の薬品ですが、それをまた乳鉢ですって(これは塩より大変でした)粉と粒のまじった状態にしておきました。

硫酸銅は溶けて水に青く色がつくのですが、そのことによって「とう明とまざる」をはっきりと区分けをしたかったのです。

〈子どものノートより〉

(Hさん) 最初、薬品Eを入れたとき、とう明でした。次にEを入れたとき、少し青がまじったとう明でした。全部Eを入れたときは、きれいな青とう明ができました。色がついていてもとう明だから、とけるということが分かりました。

今日の実験で分かったことは、白い色は色ではなくにごっているだけだということと、色がついているということは色がついていてもとう明なのがとけている、ということが分かった。

(Mさん) 水の色が青にそまったので、まよいました。でも、青くなって向こう側が見えないかというと見えます。だから、とけると思います。

(N君) とけたとき…水がとう明で (色がついていても、とう明ならいい)、量が減っていたらいい。とけないとき…水がにごっていたらとけていない。そして、いくらかきまぜても底にたまる。分からないとき…水をろ過し、蒸発させたとき、薬品が出たらとけて、でなかったらとけない。

(K君) 少し入れたら、まぜてもにごらなかった。薬品Eは青い薬品だったので、全部入れると青くなった。しかし、青くてもすきとおたので、とけたと思った。

(H君) 色がついているけれど、下にたまっている分もへってきて、中心らへんも粉がうかんでいるとは思えない。それに、たしかに青く色がついたけど、これは青いとう明だと思います。

(S君) 最初、いつもどおり少し入れた。そしたら色がついた。もうちょっと多めに入れた。そして、ずっとまぜていた。色がついたが、明らかに少なくなった。もっと結果をはっきりさせるため、全部入れた。E君がずっとずっとまぜていた。そしたら、全部なくなって、水中にもういていなかったので、とけたと思う。色がついたということは、にごったのとはちがうということが分かった。

（M・Iさん）私は、とけたかとけてないか分からないけど、たぶんとけていると思います。粉をとかしてまぜていると、だんだん水が青くなって、向こうがすき通って見えたので、とけると思いました。それに、そのままにしておくと、下にある粉がなくなってきて、とけたと思いました。

「もののとけ方」（五年）の授業Ⅱ

〈学習指導要領理科5年〉

物を水に溶かし、水の温度や量による溶け方の違いを調べ、物の溶け方の規則性についての考えをもつようにする。

ア　物が水に溶ける量には限度があること。（溶解度）

イ　物が水に溶ける量は水の量や温度、溶ける物によって違うこと。また、この性質を利用して、溶けている物を取り出すことができること。（溶解度・析出）

ウ　物が水に溶けても、水と物とを合わせた重さは変わらないこと。（質量保存）

1．教科書の問題点

①教科書の扱いは、今までもそうであったが、たった4時間で「均一性、透明、質量保存」を扱ってしまう。そして、温度と溶解度の問題を中心に扱っている。これでは溶解について本当に理解させることはできない。

②教科書のまとめでは「コーヒーシュガーを溶かしたものは、

・つぶが見えなくなっている。（透明、質量保存）
・液がすき通っている。（透明）
・水全体に広がっている。（均一性）
・時間がたっても、溶けたものは水と分かれない。（均一性）

ことがわかるね。上の条件を満たしているとき、水にとけているといえるんだよ。」と強引にまとめている。
③溶けない物質をあつかっていない。

2. 教科書の内容（啓林館）

（1）単元名「もののとけ方」
（2）目標
物を水に溶かし、その変化を水の温度や量などの条件に目を向けさせながら調べたり、物を水に溶かしたときの全体の重さを調べたりする活動を通して、ものが水に溶ける時の規則性についての見方や考え方をもつようにするとともに、物が水に溶ける現象の規則性を興味・関心をもって計画的に追求する能力を育てる。
（3）指導計画　13時間＋ゆとり1時間
〈単元導入〉物の溶け方（2時間）
①物が水に溶けるようすに興味をもち、物を水に溶かし、物の溶け方の規則性を調べようとする。
②物の溶け方や溶けたもののゆくえ、溶ける限度などを予測することができる。
・食塩、カリウムミョウバンを溶かす。
・シュリーレン現象、かき混ぜて溶かす。
「水にものが溶けて全体に広がり、すき通った液を、水よう液と言う。」（透明・均一性）
〈第1次〉水に溶けた物のゆくえ（2時間）
①電子てんびんを使うなどして、水溶液の重さを調べ、記録することができる。
②ものが水に溶けても、水とものとを合わせた重さは変わらないことが分かる。
・溶かす前と溶かしたあとでは、重さが変わらないことから、食塩は見えなくなっても水溶液の中にあることを、話し合いによって確認する。（質量保存）
〈第2次〉物が水に溶ける量（5時間）（温度と溶解度）
①メスシリンダーを使うなどして、水の量を変えて物が溶ける量を調べ、記録することができる。
②水の温度を変えて物の溶け方の規則性を調べて記録し、まとめることができる。
③ものが水に溶ける量を、水の温度や水の量と関係づけて考えることができる。
④物が水に溶ける量は、水の量や温度、溶ける物に

よって違いがあることが分かる。
・水50㎖と水１００㎖での比較。塩とカリウムミョウバンで実験。
・水50㎖、現在の水温と30℃と60℃で比較。塩とカリウムミョウバンで実験。
「ミョウバンは、水の温度を上げると、溶ける量がふえる。食塩は、水の温度を上げても、とける量が少ししかふえない。」（物質の違いによる溶解度の違い）

〈第３次〉冷却による析出（２時間）

①ろ過をするなどして、水溶液に溶けている物を取り出すことができる。
・蒸発、冷却など。
②水溶液を冷やして、ミョウバンの飾りを作ることができる。
③水溶液の性質を利用して、水に溶けている物を取り出せることが分かる。
「ミョウバンのような水よう液を冷やすと、その温度では溶けることができない分のミョウバンを、取り出すことができる。また、水よう液から水をじょう発させても、溶けていた物を取り出すことができる。」
（蒸発乾固、析出、質量保存）

〈まとめ〉学習したことをまとめよう（１時間）

①水溶液の定義と重さ（質量保存）
②物が水に溶ける量の限度と水の量や温度との関係（溶解度）
③溶けたものを取り出せること（再結晶、蒸発乾固）
「物が溶けてできた水よう液は、すき通っているけれど、溶けた物はなくなっていない。しょうこ→溶けた物の重さ＋水の重さ＝水よう液の重さ」（質量保存）
「ものが水に溶ける量は限りがあり、物によって違う。」

〈ゆとり〉（１時間）

・水よう液がこくなること（死海）
・食塩のつぶの形
・溶ける物調べ、コーヒーシュガー（有色透明）、砂、でんぷんなど身の周りの物を調べる。
「コーヒーシュガーをとかしたものは、
・つぶが見えなくなっている。（透明、質量保存）
・液がすき通っている。（透明）

・水全体に広がっている。（均一性）
・時間がたっても、溶けた物は水と分かれない。（均一性）

ことが分かるね。上の条件を満たしている時、水に溶けていると言えるんだよ。」（教科書の記述）

3．私の授業計画

（1）どこを中心にするか

溶解の中心事項は、
①透明性
②質量保存
③均一性、
である。

子どもたちの生活経験では、「溶けた＝透明」は入っていない。生活経験では、小麦粉を溶く、カタクリ粉を溶くという（今の子はこういう経験も持っていないかもしれない）ということであり、これは溶けていないことを溶けていると勘違いしているということでもある。また、質量保存については何となく持っている（溶けたものは中にある）と思われる。

一番の難関は「均一性」である。今回の実践ではこの「均一性」に焦点を絞ってやってみたい。どうやって均一性を子どもたちに入れるかが課題であり、結晶点でもある。そのために、シュリーレン現象をじっくりと観察させたい。そして、溶液の一番上の水と底の水を蒸発乾固させて比較させることにより均一性を推論させたい。

（2）単元計画（実験した順番）全17時間

①導入……シュリーレン現象を見る（4時間）
○お茶パックに塩、コーヒーシュガーを入れてシュリーレン現象を見る。（2時間）
○飽和状態の量の塩、コーヒーシュガーを入れ溶け方を見てからかき混ぜる。（2時間）
②いろいろなものを溶かしてみよう。（2時間）
・子どもたちにいろいろなものを持ってこさせて、溶けたかどうかを考えさせる。
○砂糖、小麦粉、カタクリ粉は全部の班に持ってこさせる。

③質量保存の問題（2時間）
○塩を水に溶かし、その塩はどうなったかを問う。
・溶ける前ととけた後の重さを計る。
・ろ過、蒸発乾固で塩を析出させる。

④溶ける溶けないの見分け方（2時間）
○ホウ酸と炭酸カルシウムを溶かして、見分ける。
・ろ過と蒸発乾固。
・透明＝溶けた。

⑤溶けた塩の状態（1時間）
○溶けた塩が水の中でどういう状態であるのかを考える。

⑥温度と溶解（3時間）
○カリミョウバンを水に飽和状態まで溶かす。
○水を熱し、カリミョウバンをたくさん溶かす。
○その水溶液を冷やして、カリミョウバンを析出させる。

⑦食塩水を1日置いておいたら溶けている塩はどうなるかを考える。（1時間）

⑧1日置いておいた塩の水溶液の一番上の水と底の水を採って蒸発乾固させる。（1時間）

⑨結晶作り（1時間）

4．まとめ

この授業は、溶解の授業としては不完全であるし、授業の流れ（単元計画）も余計な物が入っている。しかし、均一性についてはある程度入ったように思う。

実験前から、多くの子どもたちが塩は水の中で散らばっていると考えていた。そして、その散らばっている状態を子どもたちは漠然とは理解したと思う。

そうなったのは、シュリーレン現象の授業が大きく意味を持っていたからである。

子どもたちはこのシュリーレン現象をとっても感動

して観察していた。お茶パックをビーカーの水にそーっと入れた瞬間から、あちこちから驚きの声やつぶやきが上がっている。ただ見つめる子、上からものぞく子、「なんだこれはー」と大きな声を出す子、時計を見て時間を計り出す子、さっそくノートに書き出す子などなど。

塩（砂糖）の溶けていくそのようす、それは子どもたちにとって初めて出会った現象だった。子どもたちはその驚きを、ようすをいろいろな表現でノートに書いている。

「液体になった」「滝のように流れる」「どろどろ」「とろとろ」「油みたい」「水ノリみたい」とその様子をいろいろと表現しようとしている。そして、「まっすぐに下に落ちている。底についたら、全体にひろがっている」と表現している子もいる。

これらの実験で、塩が水に溶け込んでいくようすを感覚的に捉えることができたと思う。

5．授業のようすと子どものノート

〈学級通信「かがやき」より〉

（1）「もののとけ方」パート1

〈実験1〉

水に塩（さとう）を入れる。

どうなるか？

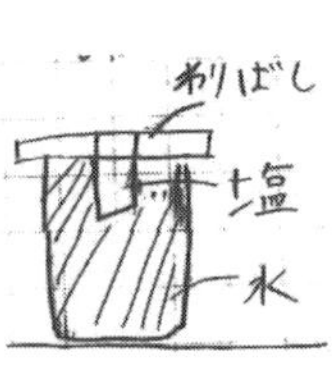

K.D君の絵

理科で、もののとけ方の学習に入りました。これは溶解の概念を実験をとおして、獲得することがねらいとなります。

1時間目は、お茶パックに塩（コーヒーシュガー）を入れて、そーっと水の中に入れるとどうなるか、という実験をしました。そのようすを子どもたちは、いろいろな言葉を使って表現しようとしています。

○

入ったすぐにとけて、下に行って、そのまま上に上

がっている。塩はどろどろだった。塩は液体になった??（O・M）

コーヒーシュガーは、入れたら、黄色っぽい色で、塩と同じように下に行って上にあがってくる。液体になった??　どろどろだった。ビーカーの下にたまっていた。なぜ、下にたまるのだろう。（D・M）

＊塩は液体になった??　という表現、面白いですね。

○

なんと、想像とはまったくちがうとけかたです！なんか、とうめいの変なものが、滝のように流れている。（K・U）

＊想像と全く違うとけ方をしたと書いています。予測を持って実験をすること、とても大切なことです。

○

入れてからすぐに、どろどろとしたものが出てきた。底に向かって出てくる。それから先は全体に広がっていく。10分間で塩はなくなってきた。塩がなくなったら、どろどろとしたものは止まった。（B・K）

＊どろどろとした物と表現しています。しかも、塩がなくなったらどろどろした物は止まったとも書いています。塩とどろどろとした物の関係は何なんでしょうか。

○

少しずつとけていって、油みたい。とけた後、粉みたいになっている。とけたときトロトロしている。（D・U）

＊油みたい、トロトロしたものと表現しています。その子その子のとらえ方があります。

○

入れたしゅんかんからブオーと溶け始めました。そして、袋の下のところから水あめが横に広がり、すい直に、カーテンのように落ちていきました。そのドロドロしたカーテンは、塩が溶けた残がいでしょうか??そして、そのカーテンが落ちた後、横に炎のようにブアーと広がり、小さなツブツブが上へ上がって行きました。時間がたつと落ちてくるスピードがおちました。

（T・U）

＊ブオー、ブアーと擬態語を使って表現しようとしています。カーテンは塩が溶けた残がいとも考えています。

○

入れてからすぐに、液体のようなものが塩の袋から、まっすぐに下に落ちてる。底についたら、全体に広がっている（上に上がって行く）。

42分~52分までの10分間で塩がなくなった。なくなったら、液体のようなものもなくなった。袋を取り出し、さわると、塩はついていなかった。また入れると、液体のようなものが出て、また消えた。まだ、塩分が残っていたのかもしれない。塩水になったと思う。

（I・M）

＊きちんと時間を計っています。重要なことですね。まだ塩が残っていたのかもしれないと、自分の考えを書いています。

○

水に入れたら、にゅるにゅると下にしずんで、下からいろいろなところへ広がっていった。（K・S）

＊にゅるにゅると表現をしています。このにゅるにゅるとした物は何なのでしょうか。考えてみたいですね。

○

塩は水に入れたとたん、どろどろとゆっくりとけていました。だんだん残った塩の量も減って、どろどろととけだしてるもようのようなものも見えるので、とけていることが分かりました。ビックリビックリ。

（I・S）

＊溶け出しているもようのような物が見えるから、溶けていると結論をはっきりと出しています。

○

油みたいなのが出てきた。粉みたいなのが上に上がっていく。とろとろみたいに流れていく。きれいだった。ねばねばしているみたい。流れがゆっくり。液体のりみたい。（K・E）

＊油みたい、粉みたい、とろとろ、ねばねばといろいろな表現を使って苦心して表現しようとしています。

○

塩は、水に入れてすぐにとろ～んととけていきました。下の方に落ちていくと、フワ～ってまい上がっていました。（S・U）

＊とろ～ん、フワ～とようすを表現しています。しかも、まい上がったようです。

○

塩を入れたとたんにとろ～んととけていった。横から見ると、またちがって見える。下の方に落ちていくと、塩が下の方でまいあがっていた。（H・Y）

＊横からも見ています。前から、横から、後ろから、上から、下からといろいろな視点から見ること、重要ですね。

塩をしずかに入れたらとけだしました。それと同時に、塩のまくがひらひらと下に下りて、下に落ちたらまた塩のつぶとなって下にたまっていました。これをかきまぜたらどうなるのか、早く入れるとどうなるのか、やってみたいです。

私は、塩が下にたまると思っていた。その予想はあっていたが、塩が波のように落ちていくとは思っていなかった。おどろいた。（T・E）

＊塩をかきまぜたらどうなるのか、早く入れるとどうなるのかと自分のやってみたい実験を書いています。

また、私は、塩が下にたまると思っていた。その予想は合っていたがと自分の予想がどうなったかもきちんと書いています。

(2)「もののとけ方」パート2

今日は実験2です。前回の実験では、塩（砂糖）をそ〜っと入れただけで観察しましたが、今回は一気に入れてかき混ぜます。子どもたちはその現象をどうとらえるでしょうか？


〈実験2〉

水に塩（さとう）を入れてかき混ぜる。

塩（さとう）はどうなるか？

W.Aさんの絵

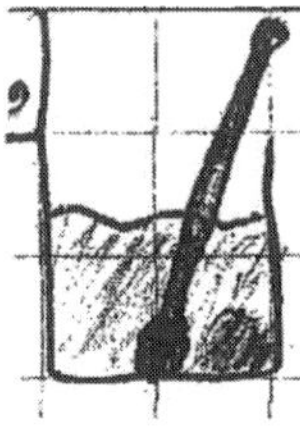
K.Mさんの絵

子どもたちのノートに書いた文章を読みながら、実に良くとらえているなと、驚きました。それぞれが、塩や砂糖が水の中でどうなっていくのかを的確に表現しています。

○

〈予想〉

前の実験より2倍早くとける。30回くらいかき混ぜればとける。塩は必ず溶けると思うし、かき混ぜるいきおいでもっと早く溶けると思ったから。前は10分間。


〈発見・ぎ問・感想〉

粉と砂あらしみたいなのがまい上がっている。たつまきができている。約350回まわして溶けた。3分くらいで溶けた。とけると最初の水の色にもどった。ボゥワッーと溶けた。

固体は溶けにくい。さとうが舞い上がってる。さとうは約1311回でとけた。9分間で溶けた（実験1では14分間）。塩は3倍、さとうは1.6倍の早さでとけた。

〈まとめ〉溶けた、溶けないの見分け方
物体がなくなったらとけた。残っていても、少しと

けたら、とけた。全く物体が変わっていないのはとけない。一しゅんでも水の色が変わったら、とけこんだ。（Y・R）

＊Y・R君の班は、時間だけでなくかき混ぜる回数を数えました。これもすごいですね。まとめに書いてある「とけこんだ」という表現もいいですね。

○

〈発見・ぎ問・感想〉

塩は入れたしゅんかん、下一面にたまった。前にやった実験は上から下に「滝」のようにとうめいなものが流れていたけど、今度の実験は下から上に「ゆげ」のように上がっていった。

それからしばらくしてかき混ぜてみた。そしたら、白い「ゆげ」のようなものは消えて、底の中心にたまっていった。なかなかとけなかったけど、速くいっぱい何回もかき回したら、塩は消えてしまった。

さとうは、入れたら全く溶けずに下にたまった。かき回したら、さとうの茶色い色がとれて、水が茶色くなった。塩もさとうも同じだけど、横から見ると下に全部たまったように見えるけど、上から見ると少なくなっていました。

塩やさとうは、水の中に入っている。ものが消えたということは、水にとかされたんだと思う。（K・U）

＊K・Uさんは、白い「ゆげ」と表現しています。おもしろいですね。また、「ものが消えたということは、水にとかされたんだと思う」と言っています。これもいい表現ですね。

○

〈予想とその理由〉

かき混ぜるととけて回ると思う。または、回りながらとける。

理由は、実験1の時は、何もしなくてもとけた（？）から、かき混ぜれば回転しながらとけると思います。つまり、塩とさとうは、水やお湯にふれるととけるんだと思う。

〈結果〉

塩を入れたら、一回しずんで、だんだんゆっくり上がってった。入れた時をまきもどしたみたい。その後、またしずんだ。上からみると、はじにたまって、最初にしずんだ時よりもほんの少し少ない。

かき混ぜると、たつまき（うずまき？）みたいにどろどろっとした液みたいなのがまき上がって、まん中にたまった、上からみると、量が少なくなった！

もう一度かき混ぜたら、どろどろとしたものが、かき混ぜ終わっても、フラフープみたいにずっと回転していた！　なめてみると、しょっぱい！（まずい）

さとうを入れたら、一見何もおこらない感じだったけど、空気みたいなのが上がって色の付いたどろどろが落ちてきた。そしたら、いつの間にかさとうの色がぬけて、まん中に色が集まった！　ちなみに、さとう本体は、真っ白（とうめい）！

かき混ぜたら、たまっていた色がふき上がって全体に広がった！　そして、また下にたまった！　でも、下の方が色がこい。もう一度かき混ぜたら、全体が同じ色になって、色がうすくなった！　レモンティーの色！（約10分後）。なめてみたら、あまい！（びみょう）

〈まとめ〉とけた、とけないの見分け方

・色がついたものであれば、色がぬけているのがとけている？

・全体的にいうと、見えるものの量がすくなくなったら『とけた』、見える量が全然へっていなかったら『とけていない』だと思います。（K・T）

＊K・Tさんのこの長い文章、驚きです。しかも表現がさすがK・Tさんって思わせる文章です。「つまり、塩とさとうは、水やお湯にふれるととけるんだと思う」「ちなみに、さとう本体は、真っ白（とうめい）」など、良い表現です。

○

〈予想〉　とける！

〈理由〉

この前のやり方は何もしないで入れたけど、今回はかき混ぜるということで、料理とかに塩とかさとうを入れたとき混ぜてとけるから。

〈結果〉

入れたしゅん間、フワーとけむり（きり）みたいになりました。30回くらいかき混ぜたら、色がだんだんうすくなってきたかと思ったらたちまちとう明になってしまいました。

さとうは黄色いフワフワしたものがサァーっと上に上り、そのうちに下にたまっていきました。10秒ぐらい待ってかき混ぜると、さとうにいろがなくなりました。そして、ビーカーの周りに白い粉？　がついてました。もっとかき混ぜると、さとうが小さくなってきました。そして、10秒くらい何もしないで待つと、さとうがまん中にたまっていました。ビックリ！（M・H）

＊「料理とかに塩とかさとうを入れたとき混ぜてとけるから」と生活経験とつなげて考えています。科学と生活をつなげる、とっても大切なことです。

〈予想〉

○

塩（さとう）は上に上がり、液体になる。

〈結果〉

はじめに下にいき、塩が白色になって上に上がっていった。かき混ぜるとまん中に塩が集まっていた。自然にやるよりすごくはやかった。かき混ぜた後はもとの水の色にもどった。塩を入れた分くらい水のかさがへった。

コーヒーシュガーははじめにモファーとした白色が上に上がった。コーヒーシュガーは少し黒くなってい き、かき混ぜるとコーヒーシュガーの色が白くなり、水の色がオレンジ色のようなものに変色した。前の実験のようにどろどろしたものがかき混ぜると出てきた。白いコーヒーシュガーをかき混ぜるととけてきた。

塩は下に少したまっていた。塩を入れた分くらいの水のかさがなくなった。（S・K）

＊「塩を入れた分くらい水のかさがへった」と書いています。いや～、驚きました。実に鋭い観察です。文章にもいきおいがありますね。

〈結果〉

ざざぁーっと入れたら底にたまって、じわぁーっと底から白いものが出てきて、かき混ぜるとどんどん全体に広がって、約300回かき混ぜて、少したつきのようなものができて、少し時間がたつとふつうの水のようにとうめいになった。

さとうを入れてしばらくすると、茶色の液体がひろがって、かき混ぜると全体がビールのような色になった。約1311回かき混ぜるととけた。時間は9分！

前の実験とくらべると5分違う。こんなにかき混ぜたことはない！　お湯で実験したらどうなるのかなぁ⁇（M・A）

＊「少し時間がたつとふつうの水のようにとうめいになった」こと、とっても重要です。そして「お湯で実験したらどうなるのかなぁ⁇」とやってみたい実験を考えています。

〈予想〉

とけて人間の肉眼では見えなくなってしまうが、塩・さとうの味はかすかに残っていると思う。

〈メモ〉

混ぜる前、下に一度たまり、きれいなカーテンみたいなものが上がり、下に塩がたまっている。まん中からとけているように見えた。

かき混ぜたらまん中に塩がたまっていて、混ぜる力でさっき出たカーテンみたいのがうずをまいていた。うずをまくと、なんとほぼ全てまん中にたまった。ビックリ！　今度はムリヤリまん中をかき混ぜてみた。すると、なんとまたカーテン（塩）が回転してやっぱりまん中にたまってしまう。なんでかな？

さとうからもカーテンみたいのが出てきて、その後さとうの色がぬけてまん中に色がたまる。たくさんのさとうから出てきた色は黒茶色で、さとうの色がとうめいになっている！　スゴイ。海ガラスみたい。

かき混ぜると、まん中にたまっていたさとうの着色料が全体にカーテンのように広がり、また下にたまった。もう一度かき混ぜたら、全体がほぼ同じ色になった。数分後、さとうがだんだんとける。

なめてみると甘いから、上の方に砂とうがとけていることが分かる。

〈まとめ〉とけた、とけないの見分け方

下の砂とうなどが、入れたときより少なくなったときは、とけていると考える。見える量が少なくなったとき。（K・M）

＊K・Mさんのノート、力強い字でいっぱい書いてあるのに驚きました。そして「全体がほぼ同じ色になった」「なめてみると甘いから、上の方に砂とうがとけていることが分かる」と重要な発見をしています。また、絵もとっても良いですね。

〇

〈予想とその理由〉

どろどろととける。かき混ぜるから、どろどろとけるものがひろがる。

塩やさとうは、この前の実験で水に入れてとけたから、この前と同じようにとけて、今回はかき混ぜるから、さらにひろがると思います。

〈発見〉

塩を入れたらいっきにしずんで、それからどんどん塩が上に上がっていく。かき混ぜると、塩が見えなくなった。

さとうを入れたら、さとうも塩と同じで、最初はしずんでいった。かき混ぜたら水の色が変化して、さとうは色がなくなりとうめいになった。かき混ぜてしばらくたったら、ビーカーの内側のまわりに白いものがついた。かき混ぜたらさとうの量が少なくなった。

〈まとめ〉

塩もさとうも、入れたらまずビーカーの底にしずんで、さとうはかき混ぜるとさとうの量がへり水の色が変化する。塩はかき混ぜると塩が見えなくなる。

（K・S）

＊いきおいのある文章で、表現が的確です。「さとうは色がなくなりとうめいになった（白とは書いていま

せん)」「塩はかき混ぜると塩が見えなくなる（なくなるとは書いていません)」。

○

〈結果〉

な、なんと、2分でとけてしまった。一回上にまい上がったと思ったら、どんどんツブツブが上がってきた。神秘的ですごかった。かき混ぜてうずをつくったら、底にたまった塩が一点に集中していた。

コーヒーシュガーは最初なんともなかったけど、色が底にたまったと思ってかき混ぜたら、色がグゥワァアッと出てきて、10分くらいでとけました。先週のコーヒーシュガー水と同じ色をしていて、やっぱとけたと思いました。

〈まとめ〉ものがとけたものの見分け方

最初に入れた量よりも少なくなっていたら、とけた。単純に入れたものがなくなっていたら、とけた。(W・T)

＊W・T君の班は「神秘的」と書いています。水の中での塩（砂糖）のようすが「神秘的」に見える感受性、とっても大切です。まとめも的確です。

○

〈結果〉

塩を入れたら、いっきに上にまい上がってきたと思ったら、まわりにブアーっと広がっていきました。ストローでうずをおこしたら、塩が一点に集まりました。約2分でとけました。神秘的でした。

コーヒーシュガーを入れたら、最初はなんともなかったけど、ちょっと底に色がたまった。そこにそこから一気に混ぜたら、コーヒーシュガーの色があっという間になくなった。10分間でコーヒーシュガーがほとんどなくなった。(K・H)

＊K・H君も「神秘的」と感じました。科学者もその感動があるから、いろいろな法則を発見できるのです。とけるって本当に不思議で神秘的です。

〈予想とその理由〉

あの炎みたいなものがいっきに横にブアーっと広がり、ツブツブがいっきにまい上がる。早くとける。

この前の実験では、炎になるところがスローでした。その時、ゆらしたらもっと炎が広がったように見えたので、かき混ぜると、はやくひろがるんじゃないかと思う。つまり、かき混ぜるとはやくとける。

〈結末〉

最初は、私の予想どおり炎のように広がりましたが、かき混ぜると……びっくり!!　トルネードができたではありませんか!　しかも、それだけではありません。うずの中心の底に塩がたまってとけだしています。なんと神秘的!!　2分でとけました。すばらしい!　でも、とけた塩は、どうなったの?　味…しょっぱい。水と塩の組み合わせが、まずい!

最初は、コーヒーシュガーの色が豆(?)からとれて、上に上がらず下でとまどってるようすでした。かき混ぜたら、色がたまった?　というような感じで、もっと混ぜると、ブォーッと水全体に色がまわりました。少したつと豆みたいなのが少なくなりました。つまり、とけたのです。その後、色は水を茶色にしてしまいました。つまり、とけた残がいは水(液体)になりました。味…さとうを入れた紅茶の味がした。

〈まとめ〉
・ものがとけたら、とけた。
・10gのうち7gがとけたら、とけた。(T・U)

＊T・Uさんの言う炎、まったく良い表現です。「少したつと豆みたいなのが少なくなりました。つまり、とけたのです」「つまり、とけた残がいは水(液体)になりました」も良い表現です。トルネードという言葉を使っています。T・Uさんは「水の流れと似ている」とノートに書いていました。かき混ぜるって、そういうことですよね。

〈発見・ぎ問・感想〉
○
塩をいっきに入れたら、下にたまって、カーテンが上にのぼり、しばらくしたらビーカーが白くなった。

かき混ぜたら?　かき混ぜたら、下にたまってる塩が先に回って、だんだん上も回ってきた。予想とちょっと違った。

さとうでは？　かき混ぜる前は何も変化なし！　でも、さとうのつぶの色がこくなってきた。かき混ぜたら？　かき混ぜたらさとうのつぶの色が上にはやくのぼってった。

さとうの方は、つぶがなくなってきて、つぶが小さくなりました。ぎ問は、さとうのつぶはどうして小さくなり、どこに消えたのですか？　今度調べてみたいです。（T・U）

＊「さとうのつぶ」と的確に表現しています。また「ぎ問は、さとうのつぶはどうして小さくなり、どこに消えたのですか？　今度調べてみたいです」と自分の次の疑問を持っています。

○

〈結果〉

塩はとけた。水はかわらない。ただの水になった。かき混ぜない状態ではたまったけれど、かき混ぜた状態だと2～3分でとけた。塩を入れた分だけ水のかさがへった。

コーヒーシュガーを入れてから30～40秒ぐらいで外側が変色してきた。かき混ぜるともっと色が変色してきた。前の実験みたいに水の色が変色して、コーヒーシュガーの色は白くなった。

〈発見〉

塩を入れた分だけ水のかさがへった。

〈ぎ問〉

塩を入れたら水のかさがへったのに、コーヒーシュガーを入れてもなぜ水のかさはへらないのか？

塩は全部とけきったけど、なんでコーヒーシュガーは少しとけにくいのか？

〈予想〉

I・Sさんは、固体だからとけにくいんではないか、と言った。（N・N）

＊疑問として「塩を入れたら水のかさがへったのに、コーヒーシュガーを入れてもなぜ水のかさはへらないのか？」とコーヒーシュガーとつなげて考えています。

これは中学校で教わる内容です。また「塩は全部とけきったけど、なんでコーヒーシュガーは少しとけにくいのか？」という疑問に対してのI・Sさんの考えも取り入れています。

〇

〈結果・感想〉

塩は水に入れて最初はビーカーの底にしずみました。その後、かき混ぜる前に、塩が前の実験とは反対に上に向かって滝のようなもようが見えました。前の実験ではとうめいだったけど、今回はちょっと白っぽいものでした。かき混ぜるとうずにのってどんどんとけていきました。

コーヒーシュガーは固体だったので、ほうっておいてもなかなか変化したいのでかき混ぜてみました。そうするといっきに水が茶色っぽくなりました。前の実験と同じようにとうめいな波のようなものがでていました。

〈まとめ〉

・残っているものがもとより減っているか。

・色がついたものだったら水に色がついたか。

・とけている波のようなもようが見えるか。（I・S）

＊「塩が前の実験とは反対に上に向かって滝のようなもようが見えました」と前の実験と比べています。また、このまとめ、実に的確です。要点をきちんととらえています。

（3）「もののとけ方」パート3

ふだん、何気なく使っているものが、水に溶けるのかどうかという実験です。子どもたちは、どういう状態を「溶けた」と考えているのでしょうか？

〈実験3〉
いろいろなものをとかしてみよう。
とけたかな？

私の方からは、次の3つを必ず持ってくるように話しました。①さとう、②カタクリ粉、③小麦粉です。

○

・カタクリ粉……とけない!!
　入れたしゅんかん真っ白になって中が見えなくなった。それから200回かき回して、2~3分おいといたら、上のほうがとうめいになってきた！　カタクリ粉がほとんど下にしずんだ。カタクリ粉が全部下にしずんでから、ストローでおしてみたら、ザクッていうみたいなかんしょくがした。おしてみると、下にしずんでいたのが少しまいあがった。（T・K）

＊絵がとっても良いですね。カタクリ粉は下にしずんで、上の水は透明になったから、カタクリ粉は、溶けないと考えています。

○

・カタクリ粉…とけた。入れたらすぐ水の色が白くなったから。
　入れたしゅんかん白くなった。混ぜ続けて、なくなったと思ってよ～～～く見たら、うす～く何かがまわっていた。何度やっても同じことなので、あきらめた。（K・A）

＊「入れたらすぐ水の色が白くなった」から、溶けたと考えていますね。何度も何度もかきまぜていますね。

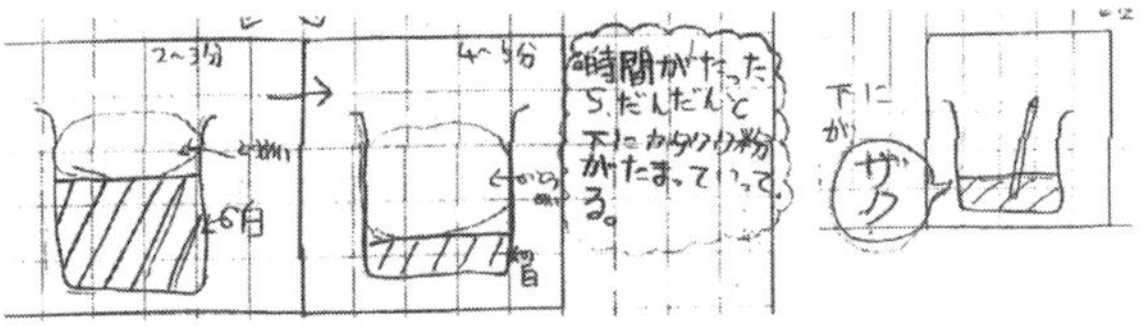

○

・さとう……下でどろどろしたものが出てて、とけている。さとうは完全にとけた。20秒くらいでとけた。さとうの形が見えなくなったから、とけた。
・カタクリ粉…下に落ちていくときにたいほうみたいだった。混ぜたしゅんかん白になって、見えなくなった。とけた。下にちょっと残っているけど、ほとんどなかったから。（N・A）

＊さとうは「さとうの形が見えなくなったから」溶けたと考え、カタクリ粉は「白になって、見えなくなった」から溶けたと考えています。

○

・さとう……さとうは8割が下に落ちていって2割が上に残っていて、その2割は雪のように落ちていった。小さい滝のように流れていました。350回かき回したら、さとうは完全にとけた。つぶが見えなくなったから、とけた。

・カタクリ粉…カタクリ粉は、入れたらすぐ真っ白になってカルピスウオーターに見えました。150回かき回して、3分くらいたつと白い水が下にいって、上はとうめいになりました。とうめいな水が半分以上になって、ストローで下にしずんでいるカタクリ粉をツンとおしてみたら、地ふぶきみたいになっていましたが、またカタクリ粉が雪みたいにつもりました。カタクリ粉はとけてない。(N・R)

＊「3分くらいたつと白い水が下にいって、上はとうめいになりました」から、溶けていないと考えています。また、「2割」「8割」と、算数で習った割合を使っています。

○

・さとう…とけた。さとうが見えなくなったから。さーと落ちていって、下にたまった。かきまぜたら、上にさーとまいあがり、底のまん中にあつまった。

・カタクリ粉…とけた。色がでたから。水に入れたら、すぐにぶぁーとカルピスの色になった。すぐとけた。1分もしないうちにとけた。とけたと思ったら、とけ残りがあった‼　でも、とけたと考える。(K・I)

＊「すぐとけた。1分もしないうちにとけた。とけたと思ったら、とけ残りがあった‼」と迷っています。しかし、きっぱりと「でも、とけたと考える」と考えています。

○

・さとう…つぶつぶがなくなっていたから、とけた。さとうのつぶつぶが下から上に上がるようにとけた。

・カタクリ粉…真っ白になってとけた。水の色が白くなったから、とけた。(T・S)

＊T・S君も「真っ白になってとけた。水の色が白くなったから、とけた」と、色に注目して考えています。

◯

・さとう…とけた。かんぜんにとうめいになったから。やっぱり、コーヒーシュガーみたいにはやくとけた。でも、コーヒーシュガーより何倍もはやくとけた。30秒もたっていないと思う。
・カタクリ粉…とけない。時間がたつと下にたまるから。
　最初は水面にういている固まりから、ちょっとずつ粉が落ちてきて、かきまぜたら、ビーカーの中が白くなって見えなくなった。（K・A）

＊カタクリ粉は、「とけない。時間がたつと下にたまるから」とK・A君は考えました。また、「かきまぜたら、ビーカーの中が白くなって見えなくなった」と書いています。重要なことです。

◯

・さとう…とけた。つぶつぶがなくなっていたから。水がとうめいになっていた。
・カタクリ粉…とけた。水の色が白くなって、粉ではなくなっていたから。下にどろどろのものが固まっていた。
〈まとめ〉

　とけるものととけないものがあり、とけないものはいくらまぜてもとけない。（G・M）

＊「粉ではなくなっていたから」カタクリ粉はとけたと考えました。また、「とけないものはいくらまぜてもとけない」と重要なことに気づいています。

◯

・さとう……とけた。入れてかき混ぜてみたら、すぐにさとうはなくなり、水の色も変化していないから。
・カタクリ粉…とけない。入れてかき混ぜたら、色も変化したけど、かき混ぜて少し立ったら、白いものが下にたまっていて、水の色も変化していないから。
〈感想〉

さとうは前に実験したときがあり、とけたとは分かったけど、カタクリ粉や小麦粉は初めて実験したので、とけたとけないの見分け方はあんまり分からなかったけど、発見もできたし、見分けもできた。とけたとけないは合っているか分からないけど、ちゃんとできたので良かったと思います。（K・S）

＊カタクリ粉は、「色も変化したけど、かき混ぜて少し立ったら、白いものが下にたまっていて、水の色も変化していないから」溶けないと考えています。

○

・カタクリ粉……とけたの反対。つまり、とけてない。
　入れたしゅん間にフワーとカタクリ粉が上にまい上がり、真っ白（にごっているけど……）になりました。それからストローでかき混ぜると、もっとにごりました。そして、すごくきれいににごって、真っ白くにごってて、中がよく見えませんでした。しばらくすると、カタクリ粉はビーカーの下にたまっていた！　だから、とけていない。（M・H）

＊真っ白になることを「にごる」と考えています。「とけた」と考えないで「にごった」と考えたわけです、迷いながらも。

○

・カタクリ粉…白くなったからとけたと思う。でも、中が見えないので、全部とけたかは分かりません。
・カタクリ粉のつけたし…かき回すのを2～3分ぐらいやめていたら、粉がしずんでいって上の方がとうめいになった。どんどん時間（4～5分）がたったら全部が下にたまって、もう上は白くない。
　白いのは下にたまっているカタクリ粉だけ。ストローでさしてみたら、ザクッて感じだった。

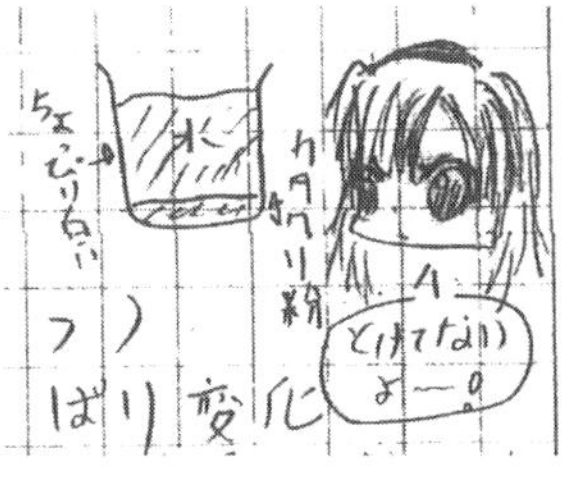

（K・U）

＊絵がとっても良いですね。絵にT・Kさんも登場し、意見を述べています。

○

・カタクリ粉の予想……白く、真っ白くて中が見えなくなりそう。たぶんとける。

・カタクリ粉の結果…白くなりながら下にたまった！　白くて中がよく見れない。入れたときはす〜うっと中にすいこまれるように入っていって、少したつと上の水がすんできた。カタクリ粉は、まぜると少してごたえがある。どんどん下にカタクリ粉が落ちてくる。カタクリ粉は、まぜると少してごたえがある。混ぜたとき、カタクリ粉のまくがうき上がって再び真っ白に！　雪のようにきれい。結果は、とける。カタクリ粉もうずをぐ〜るとまいてとける。（K・M）

＊予想と結果に分けて書いています。「白く、真っ白くて中が見えなくなりそう。たぶんとける」と予想しています。

（4）「もののとけ方」パート4

少し、ここで考えさせました。塩は、さとうは水に溶けます。その溶けた塩は、さとうはどうなっているのでしょうか？　水の中にあるのでしょうか？

〈問題1〉
塩を水に入れてとかしました。
塩はどうなったのでしょうか？

私が、子どもたちの前で塩を水に溶かし、子どもたちにたずねました。

子どもたちは、水の中に塩はあると言います。その理由として「なめるとしょっぱい。」「重さをはかれば塩の分だけ重くなっているはずだ。」と言うのです。

そこで、水を入れたビーカーと塩を計り（332gでした）、その後に塩を水に入れて溶かしました。それでも重さは332gで、変わりませんでした。つまり、塩は全部ビーカーの水の中に入っているということです。

次に、塩を取り出すことはできないか？　と尋ねたところ、「水を蒸発させれば塩が出てくる。」と言うのです。K・D君は「昔は海の水を蒸発させて塩を取りだしていたんだよ。見たことがある。」と話していました。

そこで、蒸発皿に塩水を入れ、アルコールランプで熱してみました。すると、塩が出てきたのです。これで、塩が水の中にあるということが証明されました。

（1）重さが変わらない。水の重さ＋塩の重さ＝食塩水の重さ。

（2）水を蒸発させると、塩が出てくる。

この2点が重要な法則です。

○

〈自分の考え〉

塩と水は、混じった。なくなったのなら、水はしょっぱくない。塩を入れるとしょっぱくなるから、塩はなくなっていない。

〈まとめ〉

ただの水と違い、見えなくなった塩も、見えないだけである。理由は、塩の分重くなっているから。水を蒸発させると、塩だけが残る。よって、結論は、見えないだけで塩は、ある!!（K・I）

＊論理的に考えていますね。「よって、結論は」なんてとっても良い表現ですね。科学論文みたいです。

○

〈自分の考え〉

塩は水に完全にとけこみ、塩水になった。塩＋水＝塩水

〈まとめ〉

塩はある！　なぜなら、電子てんびんにのせてもまったく重さがかわらないから。しかも、じょうはつさせると塩は残るから。（Y・R）

＊「塩は水に完全にとけこみ」という表現、良いですね。「塩＋水＝塩水」も面白い表現です。

○

〈自分の考え〉

塩は水にしみこんだ。

〈まとめ〉

塩は、水に入れても重さは変わらないため、塩はある。じょうはつ皿であたためると塩が出たから、塩はある。（S・K）

＊「しみこんだ」も良い表現です。溶けるって、ほんとうにそうなのかもしれません。

○

〈自分の考え〉

塩は、液体になり見えなくなっている。

〈まとめ〉

塩は見えないけれど、中にある。電子てんびんで重さをはかったら重さは変わらなかったし、アルコールランプの火でやると、ふつうの塩がじょうはつ皿についていた。そうすることで、塩がもとにもどる。水は完全にじょうはつして、全体に塩が広がっていた。

（D・M）

＊「液体になる」という考え方、これも面白いですね。しかも、「全体に塩が広がっていた」とも書いています。塩が水の中にどのようにあるのかまで考えているのです。みなさんはどう思いますか？

○

〈自分の考え〉

塩は水の中でとけても、なめたらしょっぱいわけだから、水に混じっている。だから、つぶつぶは見えない。つまり、水と合体している。

〈まとめ〉

塩は水の中でとけていても、水の中で混じっているということが分かった。（K・S）

＊「つまり、水と合体している」という言い方、とっても良いと思います。「合体」ってどういうことなのでしょうか？　考えてみると良いですね。

○

〈自分の考え〉

何かの液体に変わったのだと思う。水に変わったように見えたから。でも、塩は水にならないと思うので、何かの液体になって水にまぎれていると思う。多分。

〈まとめ　判決〉

塩は水の中にある！

理由…電子てんびんの上に、塩と水を置いて332gでした。そのあと、塩をビーカー（水入り）へ入れ、当然とけました。その塩入ビーカーを再び電子てんびんの上に置くと、332g！（最初に塩と水をはかった時の塩を入れていたカップも電子てんびんの上においた。）つまり、重さが変わらないということは、水の中に塩はあるということ！　きっとね。（T・U）

＊「液体」になったとT・Uさんも考えています。たぶん、液体のような状態になったということなんでしょう。面白いです。

○

〈自分の考え〉

塩は液体になって水と混ざっているんだと思う。理由は、家で水の中に入れて混ぜて一日おいといたら、じょう発して水がなくなっていた。塩は残った。じょう発するのは液体だけだから、液体だと思う。

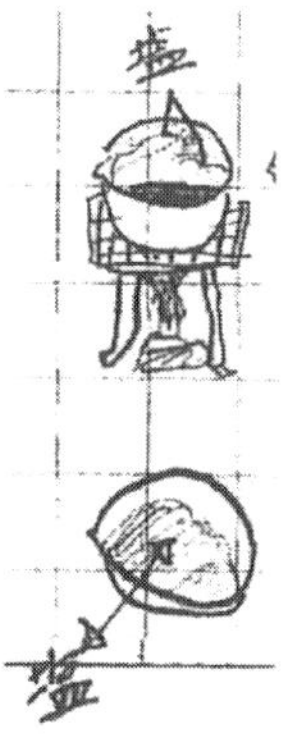

〈結果〉

水の中に残っている。予想どおり！　電子てんびんの上で実験（塩を水に入れる）したら、gは変わらなかった！　じょう発させたら、なんと！　塩が容器（じょう発皿）の横についていた。不思議！　完全にじょう発したら、じょう発皿全体についている。すごい！　魔法のようでした。（K・T）

＊K・Tさんは家でのことを予想の理由としてあげています。そして、「予想どおり……」とその予想が正しかったことを明確に書いています。

○

〈自分の考え〉

もともと塩は目に見えない小さなつぶで、それが集まったものが塩。だから、塩がその目に見えないつぶに分解してつぶが見えなくなったわけです。多分。

〈まとめ〉

塩がじょう発皿の底にこびりついていて、雪の結晶がつながったようになっていた。（W・T）

＊塩が「目に見えない小さなつぶ」で出来ていると考えています。面白い考え方です。見えなくても「つぶ」として水の中にあると考えているわけです。

○
〈自分の考え〉

塩は、水とかき混ぜて、塩はすごく小さくこなごなになり、見えないくらいになった。

〈まとめ〉

塩はないようだけど、重さをはかると、前の塩＋水と同じ重さだった。そして、塩水を蒸発させると塩が残るので、塩は水の中にあることが分かった。（B・K）

＊「塩はすごく小さくこなごなになり、見えないくらいになった」と考えています。「つぶ」の考え方と同じなのでしょうか？　違うのでしょうか？

○
〈予想〉

塩水になり、なめると塩の味。つまり、塩は水にとけこんだけれども、水をじょう発させると再び塩にもどる。＝塩水になる。塩水＝塩をふくんだ水のこと。

〈結果〉

塩を入れる問い重さがふえた。目には見えないけれど水の中に塩は入っている。（K・M）

＊K・Mさんは「塩水」という言葉を使っています。「水にとけこんだもの＝塩水」と考えたわけです。

○
〈自分の考え〉

水にとけこんで、塩と水が合体して塩水に変身した？　粉々になって見えなくなった？

〈まとめ〉
1、重さ
　塩を入れると、はじめの水と塩の重さと同じになるから、塩はある！
2、じょう発
　塩を水に入れたのを火でじょう発させると、塩が皿のまわりについていたから、塩はある！（I・M）

＊「塩と水が合体して塩水に変身した」と考えています。そして「塩はある！」と2つの理由から、確信しています。

○

〈自分の考え〉

　水とまざった。合体した。

〈まとめ〉

　水をじょう発させると、塩はまわりから出てきた。

　昔は海から海水を取って、蒸発させて塩を作った。

（K・D）

＊「合体した」と考え、その理由として、自分が見聞きしたことを根拠にあげています。

○

〈自分の考え〉

　水と塩が一体化して見えなくなる。しょっぱくなった。

〈感想〉

　塩が見えなくなっても水の中にあるということが分かりました。見えなかったのが、水がじょう発してなくなったら、塩が下に残っていた。（M・T）

＊「水と塩が一体化して見えなくなる」という表現、とっても良いですね。

○

〈自分の考え〉

　塩は完全にとけた。かき回すと、水（うずまき）の中に塩が入って、そのうずまきの中でとけたと思う。

〈強い力でかき混ぜて、うずまきの中でとけたということ。）塩は、水といっしょになった。

〈自分のまとめ〉

ふっとうすると、なんと！　あのなくなった塩が、もどっていました！　ということは、つまり、ふっとうすると（水道水は薬が出てくる）、絵のようになった！

すこしたつと…なんと！　塩といれかわって、水がなくなって全部塩になっていた。まわりにとびちっていた！（K・S）

＊「塩は、水といっしょになった」と考え、「塩といれかわって」と発展させて考えています。

○

〈自分の考え〉

水に混じったつぶはなくなったかわりに、「塩水」になった。

〈まとめ〉

ビーカーに水を入れた分の重さもあるし、塩の重さもあるのに、ビーカーの水の中に塩を入れたのに、ビーカーの重さはかわらなかった。

ビーカーに入った「塩水」をじょう発皿入れてアルコールランプに火を付けてじょう発されたら、塩だけがまわりについて残った。（K・U）

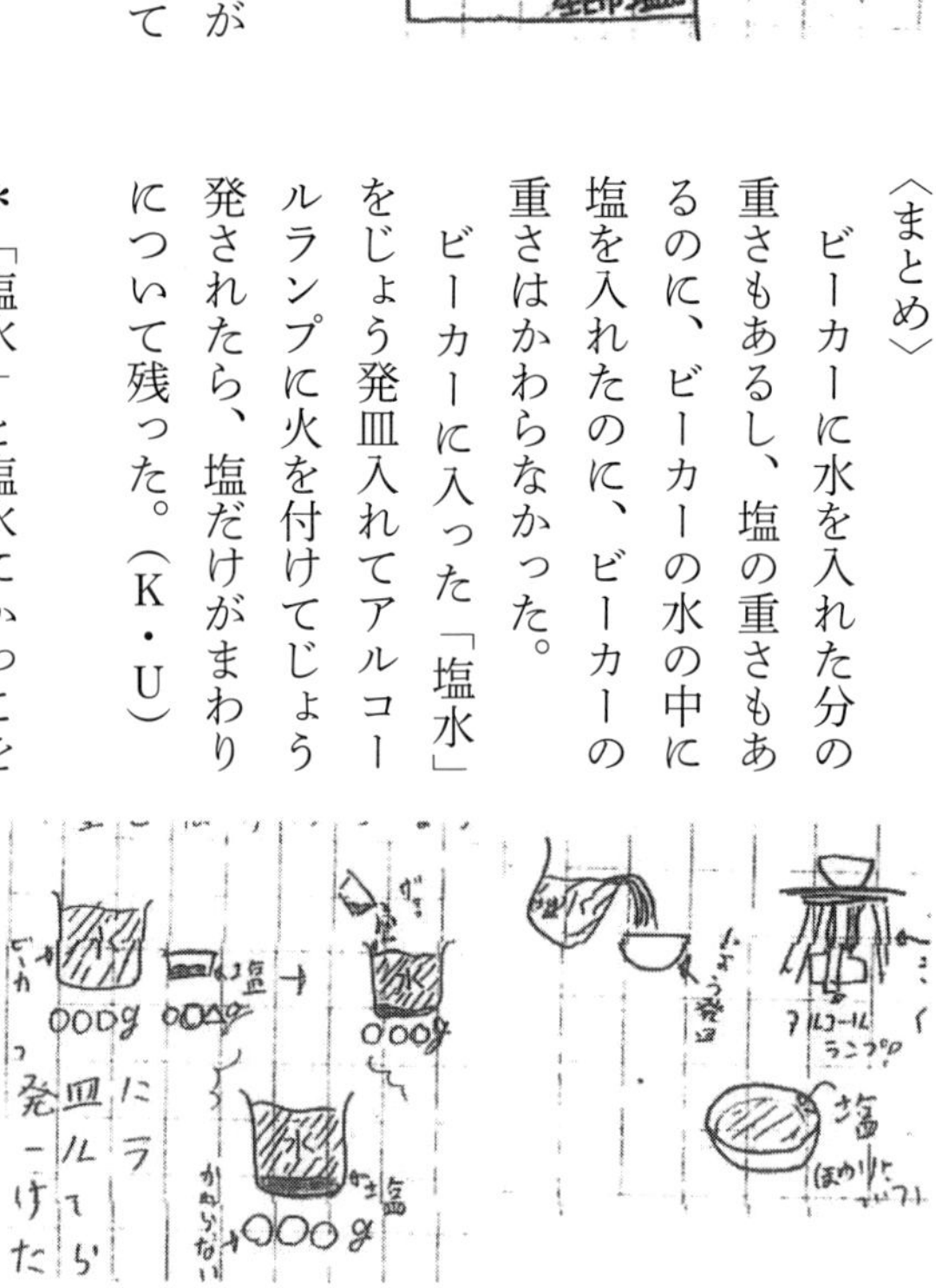

＊「塩水」と塩水にかっこを付けています。これは何を表現したかったのでしょうか？　とっても重要なことが含まれている気がします。

○

〈自分の考え〉

つぶがなくなったから、塩はとけた、と思います。

〈まとめ〉

塩はある。重さの問題。外からは見えないけど、塩はある。水が減るほど、まわりに塩がくっつくことが分かった！（K・E）

＊「塩はある。重さの問題。外からは見えないけど、塩はある」という表現、明確であり、きっぱりとした確信を感じます。

〇

〈自分の考え〉

水にいりまじった。つまり塩水？　しょっぱい。

〈まとめ〉

見えないけど、塩は水の中にある。水がちょっとだけじょう発したときに塩が横にはりついていた。最後は、全体的に塩が残っていた。（T・K）

＊「水にいりまじった」と表現しています。どのように入り交じっているのでしょうか？　とっても重要な問題です。

（5）「もののとけ方」パート5

今回は2種類の薬品が溶けるのかどうかの実験をしました。

子どもたちには薬品名を教えないで実験をしました。薬品Aはホウ酸、薬品Bは炭酸カルシウムでした。つまり、薬品Aは水に溶け、薬品Bは水に溶けません。それを子どもたちはどう見分けるのかの実験です。

〈実験4〉
薬品Aと薬品Bは水にとけるか？

両方の薬品をそれぞれ水に入れ、かき混ぜてから、溶けているかどうかを判断させました。

子どもたちは、実験3で生活に使っているものを溶かして、それが溶けたかを実験したのですが、子どもたちの意見が分かれたものがあります。それは、カタクリ粉と小麦粉です。

カタクリ粉も小麦粉も水に入れると、水が白くにごりました。そのことを「白く色が付いたので、溶けた」と考える子と、「しばらくすると粉が下にたまるので、とけていない」と考える子に分かれたのです。

みなさんはどう思いますか？「カタクリ粉を水にとく」「水にといた小麦粉を天ぷらのころもにする」という言い方をします。本当に水に溶けているのでしょうか？

○

〈クラスの予想〉

薬品Ａ…とける４人　とけない25人
薬品Ｂ…とける27人　とけない２人
〈結果〉

薬品Ａ…とけた。じょう発させたら、まわりに粉のようなかたまりがついたから。

薬品Ｂ…とけない。じょう発させたら、まわりに何もついていなかったから。

〈感想〉

少数人数のほうが正しくてビックリしたけど、おもしろかった。両方ともはずしたけど、いい勉強になった。覚えたぞ～。

〈見分け方〉
☆とけたら、水がとうめいになる。
☆とけてなかったら、水がにごる。（Ｉ・Ｍ）

○

〈発見・感想・ぎ問〉

水に色がついていたらとけたというわけではない、ということにおどろきました。逆に、とう明の方がとけているということにはビックリしました。なんとなく色がついている方がとけているような気がするけれど、実際は違いました。何でも見ただけでは分からないんだなぁと思いました。（Ｈ・Ｙ）

○

〈予想〉

薬品Ａ…とけてない。理由は、まぜてもまぜても下にたまっていて、水の上でもたまっているから。２００回まぜてもとけない。

薬品Ｂ…とけた。理由は、水に入れたときにもうゆげが出てきて、その時からとけたと思いました。１５０回かきまぜてみたら、もっととけて牛乳みたいなものになり、かんぺきではないけど、とけたと思います。

〈まとめ〉

今度も、実験して二つともはずれてしまいました。でも、自分の予想をいつもよりたくさん書けたので、ちょっとうれしかったです。(M・T)

〈まとめ〉　○

炭酸カルシウムのように「白くにごったから、とけた。」という人がいたけど、実際、白くにごったのはとけてないと考えているらしいじゃないですか。それにくらべると、確かにろ過させてじょう発させたら、何もない！　ほう酸はとけてないように見えても、ろ過させてじょう発させたら、白い粉が出てきた。すごいね、こりゃ。昨日は塩でやったけど、それとおんなじように、じょう発皿の底にくっついていた。やっぱり科学ってすごいなーって思いました。(W・T)

〈まとめ（感想）〉　○

この実験で、今日やったとき、予想とはまったく違う結論でおどろきました。

まず、ろ紙を折って、折ったらロートに入れました。その時に水にもぬらしました。それで、ロートに薬品Aを入れると、そのとたんポタポタと水（とう明な）が出てきました。（それをろ過というらしい。）それをとってじょう発皿に入れました。そして、Y君がマッチを使ってアルコールランプに火をつけて、その薬品Aをじょう発させて何分かたつと、白い粉が出てきたということで、薬品Aはとけたということになったというわけです。薬品Bも同じようにしました。そして、アルコールランプを何分もあてても粉が出てこなかったので、薬品B（つまり炭酸カルシウム）はとけなかったというわけです。私はこういう実験をしたことがないので楽しかったです。(M・H)

〈まとめ〉　○

色が出ているからといって、とけているとはかぎらない。ホウ酸はは、底にたくさんたまっていたけれど、

水をじょう発させてみたら、ホウ酸が出てきた。底にたまっているからといってとけていないとはかぎらない。（K・I）

○

〈発見・感想・ぎ問〉

「薬品Aの場合」

薬品Aは、私は粉を見たらとけると思いました。ビーカーに入れてかきまぜると、少し粉は上に上がり、また下に落ちてきました。ずっとかきまぜてもそのくりかえしなので、とけていないと考えました。

じょう発皿でじょう発させると、粉が出てきました。そういうことで、薬品Aはとけた。

「薬品Bの場合」

薬品Bは、粉を見ると、とけないと思いました。ビーカーに入れてかきまぜると、ビーカーの中が白っぽくなり粉が見えなくなりました。そのままにすると白っぽい部分と灰色っぽい部分とに分かれました。粉が見えなくなったので、私はとけたと考えました。

でも、じょう発皿でじょう発させたら、白い粉が出てきていないので、とけてないとのことでした。

薬品Aと薬品Bの予想はどちらもあっていませんでしたが、いい勉強になったと思います。

〈まとめ〉とけたとけないの見分け方

・水がとうめいだったら……とけた。

・水がにごっていたら……とけない。

（T・E）

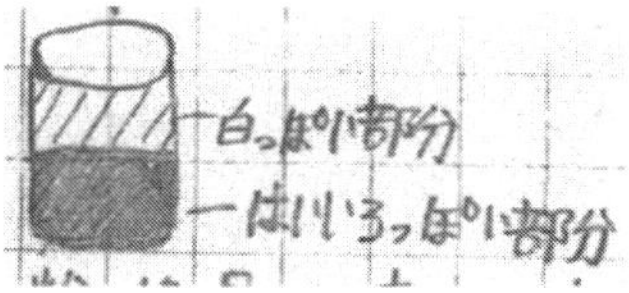

○

〈結果〉

なんと、予想は「正反対」！　薬品Aは粉が残って、薬品Bはとけていなかった。「多数決」じゃ決まらない。

〈まとめ〉

水の色がかわっていない最初とくらべて、つぶがへっているというのは、「とけている」。

水がにごっているものは、時間がたつと下にしずむ。それは「とけてはいない」。（K・U）

○

〈結果〉

薬品A…とけた。じょう発皿でじょう発させたら、白い粉みたいなのが残ったので、とけたことになります。薬品B…とけない。じょう発皿でじょう発させると、ぜんぜん何も残らなかったので、とけていませんでした。

〈まとめ・感想〉

水の色がにごっていない方がとけていて、水の色がにごっている方がとけていないというのは、とてもおどろきました。いろんな人の意見を聞くと、「なるほどな〜。」と思って、どっちか迷ってしまったりしました。今日初めてやったろ過は、とけたかとけてないかを見分けるのに使える、ということを初めて知って、便利だな〜と思いました。（I・S）

○

〈まとめ〉

とけたとけないの見方。とうめいのはとけた。にごってるのはとけてない。

結果ではこうなったが、まだぼくは、なっとくできていない。しかも、両方ともはずれたのは初めてだから、すんごーくびっくりした。（Y・R）

○

〈まとめ〉

炭酸カルシウム（薬品B）をじょう発させたら、ただふっとうしただけで、ホウ酸（薬品A）は、ホウ酸がたくさん出てきた。ぼくは、炭酸カルシウムの予想ははずれたけど、最後は納得した。（T・S）

○

〈結果〉

薬品Aはとけていた！　薬品Bはとけていない！　全部逆だった。でも、これで覚えられる！　そして、初めて知ったのは、にごっているのはとけていないんだぁ！　そして、とう明になっているのは、とけている！

〈感想やぎ問〉

予想と全く違って、少しショック！　でも、この実験で分かったのは、にごっていたり色がついているものは、とけていない。とう明なのはとけているということ。初めて知った！　そういえば紅茶も同じだ！ビックリ。（W・A）

○

〈結果〉

薬品A…じょう発させたら、とかす前より大きなつぶがでてきた。完全にじょう発させたら、大きい粒や小さい粒が出てきた！　つまり、薬品Aはとけていた！昨日、先生が塩で実験をやったときみたいに、くっついていた。

薬品B…入れた水の半分くらいじょう発したけど、なにも出てこない。全部じょう発させても、なにも出てこなかった！　つまり、薬品Bはとけてなかった！

薬品Bは、家にある重曹ににているなぁ～と思った。

薬品A…ホウ酸　とける

薬品B…炭酸カルシウム　チョークの粉と同じ

〈感想・ぎ問〉

実験途中に、Bは重曹ににていると思ったけど、違いました。チョークの粉と同じものだったなんてびっくりしました。

薬品Aはとけるというけど、だったら、ずっとかき回していたのにとけなかったのはどうして？　と思いました。（K・T）

○

〈結果〉

「薬品Aの結果」

とけた。まさかとけてるとは思いませんでした。かきまぜていても量がへっている気がしませんでした。でも、じょう発させると、粉が出てきたから、びっくりしました。

「薬品のBの結果」

とけなかった。こっちにもおどろきました。色もついているのに、もうかなりびっくりしました。薬品はふしぎなものだなぁと思いました。

〈まとめ〉

とけた、とけないの見分け方が、とう明かにごったかで見分ける。
・とう明…とけた。
・にごった…とけていない。

〈感想〉

　ぼくは、前までは見分け方を逆に考えていました。逆に考えていたから、最初はびっくりしました。ものをとかすのは、けっこう楽しいもんです。（K・H）

○

〈予想〉

薬品A…とける。最初入れた時より量が少なくなっていて、かきまぜた時、まいあがる量が少なくなっていた。６００回ぐらいかきまぜた。

薬品B…とけた。水が、入浴剤を入れたみたいな水にかわったから。しばらくとめておいたら、白い液体みたいなものが下にたまっていた。で、白い粉はなくなっていたので、とけたしょうこだと思う。

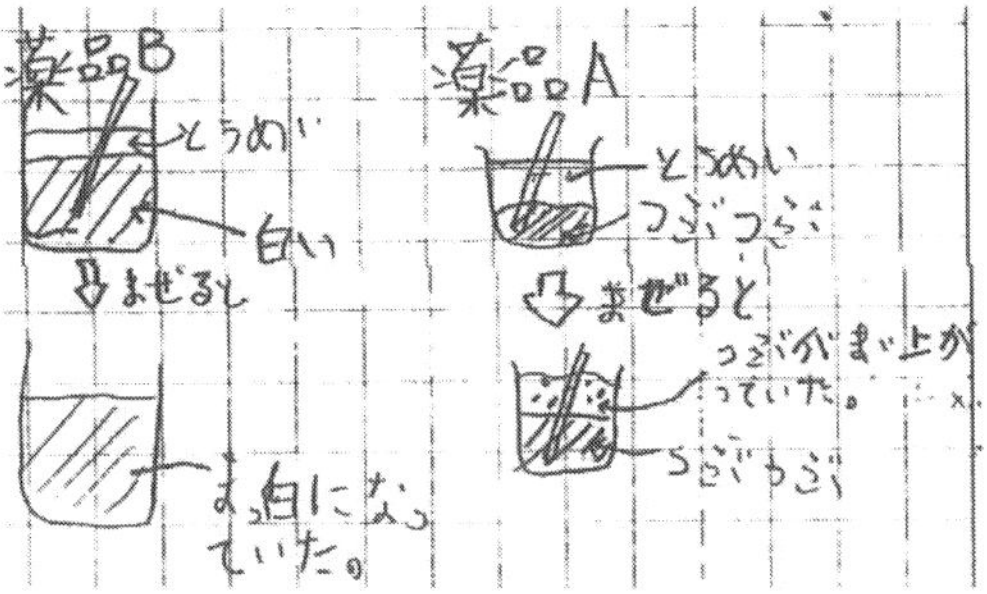

〈まとめ〉
　炭酸カルシウムはとけない。じょう発させても炭酸カルシウムは出てこなかった。ホウ酸は炭酸カルシウムとはまったく違う。じょう発させたら、ホウ酸が出た。（J・M）

○

〈まとめ、感想〉

　ぼくは今まで、色でとけたかとけないかを見分けてきたけど、本当の見分け方は、とう明な水がとけていて、にごっているのがとけていない、と聞いてびっくりしました。これを機会に、この意見を生かしていきたいです。（K・S）

○

〈結果〉

薬品Aはとけた。

薬品Bはとけなかった。

薬品A…ホウ酸
薬品B…炭酸カルシウム
〈発見〉
　色がついている時はとけていない。とう明な時はつぶがとけている。（N・R）

（6）「もののとけ方」パート6

　子どもたちは、塩が水にとけることを「とけ込んでいる」「合体した」「液体になった」などととっても面白い言い方で表現しています。これらのノートを読んでいると、どうしても子どもたちに聞いてみたいことが出てきました。それは「水の中に塩はどういう状態であるのだろうか？」ということです。
　この問題は、まだ分子論や分子運動について学んでいない子どもたちには無理だと考え、私は問題にしないつもりでした。でも、どうしても子どもたちに聞いてみたくなりました。そこで、次のような問題を出しました。

〈問題2〉
食塩水をつくりました。
塩は水の中にどうあるのでしょう？
文章や絵で、自分の考えを書きなさい。

○
塩は、入れたら底に行き、まい上がって全体にちらばる。（S・U）

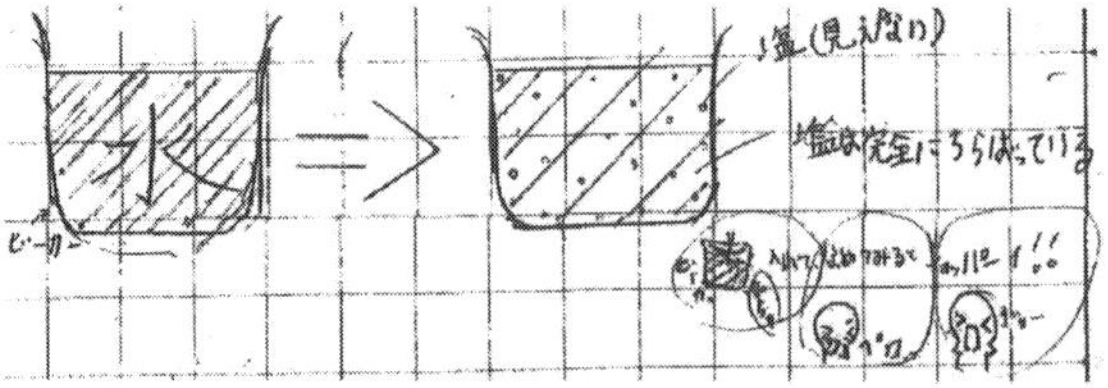

○
塩は全体にもある。塩水を蒸発させたとき、まわりから水が蒸発して、塩が出てきたから、塩は全体にあ

る。（K・D）

○

目には見えないけど、水の中にとけた塩がふわふわとしてうごいたりしていると思う。（N・A）

○

塩は人間の肉眼では見えないほど小さくなって、水の中に散らばっていると思う。（H・Y）

○

黄色のところ（ノートの絵には黄色く色をつけてある）がとけこんだ塩があるところだと思います。

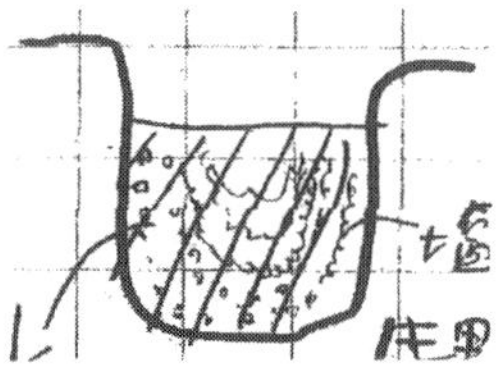

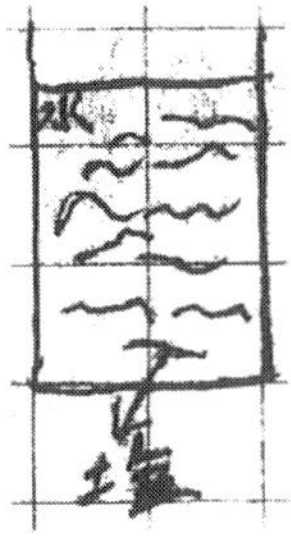

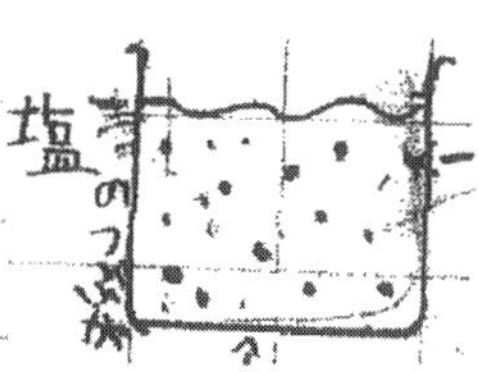

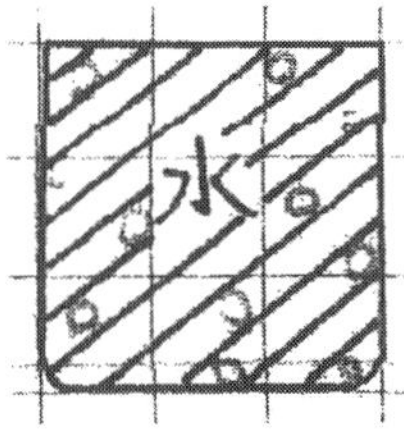

つまり、水の中のいろいろなところに散らばっていると思います。

最初は下の方にたまると思ってたけど、前の実験で上水だけをじょう発させてもちゃんと塩が入っていたことが分かったので、いろんなところに散らばっていると思いました！（I・S）

○

塩はばらばらにちらばっている。かき回すと、水が回転する。見えないけど塩はまん中に集中している。かき回して10分後、はじめと同じように塩はバラバラにちらばる。（N・R）

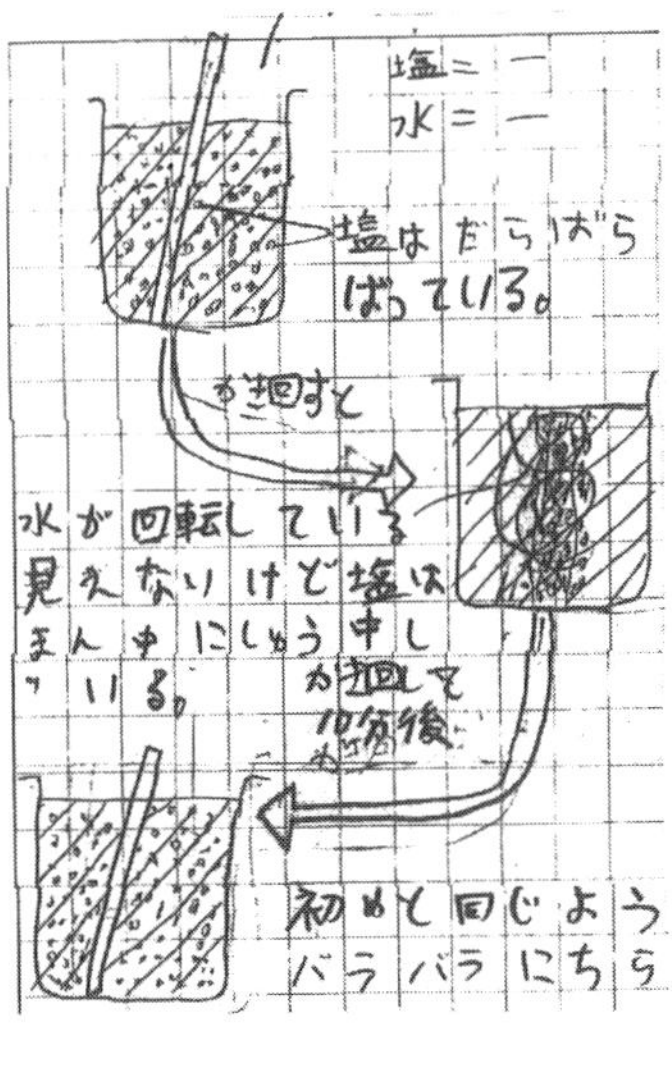

○
目には見えないけれど、水の中で全体に広がっている。多分。（N・N）

○
塩は、散らばっている。ユラユラとおよいでいるかも!?

☆1カ所にはたまっていないと思う。

理由1　もし、1カ所にたまっていたら、塩は白く見えると思う。

理由2　もし、1カ所にたまっていたら、なめた時、しょっぱいところとしょっぱくないところがでると思います。この前上の方をなめたときしょっぱかったから、1カ所にたまってないと思います。

理由3　1番最初の実験で、塩のとけ方は、全体的にブアーっとまい上がっていました。なので、1カ所だけにはたまっていないと思います。

理由4　もし1カ所にたまっていたら、料理の時は大変！　味がこいところ・うすいところがでて、おいしくないと思います。（T・U）

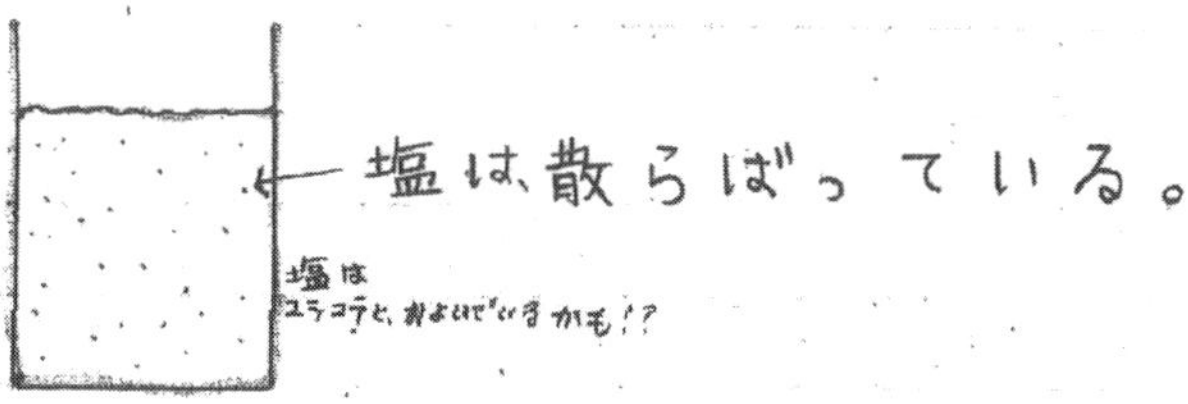

○
一点に集まっているのではなく、入れたしゅん間から、塩は散らばったのではないか？　もしかしたら、ただ目に見えないというのかもしれない。（Y・R）

○
水の中で塩がシュワッ！　とばくはつしていると思う。水と合体する。すごぉ～く小さくなって、目に見えない！（W・A）

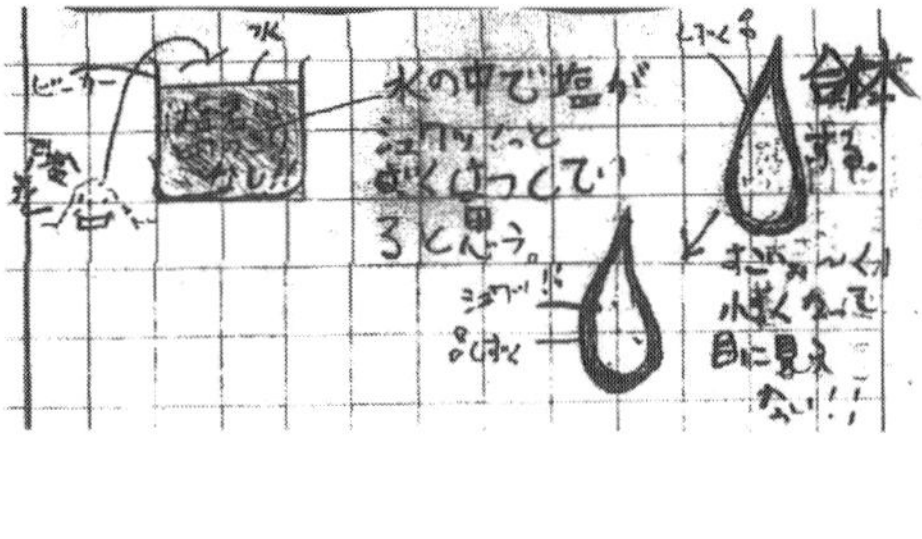

○
とけて、塩は見えなくなるが、水の中に塩がしみこんでいる。（S・K）

○
塩が水分をふくんで、目では見れなくなっているが、塩は全体に広がっている。だから塩の味がする。

塩水をじょう発させると塩だけになるのは、塩がふくんだ水がなくなるわけだから、塩だけになる。水が塩をふくんでいるのではなく、塩が水をふくんでいる。多分。（K・M）

○
私は、塩は「水の中」にあると思います。「水の中」というのは当たり前だけど、少し違う形であると思います。違う形とは『水の水の中』にあるということです。水はきっとうずまきのようになっていて、うずまきの間に塩がとけて中に入っていると思います。つまり、塩は水に包まれているということです！（I・M）

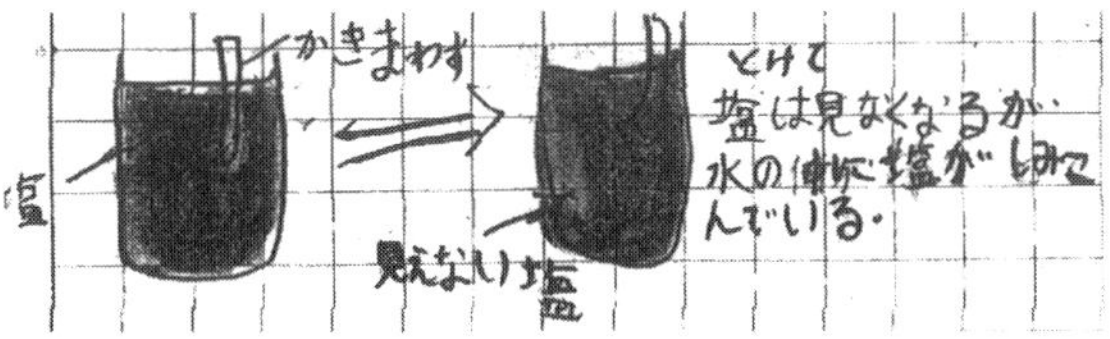

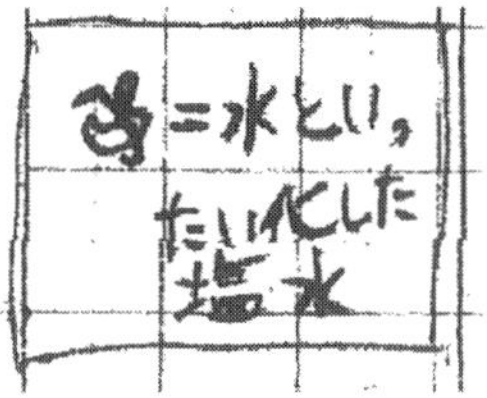

○
ぼくは、塩がうすくなったからだと思う。S・K君は学級通信（パート4）で「塩は液体になった。」と書いていました。ぼくも似ていて、液体になりかけてると思う。（T・S）

○
水の中に塩を入れると、塩は水と混ざりあって液体になる。ビーカーの中には、塩水だけである。つまり、水の中すべての場所に塩はある、と思う。

もし、水のはじや真ん中に塩がいっぱいあったら、なめたとき味がちがくなる。また、色にも変化がおきるかもしれない。それに、料理のとき、塩がいっぱいあるところ、ぜんぜんないところがあるとこまる。

混ぜたビーカーの中には、水だけ、塩だけという液

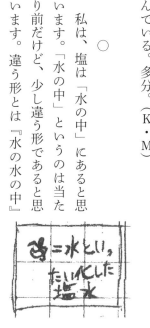

体はない。すべて混ざって、塩水という液体しかない。＝水の中のすべての場所に塩はある、と思う。（K・T）

○

塩は最初、つぶになってるけど、水の中に入れると、つぶがバラバラになって（ぶんかい？）、液体になって水といっしょにまじりあう。（T・K）

○

つまり、塩は目に見えないつぶとなって、そのつぶが小さくなり、水といっしょにいろんなところへまじっている。（T・E）

○

かきまぜると塩同士がぶつかっ

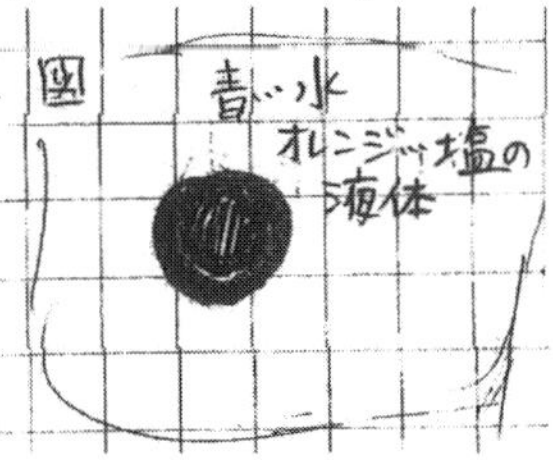

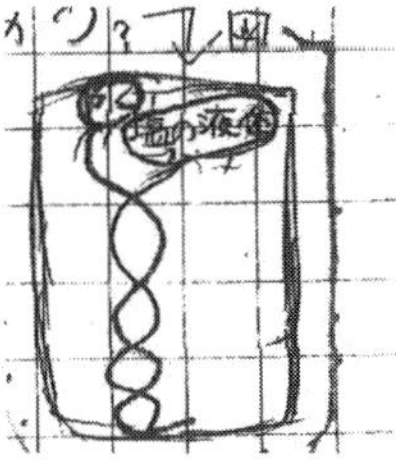

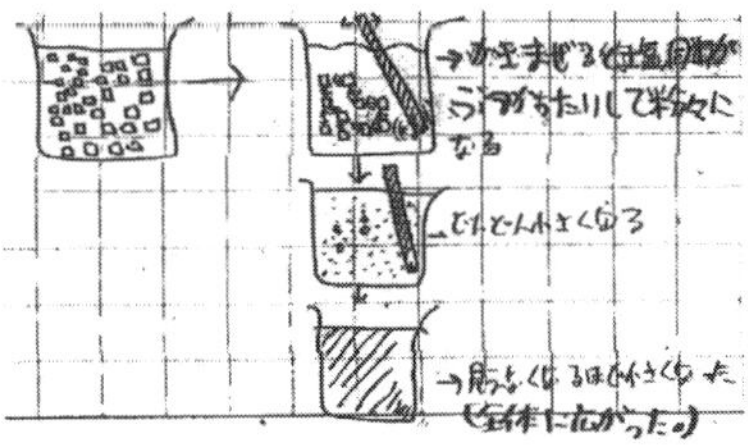

たりして粉々になる→どんどん小さくなる→見えなくなるほど小さくなった。全体に広がった。（B・K）

○

目（肉眼）じゃ見えないほどの細か～いつぶになっていると思う。それが全体にひろがってると思う。（K・H）

○

塩は完全にとけずにすごく小さくなっただけで、全体に広がっていると思う。人には見えないほどの、ほんとうに小さくなっているんだと思う。

塩は広がっているから、多分、塩の味がするのだと思う。

じょう発させると塩だけになって水分がなくなるから、塩が水をふくんでいるのではないかと思う。

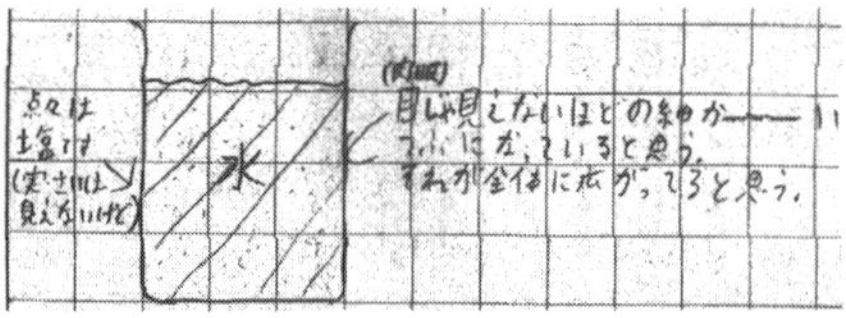

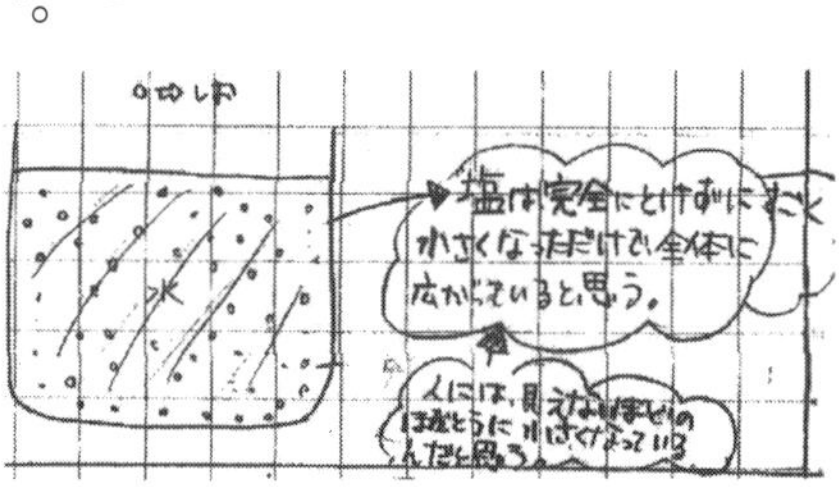

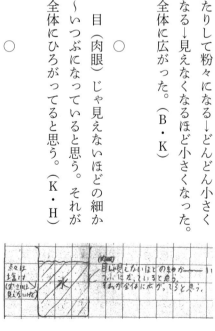

（K・S）

○

私は、この前の学級通信で○○○くんが言ってたように、塩は小さなけっしょうがあつまってできていると思うので、水に塩を入れたらそのけっしょうがばらばらになって、肉眼では見えないだけだと思います。

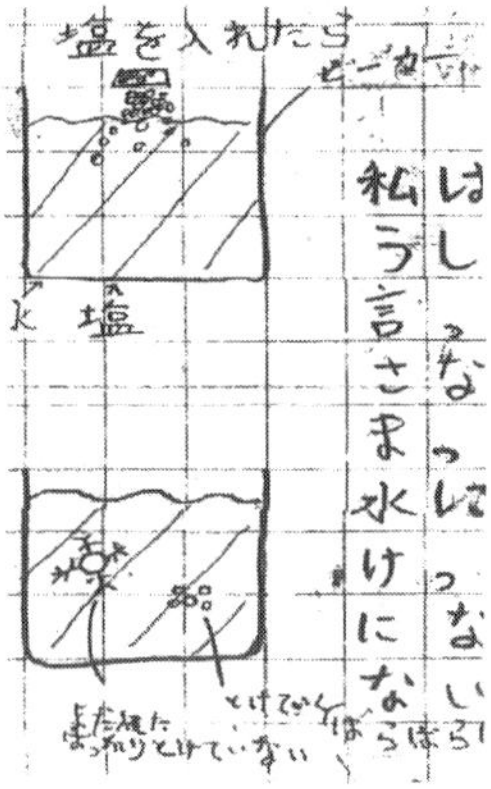

すべてとけたら（けっしょうではなくなったら）、つぶつぶ（塩）は水の中にばらばらになってぷかぷかさまよっている。（J・M）

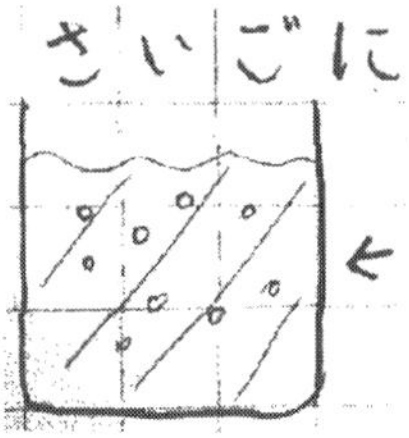

○

目に見えないくらいのつぶつぶになってると思う。多分。（K・A）

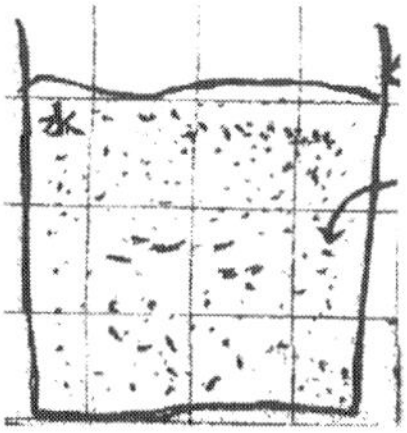

○

水にとけた塩は、クラゲみたいに、水の中で浮遊してるのだと思う。前回言ったように、塩が見えないくらいになって、塩が見えなくなった。塩水がしょっぱいのは、そのこまか～くなった塩のつぶが水といっしょに指についたから、しょっぱくなったんじゃないかと思います。（W・T）

（7）「もののとけ方」パート7

実験5で、100㎖の水にミョウバンを溶けるだけ溶かしました。もうこれ以上溶けないというまでミョウバンを入れたのです。つまり、水に溶ける量には限りがあるという学習です。

そのミョウバンの水溶液にもっとミョウバンを溶かすことは出来るのだろうか？　という問題が、実験6です。

〈実験6〉
実験5の水溶液の温度を上げる。
ミョウバンはもっととけるだろうか？

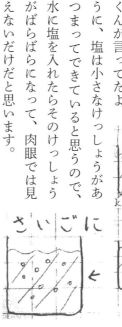

「もっとミョウバンをとかすにはどうしたらよいか?」という問いに対して、「水をもっと入れる。」という意見が出ました。たしかにそうです。そこで、水の量を変えないでという条件をつけると、小昏さんが「お湯を使う。」と答えました。そこで、この実験6となったわけです。

実験6が終わった後の水溶液を冷やしてみるという実験も付け足してやってみました。

○

〈予想〉

とけると思う。

〈理由〉

お湯でとけるものがいろいろあるから、とけると思う。例えば、カレー粉、ココアなど。今の例の2つとも固体でかたいやつだから。

〈結果〉

34はいまでいって、とけた! ふっとうしてから入れると、何もしないでもとけてしまった!! ビックリした! 片づけをしているとき、金あみの上に、蒸発されたらしいミョウバンを発見した。ふつうの時よりも色が白く、大きかった。さとうみたいだったよ〜。ビーカーを見ると、100㎖だったはずの水がへっていた。

火を止めて少したつと、上にまくができてきたと思ったら、結晶ができて落ちてきた。水で冷やすと、さらに増えた! なぜかというと、あたためる前の入れた数(10はい)を入れたままあたためてもっとミョウバンを入れたので、冷やしたらそのミョウバンが出てきた。(K・A)

○

〈まとめ〉

温度を上げると、ものすごくとけた。そして、80〜90℃くらいになると、3秒に1ぱいとけるのでびっくりした。

水はとう明になったので↓とけた。

後からだんだん、ミョウバンの結晶が落ちてきた。ダイヤモンドダストっぽかった。(B・K)

○

〈予想〉

　もっととけると思う。理由は、例えば、紅茶で熱い紅茶と冷たい紅茶があったとして、固体のさとうを入れると熱い紅茶ではジワァ〜ととけるし、冷たい方ではすぐにはとけないとけにくいから、ミョウバンも同じかなぁ〜と思った。

〈まとめ〉

　どんどん熱くなっていって、15℃〜90℃以上まで熱くなるなんて思っていませんでした。90℃近くになると、ミョウバンを入れたらすぐにしゅわあああぁとすぐなくなっちゃう!!「え〜、はやっ。」と言う間にもうなくなった！　もっととける？　ぎもん。（W・A）

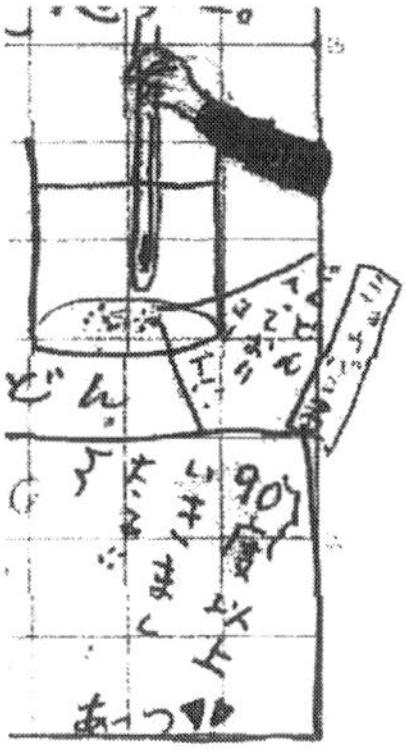

○

〈発見・感想・ぎ問〉

　前は水で12はいとちょっとで、今回のお湯は13ばいとけました。予想はあたり！　13ばい目は60℃で14はい目からはどんどん温度が上がっていった。ビーカーにミョウバンを入れると、サァーっととけていた！　前の実験と違って何十回とかきまぜなくてもミョウバンはとけていた。そして、ビーカーを水にぬらして冷やすと、ミョウバンが底と表面にでてきた！　ビックリ！（S・U）

○

〈結果・感想・ぎ問〉

　最初は少しずつとけたけど、67℃くらいいったら、すっごく大量にとけはじめました。77℃〜87℃までの間は、なんか10ぱいもとけました！　予想ははずれてしまったけど、温度が上がると大量にとけるということが分かってよかったです。でも、「温度が上がってお湯になっても、とける限度はあるのかな？」と思いました。

　アルコールランプを消してしばらくしたら、ビーカーの中にさっきまでなかったかたまりがある！　自分の考えは、水のままだったらとけなかったミョウバンがとけていて、冷めたらそのとけないはずのが出てきたと思う。つまり、温めてから入れたミョウバンが出ていたと思う。かたまりが出てくるときは、上から落ちてくるように出てくる。（K・T）

○

〈結果〉

・とける！

　とけた後のビーカーの中を見てみると、塩をとかした時みたいなオーロラ（カーテン）がドロドロとビーカーの中にいた。とかしている時、とけるペースが、5秒、7秒など10秒以内でとけていた。ぎ問…でも、どうして温度を上げると、もっととけるのだろうか。そして、とけるのが速いのだろうか。

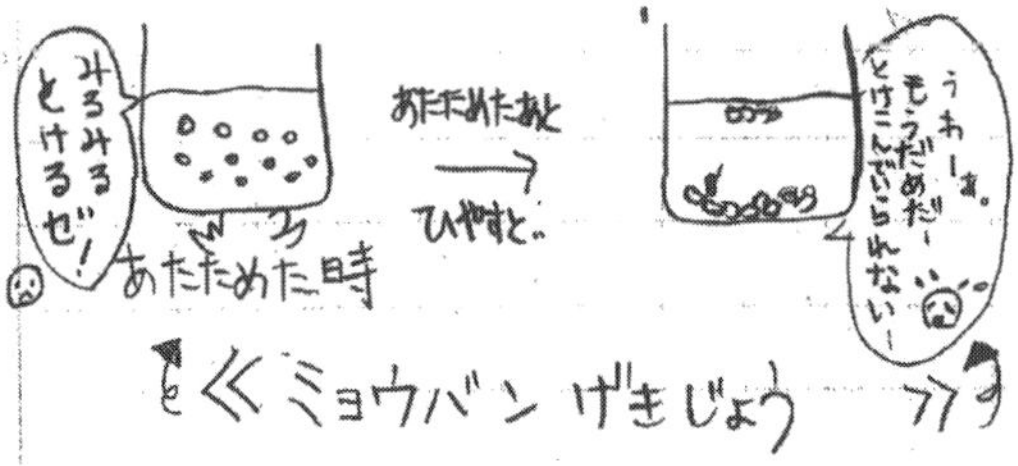

ところが…5分、10分とたってから見てみると、ミョウバンのつぶが出てきた。底と水面にたまっている。冷やしてみると、つぶ（ミョウバン）が、みるみるうちに出てきた！　そのつぶは巨大化して出てきていた。

　どうやら、温めてとかしたミョウバンを冷やすと、温めてとかした分が出てくるらしい。つまり、温度によってとける量は変化するみたい。（T・U）

○

〈予想〉

　とけると思う。

〈理由〉

　今、水の中に入っているミョウバンは残っていて、かきまぜてもダメ。お湯にすればとけると思う。なぜなら、水の中に残っているミョウバンは、水をあたためると、水の中に入っているミョウバンが水とまじり、どんどんミョウバンが入れられるようになる。水がお湯になるから。

〈まとめ〉

　ミョウバンは水の中で残ってたけど、水をあたためるとけていき、水の温度も上がっていき、どんどん温度が上がるととけるはやさもあがる。変化は、水の時は8はいしかとけなかったのに、アルコールランプを消すときは26はい目までいき、すごいいきおいでとけた。つまり、水が変化すると、水の中に入っている薬品も変化する。（K・S）

○

〈結果〉

アルコールランプで温度を上げ、かきまわすと、とける量が25はいもいって、アルコールランプを消してから見ると、ビーカーの上からどろどろしたのが下に行っていて、ビーカーの中を回っているように見えた。ミョウバンは温度を上げるともっととける量が増えるということが分かって、25はい以上もとけると思う。

しばらくしたら、ミョウバンが少しうきあがってきた。下にもミョウバンが出てきた。それはガラスのかけらのようになっていた。ビーカーを水でぬらしてもっと冷やしたら、今度は、ミョウバンが大きくなっていた。（D・M）

○

〈発見・感想・ぎ問〉

とけるのにかかった時間は約1分。ミョウバンをビーカーに入れたら、すぐにサーッととけた。水でとかすときと比べて、すごいスピードでとけていって、前の実験よりとても楽にとかすことができた。

水で冷やすと、最初は少ししか見えなかったけど、3分ぐらいしたらたくさんミョウバンがビーカーの底についていた。横から見るとたくさんあるように見えたけど、上から見ると横から見たときより少なく見えた。（H・Y）

○

〈結果〉

とけるよになった。ものすごいいきおい！　70℃くらいをこすと、5秒くらいで全部消えるようにとけていって、ミョウバンを取りに行くひまがなかったくらいです。あまりにいそがしかったので、テーブルにいっぱいこぼしてしまった。

最後に、ミョウバン水を冷やしてミョウバンのつぶがいっぱい出てきたとき、あの神秘的なものが出てきてとてもおどろきました。またまた、科学ってすごいなーと感心させられてしまいました。（W・T）

○

〈気づいたこと〉
・90℃をこえたら、なかなかこえなかった。
・温度を上げるにつれて、どんどんとけが速くなった。
・6分間で約29はいとけた。
・まだまだ水があるかぎりとけそうだ。

〈冷やすと〉
・ミョウバンの結晶が落ちてきた。
・いっきに冷やすと、ポロポロとたくさん落ちた。なんでだろう？

〈まとめ〉
・とけにかぎりがある。
・とけかたはいろいろちがう。

☆結晶ができるのは、冷やすと出てくるという。

時間	始め	1分	3分	5分	6〜7分	8分	8〜9分	11分	(6分間)	17分
温度	17℃	26℃	59℃	68℃	76℃	81℃	86℃	91℃		94℃
様子	とけのこり 粉[illegible]	とけのこりなし。	30秒ほどでとけた。	さっきより速い。	さっきと同じ	10秒でなくなった	3秒ぐらいでなくなる	同じぐらい。	大変[illegible]	また いっしゅんで
はい数	今まで9はい		10	11	12	13	14	17, 18	29	47

〈感想〉

ドンドンとけてくから、水がなくなんないかぎり、とけなくならないとおもったけど、温度と関係があるから、ビックリした。（I・M）

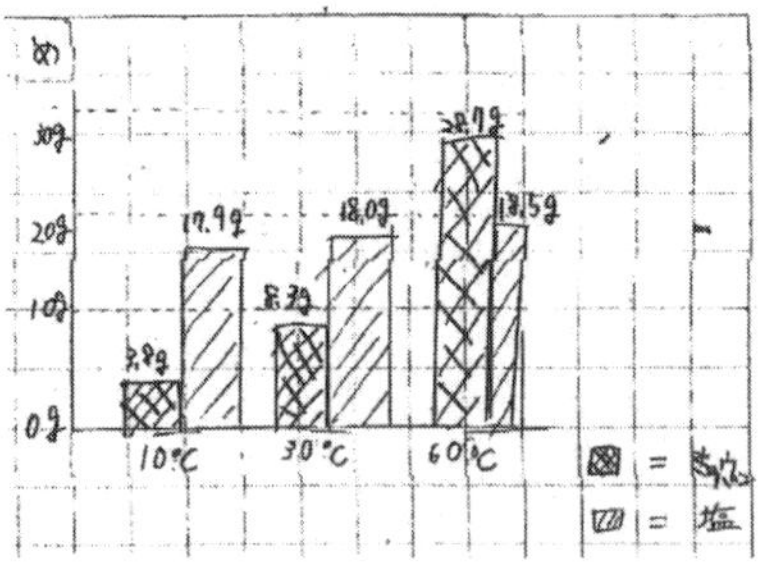

（8）もののとけ方　パート8

さて、この授業もいよいよ大詰めを迎えています。問題2でほとんどの子どもたちは「塩は水の中でちらばっている。」と考えました。そこで、その考えをゆさぶるために、問題3を考えさせました。

〈問題3〉
塩の水溶液を1日そのままにしておきます。ちらばっている塩はどうなるでしょう。

この問題を提示した時、子どもたちはきょとんとしていました。問題の意味が分からなかったようです。「塩を溶かした後、塩は全体に散らばっていると考えた人がほとんどだった。そのビーカーを1日そーっとしておく。そうすると、散らばっていた塩はどうなるのだろうか？」と問い直しました。

〈子どもたちの予想〉
（1）上に浮く。6名
（2）そのまま散らばっている。2名
（3）下に沈む。24名

（1）の上に浮くと考えた子の理由は、「水の中に物を入れた時に物が浮くのと同じように、塩も時間がたつと浮かぶ。」「多分、塩は水より軽いから。」と考えたようです。

（2）のそのまま散らばっている、は特に理由は無いようです。「熱も何も加えていないから。」「ぜったい散らばってる。何が何でも散らばってる。」程度でした。

（3）の下に沈むは生活経験からの物が多く出ました。また、塩の重さを問題にする子もいました。

さて、次の日、ラップをして静かに置いておいたビーカーをみんなに見せると、子どもたちは驚いていました。まったく変化したようには見えないのです。子どもたちは、塩が上や下に見えるように出てきていると考えていたようでした。そのビーカーを見ながら、子どもたちは考えを変えていきました。

〈子どもたちの考え〉
（1）上に浮く。8名
（2）散らばっている。18名
（3）下に沈む。7名

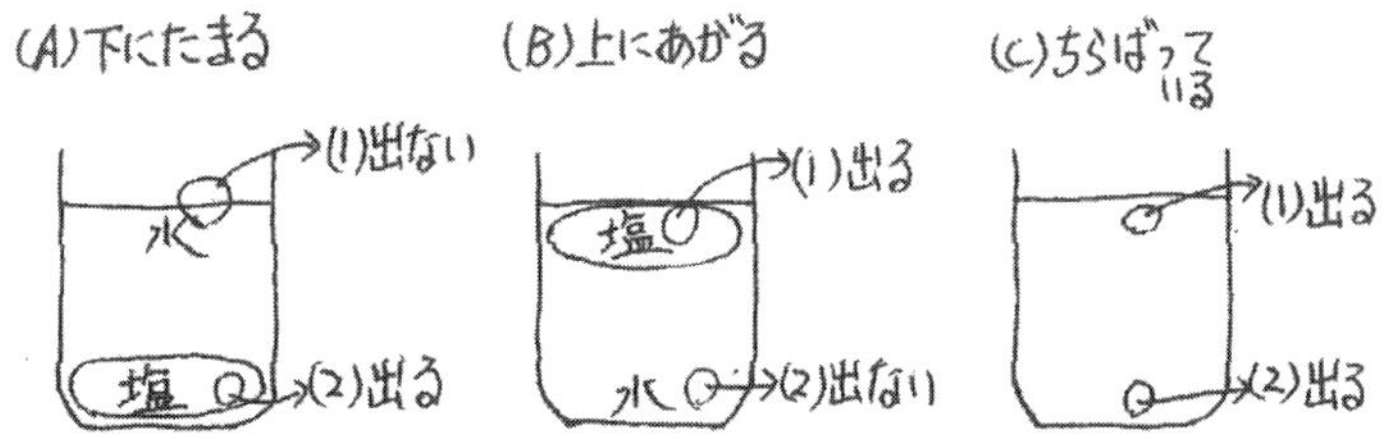

となりました。

　そこで、下の図のようにまとめ、実験をしました。

○

〈結果〉

　やっぱり散らばっていた！　ピース！　ビーカーの水面の所の水と、底のほうの水をピペットですいとってじょう発させたら、塩が両方のじょうはつ皿の底にくっついていたのだ〜。(W・T)

○

〈予想〉

　ちらばっているに変こう！　色も全体的に同じだし、水にとけているんだから全体にちらばっていると思う。海の水だって底だけしょっぱいわけじゃない！

〈結果〉

　ちらばっていた！　じょう発皿に水を入れてじょう発させたら、最初は上が先にじょう発されていたから、まちがっていたと思ったけど、時間がたったら、両方ともまわりに塩がついていた！　なので結果は「ちらばっている」(K・U)

○

はじめは「下にたまっている」だったけど「ちらばっている」にかえました。

★

いどうした理由は、1日たったビーカーの中を見たら、あわだけで、あとはとうめいだったので、下にもたまっていないと思う。ちらばっているから、全体に広がって、味とかがまんべんなくなっていると思うから。

　結果発表〜！

　上も下もどっちも出た！　つまり、ちらばっていたということ！　でも、上の方が早く塩になって、下は少し時間がかかった。

感想
　あとから、ちらばっている方にかえてちょっとラッキーだったと思います。さいしょは、下の方が時間がすごくかかったから、とけてないかと思ったけど、とけていたので、うれしい！　ちらばっているから料理

の味も、いろんなところにちらばって、おいしい物がつくれるということが分かりました!!（K・S）

○

〈予想と考え〉

うかぶと思います。前の考えで、肉眼じゃ見えなくなったと書きました。見えなくなるということは、小さくなっている。小さくなっているということは、重さも変わっている（軽くなっている）から、水面にうかぶと思います。

〈結果〉

ちらばっていた。予想とちがった。①と②をじょう発させたら、両方から塩が出てきた。まさかあんなにいっぱいでるとは思いませんでした。やっぱ実験はおもしろいなあと思いました。（K・H）

○

〈予想と考え〉

下に落ちてたまる。

〈理由〉

ずっとういているのはへんだからです。重さもあるので下にたまると思います。さとうなども時間がたつと下にたまったからです。

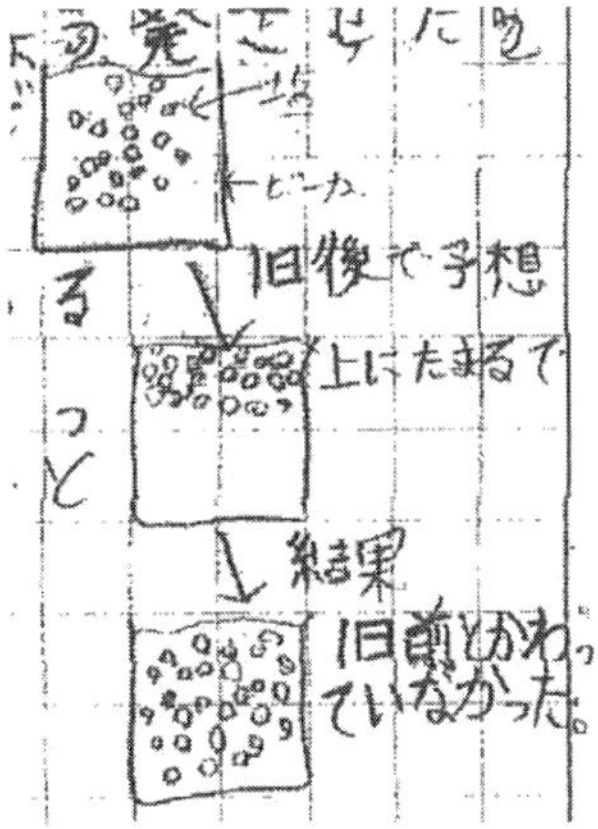

〈2回目の予想〉

上にたまっていると思う。

〈理由〉

ういてきそうな気がするから。

〈結果〉

水の中でちらばっていた。ちらばっているなんて思ってなかった。予想ははずれたけれど、水の中でちらばっていることが分かったのでよかったです。じょう発させたら何でも分かるんだな～と思った。なんでちらばっているのかな？（N・A）

○

〈予想と考え〉

ビーカーの底にたまる。

〈理由〉

塩がとけこんでいるところはふつうの水より少し重いと思うから、そっと置いておくとビーカーの底にたまる。（1）の人は塩の方が水より軽いと思っている？ 私は塩の方が重いと思う。

〈2回目の予想〉

散らばっている！ 塩はとけたら水と同じ重さになると思うから、上にも下にもいかない。

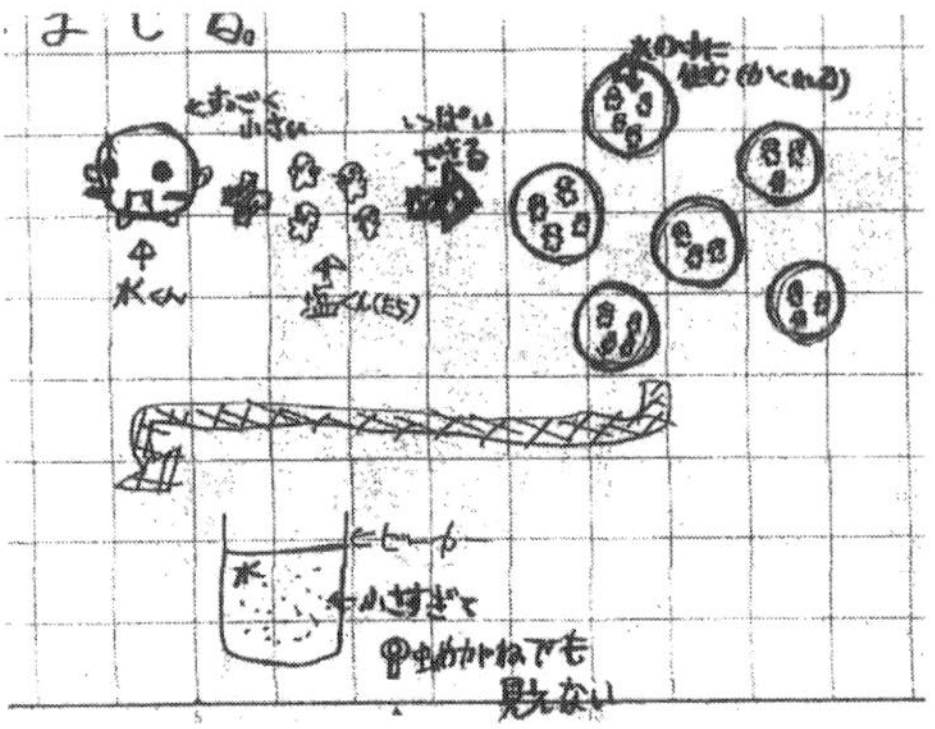

〈結果〉

上も下も両方とも塩が出た。つまり塩は1日置いておいても散らばっている。

〈例〉

海も同じように上でも下でもしょっぱいから、この実験のとおりだった！（I・S）

○

〈予想と考え〉

下にたまる。ビーカーの底。

〈理由〉

最初入れたときは、水をかき回して塩に水が勢いよくぶつかるだけで、そのままにしておくと、水は回らないから、塩にどんどん水が入って（塩が水を吸収する）重くなって、下に（ビーカーの底）落ちてたまる。

〈2回目の予想〉

「下にたまっている」から「ちらばっている！」

〈理由〉

塩は水にとけると水と合体しているから。

〈結果〉

上も下もでてきた！ やはりちらばっていた!!

（K・A）

○

〈結果・感想〉

ちらばっていた。しかし、まだぎ問に思う。ぼくはちらばっていると考えたが、物は水に入れるとしずんだりういたりするのに、なぜ塩はちらばるのか、変だなーと思う。あと、なぜちらばるのかも気になる。まだまだぎ問はあって、大きさや形（そのちらばっている人に見えない塩）や重さも気になる。この実験で分かったことは、水の中に入った塩は分散されちらばっているということ。（Y・R）

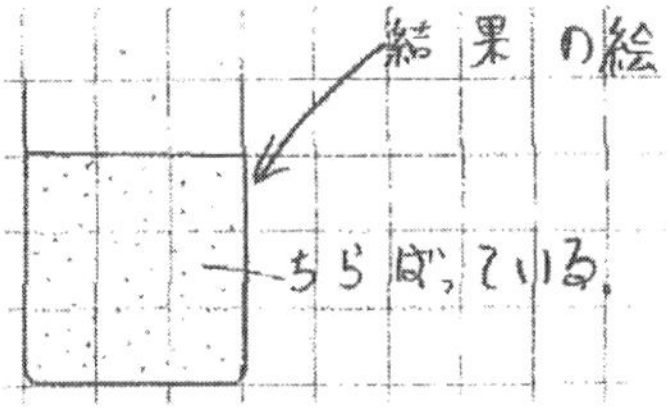

○

〈結果〉

上にも下にも塩があるということは、真ん中にもあると考える。多少の差はあったけれど、両方ともあるということが分かった。予想ははずれたけれど、よかったと思いました。結果はちらばっている。どうしてちらばっているのだろうと思いました。この問題は、けっこうむずかしかったです。（D・M）

○

〈予想・考え〉

下に塩がたまる？　ぜんぜん分かんないよ〜！

〈2回目の予想〉

ちらばっている。はじめは「下にたまっている」だったけど、あとから考えてみると、「ちらばっている」の方があっていると思う。だって、『水の水の中』にあると思っているからである！（くわしくは2／23（木）のノートを）

〈結果〉

どっちもでた＝ちらばっていた。

〈感想〉

『水の水の中』があってた。ちゃんと自分の考えがあっててよかった!!（I・M）

○

〈結果〉

自分は上の意見で、上じゃなかったら下だと思っていて、ちらばっているというのが結果でビックリしま

した。なぜちらばったかという理由は、自分でもなんとなく分かったけど、まだ理解できないところがあります。（K・S）

○

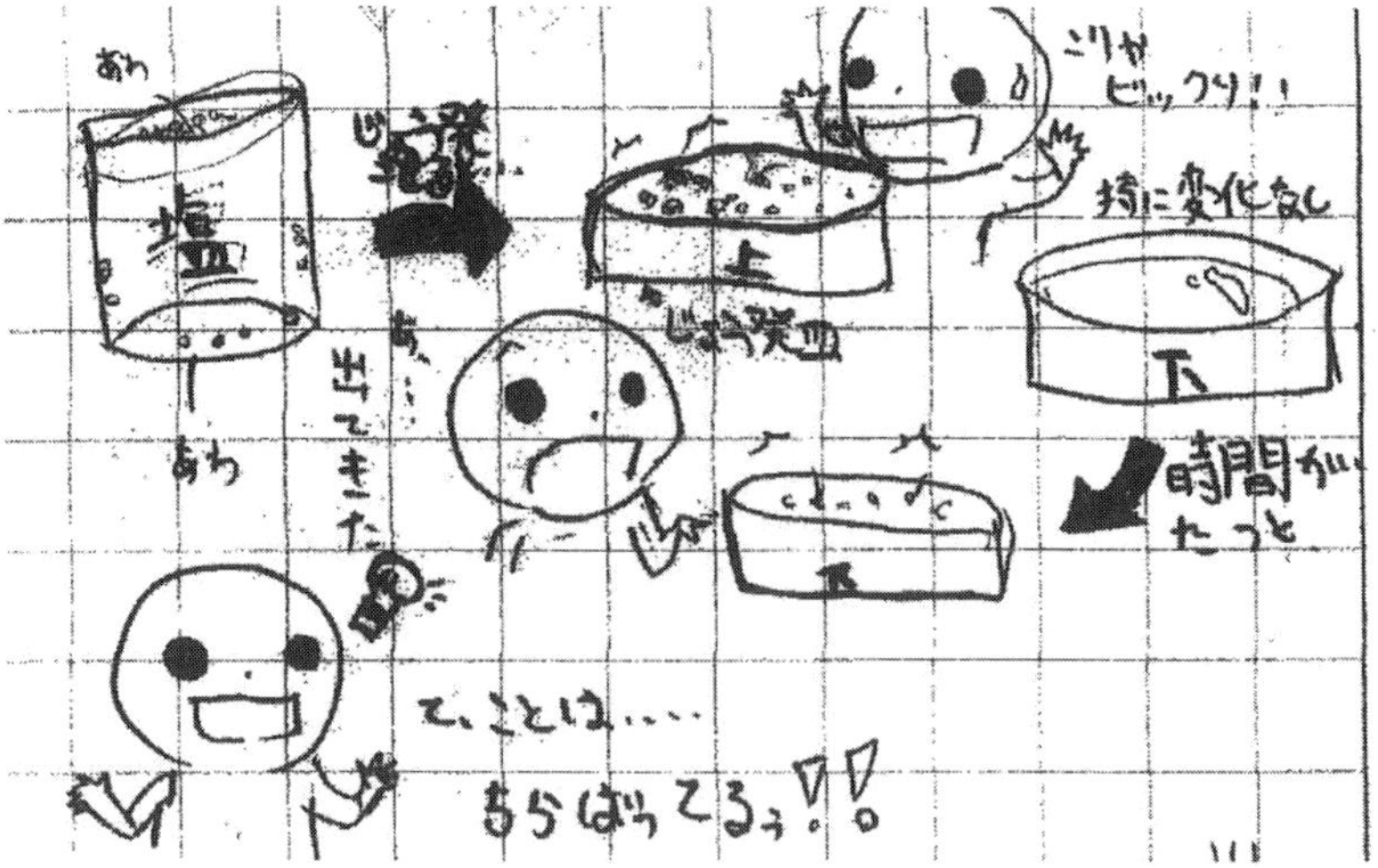

（W・A）

（T・K）

○

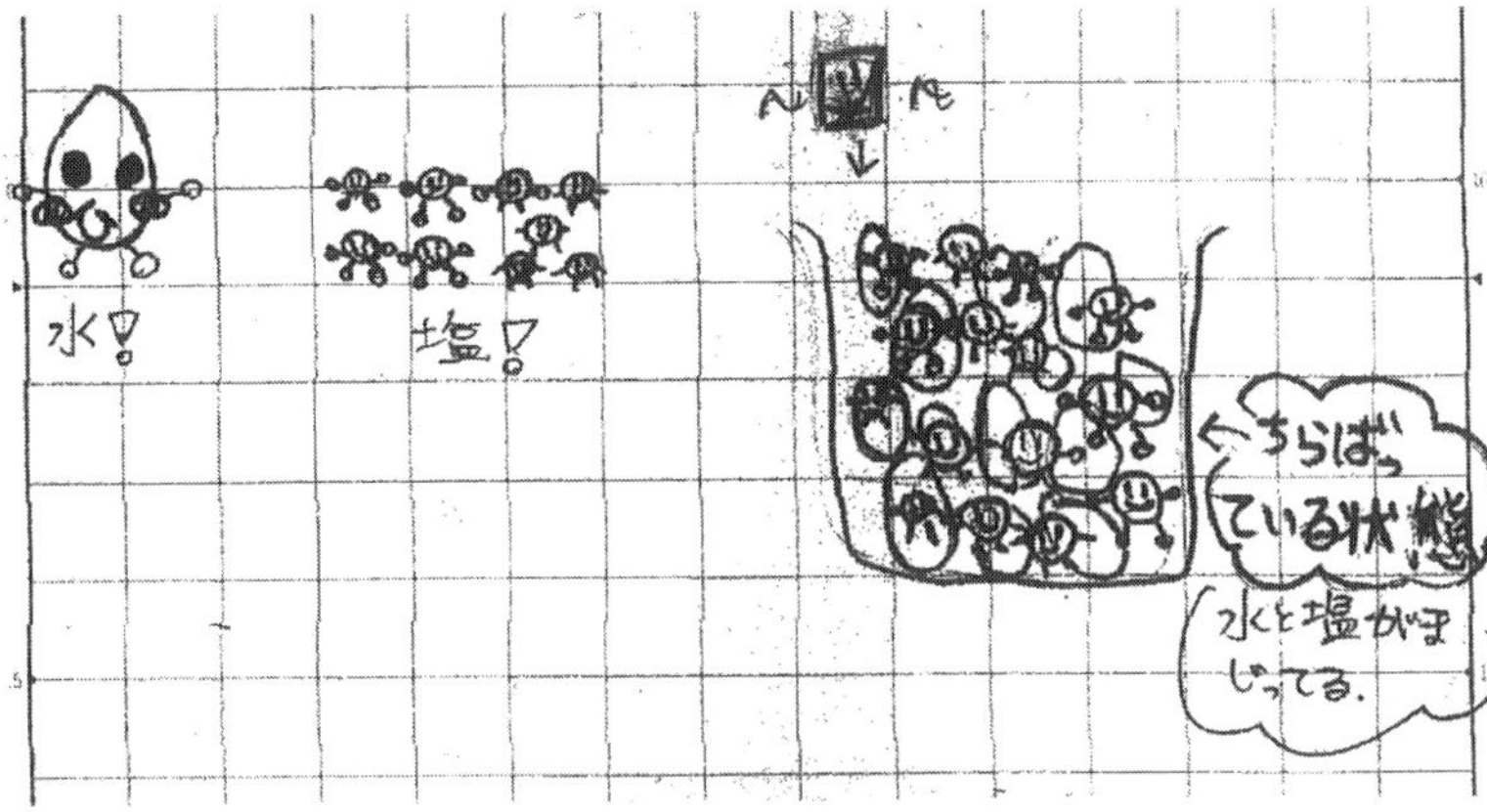
水！
塩！
←ちらばっている状態
水と塩がまじってる.

「水溶液の性質」（六年）の授業

Ⅰ．教材の解釈と自己評価

1．この教材に対する基本的な考え

①「気体（泡）は何か」とか「白い粉の正体は何か」と子どもたちに追求させると、分子論に必ずいきつく。小学校段階では違うアプローチの仕方があると私は考えるので、分子論的な考え方が出ないように組んだ。いろいろな酸を使い、金属を使い、身の周りにある物を使って、いろいろな現象について考えるという方法をとった。

②この子たちは、5年生のもののとけ方の授業で「物が水に溶けるということは、水溶液が透明になること、その水溶液から蒸発乾固でその物がそのまま取り出せる」という現象と論理を学んできた。酸に金属が溶けるということを、溶解の延長として入っていき、溶解と化学変化の違いを明確にしたい。つまり、溶解では溶けた物は蒸発乾固で取り出せるので、「酸に金属が溶けたのだから、蒸発乾固で確かめたい」と考える子が出てくるのではないか。その考えを生かしたい。

③化学変化については、金属マグネシウムを溶けるだけ溶かすという実験で考えさせたい。

④子どもたちの考え方を発言やノートから聞き取り、子どもの思考を発展させるように、実験の順番や種類を決めていきたい。

2. 自己評価とその理由

大変おもしろかった。授業としてうまくいったと思う。

(1) 子どもたちは丁寧な実験をし、ノートに記録し、よく考えていた。子どもたちは動いた。

①子どもたちは、次の実験を楽しみにしていた。理科が大好きになった。年賀状に、いつもは「私は頭が悪いからスポーツをがんばるの。」と言っていた子が「勉強、特に理科をがんばりたい。」と書いてきていた。
②酢酸マグネシウムを蒸発乾固で析出したときに、「先生、磁石を貸してください。」と言いに来た班があった。そして、「どうやったら元の金属マグネシウムと同じかどうかを調べられるか」と聞くと、①磁石で調べる②酢酸に入れる③水に入れるの3つが出た。特に、磁石と水に入れるという意見には感動した。子どもたちからは出ないだろうから、私の方から出そうと考えていたから、特に感動したのかもしれない。
③たった一人でも自分の意見を主張する子が出た。「酢酸に金属マグネシウムを溶かして出てきた白い粉は、マグネシウムか？」と子どもたちに問うたときに、ほとんどの子はそくざに「違う。」と答えたにもかかわらず、S君は「そうは思えない。」と手を挙げて発言した。
④「酸はすっぱい。酸は金属を溶かす。ならば、すっぱいレモンは金属を溶かすだろう。」という考え方ができるようにと私は願っていたが、そういう考えを持つ子が出てきた。
⑤「十円玉が溶けるのに、なぜ銅は溶けないのか。」と、自分の今までの知識と比べて実験を考えている。子どもが自分の生活経験（本音）を出してきている。
⑥早い段階から「蒸発乾固で確かめたい」という考えが、いろいろな子から出てきていた。
⑦いろいろな金属を塩酸に入れて1日おいておいた（変化のない金属が本当に溶けないのかを確かめるた

めに）実験で、スズの表面が少し変化しているのを見て、「少しは溶けるのではないか。」という子が出てきた。授業では溶けない方に入れて整理したが（微量とけるというと混乱してくるだろうと考えたので）、この子の観察の方が正しい。

⑧実験記録が詳しくなり、実験が丁寧になり、それらの実験の結果に驚いていた。化学変化という現象に子どもたちは本当に驚いていた。

（2）子どもたちは、酸という物の働きを理解し、溶解と化学変化の違いを現象面で認識した。

酸について幅広く理解させたかった。「酸には、固体の酸、液体の酸、気体の溶けた酸があること」「酸は水溶液になって初めて酸の力を発揮すること」「酸水溶液は水に溶けないいろいろな金属（多様性）をとかす（化学変化）こと」「酸水溶液はは錆を溶かすこと」「化学変化を起こしているときは、気体（泡）、熱が出ること（溶解との違い）」「化学変化とは、酸も金属も変化してしまい、元の金属や酸は取り出せないこと（溶解との違い）」

（3）酢酸とマグネシウムの実験は有効である。

＊広島県太田小学校の最後の公開研究会のとき（塩酸を使い試験管でやっていた。）、子どもたちは「熱い、熱い。先生、温度計貸して。」と動いていた授業であったのが印象的であった。また、川島環先生はビーカーでやっていたので、それを使った。

＊「塩酸＋金属マグネシウム」にするか「酢酸＋金属マグネシウム」にするか迷ったが、酢酸の方が味でも確かめられるということで有効であった。

＊ビーカーを使うか試験管を使うかは、ビーカーの方が有効であった。（マグネシウムの量、温度の変化…温度計が壊れるほど高熱になった、味をみる等）

＊「酢酸に金属マグネシウムはいくらでも溶けるか。」という問題は、常識的には「溶解と同じで限界がある。」と考えるが、実際に溶かしていくといくらでも溶けるので子どもたちは実験をしながらゆさぶられてくる。

Ⅱ．授業と子どもたちの様子

1．ねらい

（1）物質の変化に焦点を当てて追求させる。（溶けるということ）

子どもたちは、溶解の授業（5年）で質量保存について学習してきた。水に物が溶けるということは、①透明になること②蒸発乾固でその物を取り出せるということ、である。その発展と考えて、水に溶けない金属が酸水溶液には溶けた（透明になる）という事実から、化学変化という現象に迫りたい。（溶解……透明、蒸発乾固で元の物質が出る。水も変わらない。酸に溶けた……透明、蒸発乾固で違う物質が出る。溶媒も変わる。気体が出る。）

①水に溶けない金属などを酸は溶かす。
②溶解と違い、酸に溶けたものは、ふたたびもとの物質としては取り出せない。
③酸も金属も変化してしまう。
④熱と気体が出る。

（2）酸のはたらきを中心に扱う。アルカリ性は酸性を弱めるはたらきであるとおさえ、中和も化学変化であることを押さえる。

2．授業の記録

【ねらい、その1】

○5年の溶解と比較させる。
○酸は水溶液になってそのはたらきをする。
○味はすっぱい。

（1）固体の酸で実験

〈実験1〉
薬品A（クエン酸）は水にとけるか。

＊溶解から入った。

〈実験2〉
薬品Aの水溶液に、チョークを入れる。

＊水に溶けなかったチョークが泡を盛んに出して溶けていくので、子どもたちは驚いていた。

〈子どもたちのノートより〉

5年のときにやった実験では、チョークは溶けなかったはずなのに、薬品Aの水溶液に入れたしゅんかん、シュワッと溶けていきました。

すごく小さいあわみたいなのが、下から上へ上がっている。よく見ると、水面から1cm～2cm位にかけて、そのあわみたいなやつが上に上がっていました。

〈実験3〉
薬品B（酒石酸）の水溶液をつくる。そこに金属マグネシウムをいれる。

〈子どもたちのノートより〉

薬品Bをとかした液の中に金属マグネシウムを入れると、マグネシウムが白くなり、あわが出てくる。実験2とちがって、下の方はとうめいで、マグネシウムのところだけが白くにごっている、下のとうめいの所は温度が低く、白くにごっているところは温度が高くあったかい。

実験1のと実験3のとは、とてもあじがにていた。

（2）液体の酸で実験

〈実験4〉
氷さく酸と希さく酸とでは、どちらのほうが金属マグネシウムをはやくとかせるか。

〈子どもたちのノートより〉

水でうすめた酸（きさく酸）のほうがはやくとけた。最初入れたときは、あまりあわを出さなくて、あとから希さく酸に入れたほうの金属がういた。それは、金属がとけだして、かるくなったからだと、班で考えました。あと、水でうすめていない酸にくらべて、きさく酸の方が大きいあわを出して、とけかたが激しかった。氷さく酸の中でマグネシウムはしずんで黒っぽい色をしていた。

【ねらい、その2】

○リトマス紙で身の周りにある物の中から酸性の物質を探し出せる。

○酸性の物は酸っぱい味がする。

〈実験5〉

リトマス紙で、クエン酸、酒石酸、さく酸を調べる。いろいろな物をリトマス紙で調べる。

〈子どもたちのノートより〉

レモン汁は、もうつけたらすぐピンク色になった。ぼくは、バスクリンが酸性になるのかなと思っていたけど、予想がはずれて、酸性ではなかった。レモン汁をうすめて、マグネシウムを入れると、かなりはやくマグネシウムがなくなると思う。

酸性というのは、しるや液が酸性になるのが多いんだなと思った。消毒のやつ（マキュロンが酸性になったそうです）は、ぼくは少しすっぱいのかなと思いました。今まで、クエン酸とか酒石酸のこなとかやってきてすっぱかったから、すっぱいのかなと思いました。

【ねらい、その3】

○塩酸は金属とさびを溶かす。

○そのときに泡が出る。泡が出ていれば、溶けている。

〈実験6〉

塩酸に、スズ、亜鉛、アルミ、銅、さびたくぎ、石灰石を入れる。どうなるでしょうか。

〈子どもたちは〉

・石灰石はあわを出し、小さくなっているので全員が溶けていると考えました。ほとんどの子が石が溶けるということに大変驚いていた。子どもたちには強烈な印象を残した。

・銅、スズは変化がないので溶けないと考えている。

・さびたくぎは、さびが落ちた、くぎは溶けないと考えている。

・アルミの変化には驚いていた。アルミ箔を使ったので、最初は変化せず、しばらくたってからいっきに溶けていた。温度も上昇し、湯気が出ていることに子どもたちは驚いていた。

・亜鉛は意見が分かれた。あわが出ているだけで、外側の銀色の所だけ溶け中の亜鉛は溶けていないと考える班があった。

そこで、そのままビーカーを次の日までおいておくことにする。すると、亜鉛は全くなくなり、くぎのさびも溶けて水溶液に透明の色が付いており、くぎの先から泡が出ている。泡を出していれば溶けていると考えるようになった。

〈実験7〉
鉄粉を塩酸に入れる。

鉄が溶けることを鉄粉でもう一度確認しようと考え、この実験を入れた。

〈実験8〉
十円玉を塩酸の中に入れる。

「10円玉が溶けるのに、なぜ銅は溶けないのか」という子どもの疑問を扱った。

〈子どもたちのノートより〉
・私が一番びっくりしたのは、アルミのとけかたです。はじめは全然変化がなかったのに、20分たつと変化がはじまった。細かいあわが出始めた。25分で水じょう気みたいなのが出た。35分で、アルミはきえた。はげしくあわが出て、きえた。
・くぎはあわが出ていた。さびは全くなくなっていた。塩酸はさびをとかす。10円もきれいになった。これからは酢とかでさびをなくして再利用しようと思う。アルミはなくなっていた。アルミの中に酢を入れておいたらとけるのかな。
・とけたもの（水溶液）をじょう発させたらどうなるのかが知りたい。

【ねらい、その4】
○すっぱい物は金属を溶かす。

〈実験9〉
酢、レモン、うめぼしはすっぱい。では、金属マグネシウムを溶かすでしょうか。

【ねらい、その5】

○塩酸、さく酸など、気体や液体がとけた酸は、蒸発乾固で何もでない。

〈実験10〉
塩酸を蒸発乾固する。さく酸を蒸発乾固する。

酸を①固体が溶けた酸（クエン酸、酒石酸）
②液体が溶けた酸（さく酸）
③気体が溶けた酸（塩酸）
に分ける。

【ねらい、その6】化学変化の授業

○さく酸に金属マグネシウムを溶かせるだけとかし、その観察から、酸も金属マグネシウムも変わり、ちがう物質が出来たということを考える。

〈実験11〉
さく酸の中に金属マグネシウムを溶かしたら、いくらでも溶けるでしょうか。

〈子どもたちのノートより〉

3分後にとけた。すぐ2本目を入れた。どんどん白くなった。水面近くがあたたかい。3分後とけた。3本目を入れたら、すごくあたたかかった。水てきが上の方についている。ということは、気体が出ているということになる。

いっしゅんにしてとけた。あつくなった。85度くらいのあつさ。

35本目、とけるのがおそくなった。40本目、ゆげがでなくなった。ぬるくなってきた。最初ににおいをかいだら、はながつんときたけど、40本目では、においがつんとこなくなった。

水が白くなった。さわったら、どろどろだった。金属マグネシウムはさく酸にとけこんでいることが分かった。

さいしょのとき、すっぱかった。酸でとかしたら、にがくなってきた。

とけなくなった。味はかわっていたから、液の中にふくまれていると思う。ビーカーのやつを火であぶれば分かる。（M・J）

〈実験12〉

金属マグネシウムは、さく酸に溶けて見えなくなりました。この中には、もとの金属マグネシウムのままでいるでしょうか。

子どもたちは、
①形は違うが金属マグネシウムが入っている。（26人）
②入っていない。蒸発させると何も残らない。（5人）
③違う物が入っている。（2人）
と予想を立てました。

そこで、蒸発乾固です。

子どもたちは、この蒸発乾固の途中で、なめてみたり、さわってみたり、においをかいでみたりとしていました。そして、白い粉が出てくると、元の金属マグネシウムとは違うと考えるようになっていました。

白い粉が出た段階で磁石を借りに来た班がありました。

子どもたちは、この白い粉が何なのかを知りたがった。


〈子どもたちのノートより〉

ちがうものになった。白い固まった物と白い粉がでた。なめたら苦い粉薬みたいな味がした。

さく酸で、マグネシウムとはちがうとけ方をして、水にもとけた。両方ほとんどあわをださないでとけた。ぼくの意見は見事にはずれた。まさか、水でとけるとは思わなかった。今度、この白いやつがなになのか調べたい。（E・Y）

最初は、何も変化はなかった。ところが、約3分後、「じゅっわ〜ッ」と変な液体が出てきて、だいたい2分後、固まった。

これはいったいなんなんだろう？　マグネシウムな

のか？　それとも、何かほかのものなのか？　どっちにしろ、予想は、はずれた。

どうやらこれは、なにかほかのものだ。なぜかというと、水にとけたからだ。マグネシウムは水にとけないのに。じゃ、これはいったいなんなのか？　とても知りたいです。（O・S）

〈問題13〉

酢酸の中に金属マグネシウムを入れたのに、性質のまったくちがう白い粉が出てきた。もとの金属マグネシウムはどこへ行ったのだろう。


子どもたちは次の3つに分かれた。
①白い粉の中に入っている。
②マグネシウムが白い粉に変化した。
③気体になって出て行った。

〈問題14〉

金属マグネシウムを溶かした液の中に、さく酸はあるでしょうか。


子どもたちは、当然あると答えます。そこでリトマス紙で確かめると、全く変化しないので驚いていました（酢酸マグネシウムはすっぱいにおいがするので）。


〈問題15〉

金属マグネシウムを溶かした液にリトマス紙をつけてみたら変化しなかった。さく酸はどこへ行ったのでしょう。


問題13、14、15とつなげて考える。

（3）気体の酸で実験

〈実験16〉

炭酸水を調べる。

（4）アルカリの実験

〈実験17〉

水酸化ナトリウム水溶液は、アルミニウム、鉄粉、銅、石灰石、金属マグネシウム、亜鉛をとかすでしょうか。

〈実験18〉
アルカリ性の物を探そう

〈実験19〉
酢酸（酸性）とアンモニア水（アルカリ性）をまぜる。

子どもたちは酸性とアルカリ性が働き合って、お互いの力が弱くなると考えた。

〈子どもたちのノートより〉
酢酸約１７５ccとアンモニア水約２２５ccで、中性ができました。中性をつくるとちゅうから中性になった後まで、ビーカーが少し温かくなっていた。酢酸の強いにおいはそんなに強くなくなって、アンモニアの強いにおいも弱くなっていたようだった。変なにおいになった。アンモニアを入れているとちゅう、ゆげがでていた。（Y）

〈実験20〉
実験19で作った中性の液を蒸発させます。どうなるでしょうか。

中和も化学変化であり、酢酸でもアンモニアでもない物質ができる、ということを押さえたかったが、酢酸アンモニウムがあまり取れなかった。

子どもたちは、「アンモニアは気体のアルカリだから、じょう発させたら何も残らなかったし、酢酸も、液体だからじょう発させたら何も残らなかったので、中性も何も残らないと思った。」と考えていた。

Ⅲ．学級通信「うめの花ひらけ」より

（1）『水溶液の性質』の授業1

今、理科で酸の学習をしています。昨日はこんな問題を考えました。

実験11
酢酸の中に金属マグネシウムをとかしたら、いくらでもとけるか。

〈子どもたちの予想〉
・いくらでもとける…7人
・とける量には限りがある…26人

〈いくらでもとけると考えた子の理由〉
①あわを出してとけているから、金属マグネシウムは気体になっているんじゃないかと思う。（S・M）
②さく酸の中に金属マグネシウムが入るのなら、さく酸じゃなくなってきて、とけなくなってくると思う。（S・M）

＊S・Mさんひとりで頑張っています。①で、S・Mさんは、泡に注目しています。そして、②で、酢酸の中に金属マグネシウムが入り込むなら、酢酸の液に金属マグネシウムが入るのだから、純粋な酢酸ではなくなり、金属マグネシウムを溶かすことが出来なくなってくるとも考えています。つまり、こう考えた場合は、途中で金属マグネシウムを溶かすことが出来なくなるということです。

〈溶ける量には限度があるという理由〉
③水に塩をとかして、そのうち溶け残りが出来たから。酢酸も液体なのでそうなると思う。（2人）
④物に限度があるのと同じように、酢酸が金属マグネシウムを溶かすのにも限度があると思う。（4人）
⑤何個も何個も金属マグネシウムを入れていったら、その酢酸に溶け込んだ金属マグネシウムが満ぱいになり、それ以上溶け込めなくなると思う。（2人）
⑥金属マグネシウムが溶けて、それが液体になって、酢酸がどんどんうすめられて、そのうちに溶けなくなると思った。金属マグネシウムが溶け込んで、酸の成分がうすめられる。（5人）
⑦金属マグネシウムをずっと溶かしていると、酢酸は金属マグネシウムの液になってしまうから、金属マグネシウムの液に金属マグネシウムは溶けなそうだから。

（１人）

⑧溶けたも物が溶かした物の中に入っていいるんだから、酢酸の量は減って、金属マグネシウムが溶けた液だけになる。だから、だんだん弱くなり、溶けなくなってしまうと思う。（１人）

⑨マグネシウムを溶かす酸でも、溶かす力が強い酸ととかす力が弱い酸とがあったように、さく酸も、最初は、溶かす力が強くても、溶かしていったらだんだん溶かす力も弱くなって、最後は溶けなくなると思った。（２人）

⑩どんどん金属マグネシウムを入れていくと、酸の力が弱まっていくと思う。だから、何個も入れると、最後には酸の力が非常に弱くなって、金属マグネシウムも溶かせない酸になっていくと思う。（４人）

⑪酢酸に金属マグネシウムを入れ続けると、１回溶かすたんびに、酸の成分が落ちるから（弱まるから）、溶かし続けることはできない。（２人）

＊③～⑧の意見は、金属マグネシウムの溶け方に注目しているようです。⑨～⑪の意見は、酢酸のほうに注目しているような気がします。微妙に意見が違いますので、詳しく子どもたちに聞き直し、違いを明確にして、一人ひとりの意見をはっきりとしたいと思います。

〈実験の結果・子どもたちのノートより〉

３分後にとけた。すぐ2本目を入れた。どんどん白くなった。水面近くがあたたかい。３分後とけた。３本目を入れたら、すごくあたたかかった。水てきが上の方についている。ということは、気体が出ているということになる。

いっしゅんにしてとけた。あつくなった。85度くらいのあつさ。

35本目、とけるのがおそくなった。40本目、ゆげがでなくなった。ぬるくなってきた。最初ににおいをかいだら、はながつんときたけど、40本目では、においがつんとこなくなった。

水が白くなった。さわったら、どろどろだった。金属マグネシウムはさく酸にとけこんでいることが分かった。

さいしょのとき、すっぱかった。酸でとかしたら、にがくなってきた。

とけなくなった。味はかわっていたから、液の中にふくまれていると思う。ビーカーのやつを火であぶれば分かる。（M・J）

1個目は入れたらすぐ白くなってすぐとけた。2個目も白になってすぐとけた。2個目の途中、ゆげがでてきた。3個目は前よりでっかいあわが出てきた。しかも、前より早くとけていた。4個目もあわがでかく、早くとけた。5個目も4個目と同じ。ゆげがでていた。ビーカーをさわったらあったかかった。ビーカーに水蒸気がついていた。6個目はすごいあわだった。7個目もあわがでかかった。8個目の時、ゆげがすごくでてきて、くさくなった。9個目から10個目はゆげがまえよりおさまった。あいかわらずよくとけている。

11個目も12個目も10個目とかわらない。13個目は1つが2つにぶんれつした。14個目はあわがでかくなくなった。けむりも前よりへった。15個目は14個目と同じ。ビーカーはあつい。16個目も同じ。17個目もとけるのがはやい。13個目みたいにぶんれつした。18個目も17個目と同じ。ビーカーはあつい。ゆげはまあまあでてる。19個目も同じ。20個目も同じ。あつさはましてきた。21個目も同じよう。

22、23、24個をいっぺんに入れてみた。3つともあわはでかく早くとけた。ビーカーはあつい〜。25個目は前と同じ。今、思ったけど、マグネシウムははじによってとけている。26個目も27個目も同じ。28個目もかわらない。ビーカーはどんどんあつくなる。29個目もかわらず、30個目もかわらない。30個目の水の温度は66度くらい。

31〜40個目までいっきに入れたら、80度をこえたー!! 40〜50個までいっきに入れた。けむりがすごくでてきた。温度は81度くらい。50〜70個目までいっきに入れてみた。中はあわでまっ白。温度はあがらない。味は、最初なめた時とちがった味で、てつの味がした。つまり、マグネシウムがとけこんでいるんだ。だんだんあわが少なくなり、とけなくなってきた。

予想はあたった。いきおいがあった最初にくらべ、全くいきおいがなくなった。温度も上がって、だんだん下がった。70個も入れて、ずーっととけるのかな

〜？　と思ったけど、やっぱりとけなかった。

この水をさわったらベトベトした。きっとマグネシウムのとけこんだものがベトベトするんだ。そのベトベトの中にはマグネシウムが入っているのかな〜？（Y・M）

1個目は、白くなり、すぐとけた。2個目は、あわがすこしでて、水じょうきがつき、ゆげもでてきた。3個目、4個目、5個目、6個目は、あわがすごいぶくぶくぶくぶくして、ゆげがもっとでてきた。7個、8、9、10と、もっとあわが大きくなってきて、10秒くらいでとけた。11、12個から、水（さく酸）がすごくあつくなってきた。

このままいくと、いつまでもとけそう。

13個目は、1つが2つにぶんれつした。14個、大きなあわがなくなり、ゆげも小さくなってきた。15個目はさっきと同じくらい。16個目も同じ。17個目は先がわが大きく中が小さいあわ、18個目はさっきと同じくらい、19個目は、すごくおんどがあつい。20個目は、さっきよりあわがまた大きくなってきた。21個目も、だんだんあわが大きくなってきた。22、23、24個目も早くとけ、温度もあつくなってきた。26、27、28、29、30個目で温度60度。だんだんはやさがのろくなってきた。40個ちょうどをいれたら、なんと、80度。

50個目入れたら、けむりがいっぱいでてきて、50〜70個目をいれたら、中はあわがいっぱい、温度も急げきに下がり、味は、すっぱかったのが、うすいてつのあじがした。マグネシウムがとけこんでいた。温度は55度。もう、だんだんとけなくなっている。

だから、結果は、とけないでとちゅうで止まる。さいごに温度計をさわったら、べたべたした。（K・T）

ふっとうが弱くなっている。ゆげも少ない。とけるのものろい。水の中はにごっている。水の温度もちょっと落ちた。さっきよりぬるく感じる。においは同じ。

水の量が10ccへっていた。ふっとうしたせいで、水がじょう発したのではないかと思う。

とけ方がのろくなた。かんぜんにとけ方は止まった。水の中にあわが残っている。水はどろどろになっていた。のりみたいだと思った。

最初の味はシゲキックスのレモンのもっとすっぱいやつみたいだった。最後の味はすっぱくて後からにがくへんな味になった。

1本目から40本目までの変化は、①水の温度、②とける時間、③味のちがい、だった。（A・T）

14個入れて、ブクブクとあわがたち、けむりが出て、ふっとうしたようにあつい。37個で80度をこえる。入れれば入れるほど温度が上がる。

60個以上でだんだんとけなくなってきて、69個で温度が下がってきて、とけるのがおそくなった。

最初にけむりがでていた時、けむりのにおいをかいでみたら、酸のにおいがしたので、これは酸が外に出ていっているのだと思う。70個以上で、最初30 ccあった酸が20 ccくらいまでへっていた。

だんだん酸がとろとろしてきた。これはたぶん、マグネシウムがとけたものだと思う。70個くらいでもうとけなくなった。

結果：とけなくなる。

マグネシウムは気体になって出ていってしまうというとけ続けるほうの理由があったけど、これはマグネシウムではなくて酸が出ていった。後にマグネシウムが残り、とけなくなった。（A・T）

（2）『水溶液の性質』の授業2

> 実験12
> 金属マグネシウムはさく酸にとけて見えなくなってしまいました
> この中には、もとの金属マグネシウムのままで入っているでしょうか。

子どもたちは、静かに、この問題をノートに書いています。書き終わった子から考えています。教室は静かです。独り言を言っている子、となりの子と話している子。

K・M君が液をなめてみました。変な味なので、すぐにうがいに行きました。この辺から教室がにぎやかになってきました。

子どもたちの予想と理由を聞きました。
①形は違うが金属マグネシウムが入っている。（28人）
②入っていない。蒸発させると何も残らない。（5人）
この二つの意見が出ました。

〈①の理由〉
・向こう側が見える。すきとおっている。透明だからとけこんでいる。
・溶ろとろした液体になったからとけている。
・溶けた時に小さくなったり、分れつしたりしながら溶けたので、粉みたいに小さくなって出てくる。
・いつまでもとけ続けないで止まったから、中に入っている。
・味が変わったから、溶けている。鉄のさびた味がしたから。

〈②の理由〉
・マグネシウムとさく酸の成分が気体になって出ていった。
・酸がマグネシウムを分解し、酸の成分もなくなった。

これらの意見に対して、班で話し合ってもらいました。

意見は、「②入っていない」に集中しました。「味が変わったのに、入っていないのはおかしい。」「分かいされたマグネシウムや酸の成分はどこに行ったのですか。」等。

すると、Y・M君が、意見を変えると言います。「①だったけど、②に変えます。この水の中に70個ものマグネシウムが入っていないと思う。たった24 ccに70個ものマグネシウムが入っていたら、星はもっと多いと思います。」と言うのです。

S・Mさんも意見を変えました。「私は①だったけど、新しい意見に変えます。入っているんだけど、一度は溶けたマグネシウムだから、少しはちがう成分になっていると思う。前ビーカーに30 cc入れたのに、後で見てみたら25 ccになっていたので、マグネシウムの成分が少し出ていったと思うので、違う物がでてくると思う。」と言うのです。新しい考えが出てきました。

〈新しい考え〉

③違う物が入っている。

3つの意見でそれぞれの立場をはっきりさせてもらいました。その結果、

①形は違うが金属マグネシウムが入っている。(26人)

②入っていない。蒸発させると何も残らない。(5人)

③違う物が入っている。(2人)

となりました。

さっそく実験です。

蒸発皿にその液体を入れ、アルコールランプで熱します。子どもたちは丁寧な実験と、丁寧な観察記録を書いています。まくを作り、ぷくぷくとふくれながら蒸発していますので、そのまくを鉛筆でつついたり、少し取り出してみたりしています。

〈子どもたちのノートより〉

少ししたら、パチパチして、あわがでてきた。皿のまわりと真ん中からあわが出て、皿のまわりに白い粉がついていた。皿がカタカタと動きはじめた。大きなあわがさかんに出た。えんぴつの先に液をつけてみたら、ベトベトして水あめみたいになった。上にはまくのような物がはっていて、ふくらんだりしていた。まくをえんぴつの先でやぶいたけど、まくはまくの穴をなおす力があった。まくは時間がたつとかたまった。(M・M)

まん中からぶくぶくとあわが出てきて、次にはじにもあわが出てきて、全体がまくでかこまれた。まわりにとびちったあわを見ると、白くてボンドみたい。においはマヨネーズ。中をさわると、いがいにかたい。ひょうめんは、こおりがはったみたい。なめてみると、にがい粉薬のあじ。(S・Y)

〈この白い粉はマグネシウムか?〉

実験が終わったので、子どもたちに聞きました。

「この粉は、マグネシウムですか。」

するると、ほとんどの子が、ちがうと答えました。マグネシウムかもしれないというのは、S・K君ひとりです。S・K君はノートにこう書いています。

「白い粉が残った。でも、安心できない。ちがうものかもしれないから。でも、ぼくは、どうしてもちがう物とは思えない。なぜ、違う物が発生するのか。」

そこで、「どうやったら、この粉がマグネシウムかちがう物か調べられますか?」と聞くと、
K・M君「マグネシウムは金属だから、この粉が磁石につくかどうか調べればいい。」

E・Y君「マグネシウムは酢酸に溶けたから、この粉を酢酸に入れてみればいい。」

O・K君「マグネシウムは水に溶けないから、この粉を水に入れてみればいい。」

と意見を出しました。まったくするどい意見です。

さっそく実験です。班の中で手分けして、てきぱきと実験しています。結果はすぐ出ました。(金属マグネシウムが磁石につくかどうかを調べてからやった班があり、つかなかったので、磁石では分かりませんでした)

〈子どもたちのノートより〉

水にとけた。それに酸にもとけていた。ということは、ちがうものだった。この意見を出したS.Mさんはすごいと思った。どこからちがうものがくるのだろう。それとも、マグネシウムがとけると、ちがうものになるのだろうか。(S・K)

何でマグネシウムがなくなったのか? どうゆうふうにちがう物になったのか。ちがう物とはなんなのか?(O・H)

ちがうものになった。白い固まった物と白い粉がでた。なめたら苦い粉薬みたいな味がした。

さく酸で、マグネシウムとはちがうとけ方をして、水にもとけた。両方ほとんどあわをださないでとけた。

ぼくの意見は見事にはずれた。まさか、水でとけるとは思わなかった。今度、この白いやつがなになのか調べたい。(E・Y)

最初は、何も変化はなかった。ところが、約3分後、「じゅっわ〜ッ」と変な液体が出てきて、だいたい2分後、固まった。

これはいったいなんなんだろう? マグネシウムなのか? それとも、何かほかのものなのか? どっちにしろ、予想は、はずれた。

どうやらこれは、なにかほかのものだ。なぜかというと、水にとけたからだ。マグネシウムは水にとけないのに。じゃ、これはいったいなんなのか? とても知りたいです。(O・S)

トロトロした物に入っていた物は、マグネシウムではなく他の物だった。つまり、酸とマグネシウムだけでなく、他の物が入っていた。(S・M)

マグネシウムを酸でとかすと、マグネシウムが別の物になる。火でじょう発させると、マグネシウムと酸がまざあった白いやつができるのかなと思った。(O・K)

じょう発皿についていた粉をなめたら、よくわからないへんな味がした。

かたまりはマグネシウムではなくなった。磁石にはつかないし、さく酸ではとけない、でも水にはとけた。

このかたまりは、マグネシウムではないよく分からない物だ。もしかすると、酸とマグネシウムがどうにかなって、へんてこなのができたのかもしれない。(I・R)

入っているけど、ちがう物が入っていた。金属マグネシウムとはちがう、軽くて白くて、てつとはちがう味がした。しかも、水に入れてとけないマグネシウムがとけて、さく酸に入れてとける物がまったく反対になりました。

じゃあ、この白くて軽い物はなんなのかなと思いま

した。私は、マグネシウムの成分がぬけた物か、さく酸のとけなくなった液体がかんそうした物だと思います。(S・M)

最初、うつわのまん中からあわがでてきて、その後外側からあわがでた。そしてでっかいあわがでてきて、白いつぶがとんでいた。でているけむりはくさい。水はまくになり、ふくらんだりちぢんだりしている。そのまくをえんぴつでつついたら、えんぴつのつついたところがかたまった。うつわには白い物がついている。火を止めてもぷく〜とふくれてへな〜とちぢむ活動をしていた。においはマヨネーズみたいなにおい。最後は粉のかたまりみたいな白いものになった。これはマグネシウムには見えない。

結果：水に白い物を入れたら、とけた。マグネシウムは水にとけなかった。この白い物はマグネシウムじゃない、ちがう物体だった。きっと、マグネシウムがとけたものとさく酸がまざってちがうものになったと思う。どろどろの原因はこの物だったんだ。(Y・M)

(3)『水溶液の性質』の授業3

前回の授業で、子どもたちは「白い粉は何なのか」を強く知りたいと思ったようです。当然ですね。そこで、今回は、その白い物体がなぜ出てきたのかを考えました。

> 問題13
> 酢酸の中に金属マグネシウムを入れたのに、性質のまったく違う白い粉が出てきた。もとの金属マグネシウムはどこへ行ったのだろうか。

子どもたちは、問題をノートに写しています。写し終わった子から考え出しています。しかし、なかなかノートに書きません。ノートの前の方のページを読みなおしている子、学級通信を読んでいる子、ほおづえをつき、じっとノートを見つめている子。ストーブの燃える音だけが聞こえます。

5分後、ぽつりぽつりと書き出す子が出てきました。A．K君は、手を首のあたりに持っていき考えています。ノートに少し書いてはしばらく考え、そしてまた書いています。ここはじっくりと考えてほしいところです。

ある程度考えがまとまったところで、考えを出してもらいました。

〈自分の考え〉

①白い粉の中に入っている。

②マグネシウムが白い粉に変化した。

③気体になって出ていった。

この3つが出ました。そこで意見を出し合いました。まず、③の考えに対して、意見が出されました。

「金属マグネシウムが気体になって出ていったと言うのなら、酢酸も熱すると、何も残らないのだから、何も残らないいんじゃないですか。」

それに対して、③の子たちは、反論が出来ませんでした。

③の子たちは、「酢酸で金属マグネシウムを溶かしたときに、気体となって出ていったと思う。マグネシウムを溶かした時に、いっぺんにたくさん入れると、たくさんのゆげが出た。その時にいっしょに、気体となって、蒸発したと思う。」と言うTさんの意見に代表されるように、泡に注目しているのです。しかし、マグネシウムが気体になって出ていったなら、酢酸も気体になって出ていく性質があるので、何も残らないはずですね。

③の意見でも、S・K君はちょっと違いました。S・K君はノートに、「ぼくは気体になって出ていってしまったと思います。なぜなら、マグネシウムを入れているとき、けむりが出てふっとうしていたからそう思いました。そして、残った物は、たぶんふっとうしてもじょう発しないところの部分じゃないかと思いました。」と書いています。これは、マグネシウムのある部分が気体になり、残りの部分が白い粉になったという、②の考えを含んだ考えだったのです。

①に対しては、「白い粉の中に金属マグネシウムが入っているのならば、白い粉はなぜ水に溶けるのです

か。」という意見が出されました。

Ｅ・Ｙ君が答えます。「できた違う物といっしょになって、まじっていると思う。」それを聞いて、首をかしげている子がいます。だったら、そのマグネシウムが溶けないでしずむはずだ、と。

Ｅ・Ｙ君の意見は、ほとんどが白い新しい物体に変化したのだが、一部金属マグネシウムが残っているという意見でした。

Ｋ・Ｍ君は、迷っています。

「ぼくは、少しだけビーカーの中に、金属マグネシウムの成分が残って、あとは気体となってじょうはつしてしまったんだと思う。

でも、さく酸もマグネシウムといっしょにじょう発していったのかな〜とも思いました。

それとも、さく酸とマグネシウムの成分が合成して、ちがう成分になって、マグネシウムがなくなったのかな〜とも思う。

でも、それだと70個ものマグネシウムと30ｃｃのさく酸では、水がへらずに増えると思う。」


そこで次の問題に移りました。違う角度から考えてみようとしたのです。

問題14
金属マグネシウムを溶かした液の中に、酢酸はあるでしょうか。

この問いに、子どもたちは大きな声で「ある」と言います。そこで、リトマス紙で確かめてみました。すると、まったく赤くなりません。酢酸にリトマス紙をつけると、はっきりと赤く変わりました。

問題15
金属マグネシウムを溶かした液にリトマス紙をつけてみたら、変化しなかった。酢酸は、どこへいったのでしょう。

問題13・14・15をつなげて考えるように言いました。

〈子どもたちのノートより〉

（①の考えだっただったO・S君の考え）

さく酸をリトマス紙でしらべたら、すごい色にかわった。でも、マグネシウムをとかしたさく酸をしらべたら、色はかわらなかった。ということは、酸がぬけているということになる。70個ぐらいで金属マグネシウムが溶けなくなったのは、さく酸がなくなったからだった。

（①の考えだったE・Y君の考え）

さく酸はマグネシウムと合体して全部消えて、マグネシウムはたくさん入れたので、少し白い粉に混じっていると思う。

（③から②にになったS・Mさんの考え）

リトマス紙をトロトロの液の中に入れてしらべました。そうしたら、変化はなかった。ピンク色にはならなかった。だからさく酸は入っていない。

私は、マグネシウムを入れたときに、ふっとうして、そのときにさく酸の成分が出ていったと思う。全部出ていったわけではないけど、そこからマグネシウムをとかすはたらきがなくなってきたからです。マグネシウムの成分と少しのさく酸ががったいして白い粉になったと思います。

（③から②になったT・Mさんの考え）

マグネシウムが白い粉に変化した。それは、マグネシウムのある成分とさく酸のある成分がまざって変化したものだと思う。マグネシウムとさく酸の成分が１００％ずつ残っているのではないし、また、１００％ずつなくなったのでもないもので、少しは何かの成分がなくなったのかもしれないけれど、その残った成分がまざって変化したのだと思う。

（③から②になったM・Sさんの考え）

マグネシウムをとかしているとき、酸とマグネシウムが合体して何かになり、その間に少しずつさく酸がじょう発していって、マグネシウムとさく酸の合体した何かが、この白い粉になったと思う。

（③から②になったK・T君の考え）

さく酸はリトマス紙につけると赤くなった。マグネシウムをとかしたドロドロの液だと色が変わらなかった。

←ということは、

マグネシウムをとかすと、少しずつさく酸が出ていくことになるのではないか。

←ということは、

さく酸が全部出ていったということになる。

←でも、

白い粉はマグネシウムからできたはずだから、さく酸は出ていってない。

←ということは、

さく酸とマグネシウムが合体してできた物質なのではないか。

（③から②になったA・K君の考え）

ぼくはマグネシウムが白い粉に変化したと思う。マグネシウムは2つに分かれていて、白い粉になる方と気体となる方にとに分かれて変化した。

（②のM・Mさんの考え）

「問題13」のときの考え。

「白い粉は、マグネシウムが変化したり、マグネシウムの成分が変わったりしたんだと思います。だからマグネシウムが白い粉に変わってしまったのでは、と思います。」

「問題15」のときの考え。

「さく酸はマグネシウムをとかすために酸を使ってしまったか、マグネシウムによって酸の成分がなくなったのだと思います。だから白い粉にマグネシウムが変わったんだと思います。」

（②のO・H君の考え）

ぼくは、白い粉は、マグネシウムとさく酸がまざった成分だと思います。

さく酸はどうなったのか？

さく酸は、たぶん、マグネシウムを何本も入れたので、たぶんさく酸の力がなくなったんではないか。

（②のA・Sさんの考え）

私は、白い粉は金属マグネシウムの変化した物だと思います。

なぜ変化したのかはよくわからないけど、マグネシウムが酸のはたらきで変化して作られた物が白い粉になったと思う。だから、白い粉に鉄の味がしたんだと思う。


（②のS・Tくんの考え）

この白い粉は、さく酸とマグネシウムが合体してできたと思う。


（②のI・Yさんの考え）

わたしは、やっぱり白い粉は金属マグネシウムが変化してできた物だと思う。気体になって出ていったという人に聞きたいんですけど、気体になって出ていったなら、何故なめたときににがいという人がいたんですか？


（②のO・K君の考え）

マグネシウムをとかした酸は、酸でもないしとけこんだマグネシウムでもない。酸のとかす能力とマグネシウムのてつだったのがなくなって、まざったやつが白い粉になったのかな。マグネシウムとさく酸がまざったやつ。


（②のU・Jさんの考え）

金属マグネシウムは、とかしているときにさく酸とまざったんだと思います。だから、まざったものをじょう発させたから、白いものができたんだと思います。


（②のS・M君の考え）

さく酸は、マグネシウムを入れたら出ていくが、すべて出ていったわけではない。トロトロしたものにすこし酸のにおいがした。マグネシウムが白い粉に変化した。

（②のH・Sさんの考え）

私は、〝うめの花ひらけ〟にのっていたY・M君の意見と同じように、金属マグネシウムとさく酸が、金属マグネシウムがとけたときに混ざってちがう物質（ドロドロの液体）になったんだと思います。だから、金属マグネシウムは、さく酸といっしょに白い粉に入っていると思う。

リトマス紙のにおいをかいだら、少しさく酸と鉄みたいなにおいがしたから、やっぱり、さく酸も金属マグネシウムも白い粉に入っていると思う。白い物体が水に溶けたのは、さく酸と金属マグネシウムが合体して水にとける新しい物体になったからかな、と私は思いました。

（②のH・D君の考え）

リトマス紙でただのさく酸とマグネシウムを入れたさく酸をしらべたらまったくちがった。ということは、ちょっと酸がはいっているマグネシウムが白い粉に変化したと思う。

（②のS・Mさんの考え）

私は、あの白い粉がマグネシウムのある成分がぬけたものだと思うから、そのままのマグネシウムじゃないけど、マグネシウムはあの白い粉だと思います。

さく酸は、マグネシウムを白い粉にさせるためにきえたか、マグネシウムをとかすときに酸性分を使ってしまったままマグネシウムといっしょにかたまったと思います。

（②のK・T君の考え）

ぼくは、金属マグネシウムは、あの白い粉だと思います。金属マグネシウムがとけた水をじょう発させたら、金属マグネシウムがそのままじゃなく、粉になって出てきたんだと思います。金属の部分だけなくなって、粉になったんだと思う。

↓

70個目ぐらいにとけなくなったのは、酸が少しなくなり、酸の力が弱くなり、さく酸がマグネシウムとあわさり、白い物になったんだと思う。

（M・H君の考え）
金属マグネシウムは、一部が白い粉に変化して、その粉の中に含まれていると思います。

（A・T君の考え）
マグネシウムがとけたとき、あわが出たから、気体となって出ていった。出ていったのは最初についていた黒いのだけで、色が落ちて白くなったのがさく酸の中にとけこんで、じょう発させたら白い粉が出たんだと思います。

（H・Mさんの考え）
私は、白い粉の中に入っているのだと思います。理由は、さく酸が１００％ぬけてなくなるとマグネシウムだけしかのこらなくなるので、白い粉はつくれないと思う。だから、さく酸とマグネシウムががったいしたやつだと思う。

ここで、私が白い粉について、教えました。さく酸マグネシウムという粉であること。出たあわは水素という燃える気体であること。

そして、「水に塩が溶ける」のと、「酸にマグネシウムが溶ける」との違いを言ってもらいました。

①酸に溶かすと、入れたものと結びついてほかの物質になる。酸も金属も変わってしまう。蒸発させても元の物質では取り出せない。
②溶けるときに、気体（泡）が出る。
③溶ける時に、熱が出る。

〈子どもたちのノートより〉
（Y・M君のまとめ）
・「問題13」自分の考え
白い粉は合体してできたんだと思う。マグネシウムと何かの性質が合体して、まったくちがう白い粉になったと思う。だから、マグネシウムは合体のざいりょうになったから、いちおう白い粉に入っている。だけど、ちがうものと合体しているから、マグネシウムそのものの性質はなくなったのだと思う。
・「問題15」自分の考え

酢酸と溶けたマグネシウムが合体し、性質が変化して、酢酸の性質もマグネシウムの性質もなくなって、新しく違う性質を持った白い粉ができたと思う。だから、マグネシウムが白い粉に変化したんだと思う。

・今までのまとめ

酢酸にマグネシウムを入れると違う物に変えられる。だから蒸発してもマグネシウムは取れない。

酢酸は物を永遠に溶かすことはできない。酢酸にマグネシウムを入れると水素が出てくる。だんだん熱が上がる。

レモン、酢、うめぼしなどは、酢酸よりはげしくないが金属を溶かすはたらきがある。

さく酸は蒸発させると何も残らない。液体だからだ。塩酸は蒸発させると気体となる。塩酸はさびをおとせる。

リトマス紙は酸に反応し、むらさき色がピンクとなる。

（I．Rさんのまとめ）

あの白い粉は、酸とマグネシウムによってかえられたものである。酸の中にマグネシウムを入れると、酸とマグネシウムがおたがいの力でちがうものにしてしまう。だから、金属マグネシウムはとれなかったのだ。

（S．Kくんのまとめ）

・まとめ

さく酸は、前の前のじっけんでドロドロになったときからマグネシウムとゆうごうしたと思います。前のじっけんでへんな粉をとかすと、マグネシウムと同じようなとけかただったので、酸とマグネシウムを入れると、水でもとける物ができると思います。

・またまとめ

さく酸とマグネシウムをたすと、さく酸マグネシウムになることが分かりました。でも、なぜさく酸とマグネシウムをたすと、水にとける白い粉になるかは、まだ分かりませんでした。これで、さく酸とマグネシウムをたすとなにになるかわかって、すっきりしました。

（U・T君のまとめ）

さく酸には、金属をとかす力があるけど、金属をとかして、そのあわが水素だったんでびっくりしました。それに、さく酸の酸には、物を変えてしまう力もあるなんておどろきました。だけど、酸には変える力はあるけど、酸までも変わってしまって、それがちょっとふしぎです。


（M・J君のまとめ）

ぼくは、さいしょは酸にとけこんでいると思っていた。でも、ちがった。気体で出ていったとは思っていなかったけど、あわがでていたし、たぶんちがうものに変えられていると思った。そうだった。

酸はふしぎだと思った。酸はおそろしいと思った。こんなにふかく実験したのははじめてだった。


（S・Yさんのまとめ）

私が今までやった実験の中ですごくわかったことは、水などにとけない物でも、酸を使えば、よごれ（さび）もおちるし、なんでもとけるということです。あと、「実験12」で出てきた白いかたまりの名前や、「あわ」のしょうたいがわかってよかったです。


（M・Mさんのまとめ）

酸は、すっぱく、リトマス紙を青から赤にする。水にはとけないもの（チョーク、マグネシウム）もとかす。また、酸に物をとかしたときに温度が上がる。酸はもとの液より水でうすめた液の方がとかす働きが強くなる。塩酸は鉄や銅のさびはとかすが、銅そのものはとかさない。

酸は、金属などをとかすと熱と気体をだす。また、入れた物と結びついて、ほかの物質になる。私は酸と金属で、熱が出ることに一番興味を持ちました。マグネシウムをとかした液に酸がなかったことが、はじめは不思議でした。これからのアルカリの実験もとってもたのしみです。


（S・T君のまとめ）

ぼくは、さく酸とマグネシウムが合体してできた白い粉はどういう物質なのか、どういう形をしているのかが、この話を聞いてよけいに知りたくなりました。

（A・Sさんのまとめ）

酸の勉強をして、すごく楽しかった。

なぜ酸とあわさるとかわるのかやりたい。顕微鏡で調べたい。それに、酸にとかしかけのものを見たらおもしろそうだ。

でも、とけないものをかんたんにとかしているのにはおどろいた。チョークとか石とか。最初は、塩水と同じように考えていたけど、しばらくするとちがう物だな～と思った。

（K・Y君のまとめ）

さく酸とマグネシウムをまぜてじょう発させたら白い物が残った。最初、それはなんなのかは分からなかった。でも、最後、まとめをしていたら、白い物が分かった。「あわ」といっていたのは水素だというのもわかった。白い粉のかたまりは、さく酸のせいでちがう物にかえられたことがわかった。

（K・T君のまとめ）

白い物体の名前は、さく酸マグネシウムでした。水に塩がとけたのとちがって、酸の中にマグネシウムを入れたら熱が出た。

（H・Mさんのまとめ）

私は、この酸の勉強をしていて、「これは酸性かな。これは酸性じゃないな。」と、すこし見分けられるようになった。

（S・Mさんのまとめ）

さく酸とマグネシウムを合わせると、水素が発生するなんてすごいと思いました。白い粉はアルカリ性か中性なのか、しらべてみたいです。あと、さく酸と石灰石ではどうなるのかをしらべてみたいです。

なぜ、さく酸はそんなすごいことができるのか、とてもふしぎです。

（I・Aさんのまとめ）

私は、まだやっぱり少しはドロドロの液の中にマグネシウムが入っていると思います。もしマグネシウムが入っていなかったら、さく酸と水と気体（空気）であのドロドロの液ができるのはおかしいと思ったからです。それに、リトマス紙でドロドロの液を調べたら、ピンクに変わらなかった。つまり、酸はこの中にはいっていない。

じゃあ、酸とマグネシウムはどこへ行ったのか。

私は（11）の実験のときに、にごっていたどろどろの液がとうめいに変わったときに酸とマグネシウムが合体して、（12）の実験でじょう発させたときに新しい粉が出てきたと思います。

三　体育の授業

「倒立前まわり」(六年)の授業

一 取り組むにあたって

今までの私の体育の指導における問題点は、子どもたちをある程度までは、その技ができるようにさせることはできるが、子どもの内面を育てることができないというところにあった。子どもたちは、私の言うことを忠実に聞いて一生懸命練習し、その技がある程度はできるようになってくる。

しかし、それ以上のものが生まれない。子どもたちがその技に燃えたり、子どもたち自らが動きだして練習をしたり追究をしたりとはならないのである。それはどうしてなのであろうか。自分の指導のどこに問題があるのだろうか、というのが私の課題であった。

多摩第二土曜の会で、私のさまざまな授業に対する問題点の指摘を受けているうちに、指導の技術とかそういうものではなく、普段の子どもへの接し方、子どもの見え方に問題があるのではないかと思えるようになってきた。

振り返って見ると今までの私の指導方法は、能力別段階指導であった。例えば、「台上前まわり」で言えば、三段、四段、五段、六段ととび箱を用意しておき、三段を跳べたら四段へと段を上がっていくやりかたである。そして、その時々で、手のつきかた、助走の仕方、踏切の仕方を指導していたのであった。その方法で私の意識は、子どもたちがその段を跳べたか跳べなかったかというところに向いてしまっていた。その結果、子どもの内面は見えなくなっていたのである。三段は跳べなくても一生懸命やっている子と、六段をいい加減に跳んでいる子との違いが分からなくなっていたのであり、六段さえ跳べれば良いという意識になっていたのである。

だから、今回の指導では次の二点を意識して行った。

①技術的段階だけで子どもたちを指導しない

②子どもたちが一生懸命やろうとしているところに注目する

二　かべ倒立ができるようになるまで

倒立前まわりができるようになるまでの大きな流れを次のように考えていた。

前まわり→補助倒立→かべ倒立→倒立前まわり

かべ倒立ができるかできないかがまず最初の大きな課題になるのであり、かべ倒立ができれば倒立前まわりはできるのである。

次に、かべ倒立が全員できるようになるまでの私のクラスの過程について説明する。

(1)　腕立てふせからの前まわり

腕立てふせの形から両足を引き付けてきてから前まわりをするのである。子どもたちは五年生のときは足を引き付けるまでの力が無かったので、靴下をはいて足が滑るような状態にして練習していたが、六年生になった時には靴下なしでも足を引き付けられるまでに腹筋と背筋などの力がついてきていた。

この前まわりは、足を引き付けられるだけ引き付ける時に、腕の使い方、胸の張り方（頭の起こし方）などの練習になり、全体重が腕に乗ったとき（肩が前に出たとき）に頭を入れると、倒立前まわりの後半の部分と同じになる。つまり、腕の使い方、胸の張り方、頭の入れ方、腕に全体重をのせるという練習にこの前まわりを使った。しかし、この時期（四月）に余り要求しても無理だと思い、授業の前半に五分程、毎回練習をした程度だった。今思うと、それが大変中途半端だった。特に、肩を前に出したときに全体重が手首に乗る（肩を前に出す）ということ、その訓練として重要だったと思う。かべ倒立ができない子は肩を前に出せなかったし、倒立で静止するには手首にかなりの負担がかかっていたからである。

（2）補助倒立

これは、腕立てふせからの前まわりと同時平行的に行った。この段階では、子どもたちは半数以上の子たちは腰を自力では上げられなかったので、補助者が足や腿を持ち上げることによって、倒立の形までもっていった。腰の重い子には二名〜三名の補助者がついた。それらを通して、逆さへの慣れ、体重を腕で支える練習、補助の仕方などの練習とした。

これは、準備体操のときは必ずやるようにし、倒立した姿勢で五秒、十秒、三十秒とだんだん長く耐えられるようにしていった。また、補助者もなるべく力を貸さないようにさせていった。

また、補助者はただ足を持つだけでなく、足の先まで気持ちが入っているか、身体がまがっていないか、お腹が出ていないかなどを良く見て、倒立している子に教えてやるようにさせた。

（3）かべ倒立

①真っ直ぐな姿勢へ

補助倒立を何回かやっているうちに、倒立して何秒かたつと、お腹が出てきて反ってしまう子が出てきた。私がねらっていた倒立は、えびのように反った倒立ではなく、真っ直ぐな倒立であった。だから、初期の段階から真っ直ぐな倒立にしておこうと思い、かべ倒立を利用して姿勢の矯正をした。この段階では、まだ一人でかべ倒立ができない子がかなりいたので、補助をして足を壁まで持っていった。片手で足を持ちもう片方の手でお腹を押したりお尻を押したりして真っ直ぐな姿勢に直していった。

②肩を前に出す

この練習をしているうちに、かべ倒立ができない子の中にある共通の問題点が見えてきた。それは肩を前に出せないということだった。肩を前に出すことができないから、腰が上がらないのである。ある子は、足を壁まで持っていってやり補助の手を離すと、すぐに足が壁を離れて元に戻ってしまうのだった。またある子は肩を前に押してやると、腕がくずれてしまうのだった。肩を前に出せない、または前に出したときに、体重が腕にかかるのでそれに耐えきれない、という問題である。そういう子に対しては、肩を持って、その子が床を蹴った瞬間に、肩を前に出してやりながら、身体を支えてやるという補助の仕方が有効であった。

もう一つの方法は、手の付く位置を壁からだんだんと離すようにしていくやり方である。五十センチも六十センチも離すと肩を前に出さざるを得なくなり、手首に体重がかかってくるようになった。

③着地の仕方

それまで着地の仕方については特に指導していなかったのでほとんどの子は、両足を同時に床に着けるという着地をしていた。倒立前まわりに発展させるならば片足ずつの着地に変えておいたほうが良いという指摘が多摩第二土曜の会であり、着地の指導を三十分程した。「蹴り足が後から上がるんだから、その蹴り足から先に着地する。そして振り上げ足が次に着く」と説明し、練習もさせたのだが、なかなか子どもたちの中に入っていかなかった。

どうしてだろうと、次の日の休み時間に何人かにやってもらっていたら、片足ずつの着地のできている子は、壁から足を離すときにまず片足だけを離していたのだった。今考えると実に単純なことだが、そのときの私にとっては大きな発見だった。そこで、その子の着地の仕方を全員に見せて、「片足だけを壁から離す。そうするともう片足は自然についてくる」と説明した。この指導で子どもたちの中に入ってしまった。

(4) 倒立前まわりを始める

かべ倒立が完璧にできてから倒立前まわりに移行するのではなく、クラスの三分の二以上の子たちがかべ倒立ができた状態で練習を開始した。この段階では、補助をたくさんし、倒立から前まわりに入るときの恐怖感を取り除くようにした。そうすると、かべ倒立はできなくても、補助を何回かするだけで倒立前まわりはできてしまう子がほとんどだった。この段階での補助の重要性を感じた。

○補助の仕方

・上がってきた足を持って、倒立をきめさせる。
・その足を前に持っていって、肩を前に出させる。

・肩が前に出た状態で、頭を入れさせ、前まわりをさせる。

最初のころは体重のほとんどを支えてやっていたが、徐々にその子の力に応じて手は添えるだけにしていく。また、足の上がってこない子の足を持ち上げてしまうのではなく、足が上がってくるまで何回も倒立をさせ、上がってきたときに、補助をするということも、この段階では重要である。

（5）肩を前に出す指導

初めて倒立前まわりをしたときのビデオを多摩第二土曜の会で見てもらい、手をマットに着いてかまえる状態のときに、肩が前に出ていないという指摘を受けた。そこで、肩を前に出す指導を一時間とった。

かまえの段階で肩を前に出すことはとても重要なことである。三点倒立で言えば、両手と頭とできちんと三角形をつくることと同じであり、土台を築くことである。マットに両手を着いて肩を前にだし胸を張る。その結果、足が引き付けられ、腰が高くなる。高い土台の出来上がりである。これができれば、後は振り上げ足を軽く振り上げればすっと倒立にいく。肩が前に出ていない伏態だと腰が低くなり足で床を蹴らないと倒立にもっていけなくなるのである。また、かべ倒立ができていない子はこの姿勢がとれないのであった。少し腰を前に押してやると、すぐに腕からくずれてしまうのであった。

この指導の後、全員がかべ倒立ができるようになった。次に載せるのは、その日の日記である。

「かべとうりつができた」

今日、体育でとうりつ前回りをやりました。ぼくは、足が上がらず、先生に、

『かべとうりつを練習。』

と言われたので、小野君とやりました。最初は、ぼくはかた足だけかべにつきました。小野君も同じで、3回くらいやったときできました。そのとき、思わず、

『やった。できた。』

と言ってしまいました。

その後、小野君もできました。

できた時、とてもうれしくて、飛び上がりそうでし

た。やっぱり肩を前にやるとやりやすくなるんだと思いました。
家でも、お母さんにやってみせたら、下の図（かべからはなれた場所に手をつく）のようになるべくやったほうがいいと言われました。あと、いつでもできるようになりたいです。」

この頃（全員がかべ倒立ができるようになった頃）から、子どもたちは、暇さえあればかべ倒立をするようになった。教室で、廊下で、昇降口で…。昇降口には大きなコンクリートの柱があり、その四方向から一斉に倒立をして遊んだりしていた。

三 倒立前まわりで静止したいという課題が生まれる

（1）子どもたちの工夫

倒立前まわりがある程度できてくると、ながく静止したいという欲求がでてきた。子どもたちは、自由勉強ノート（自分の好きな勉強をして書いてくる）にいろいろな工夫を書いてきた。ゆう君（クラスで一番静止できる子）のようにどうしたら静止できるのかと追究を始めた。

〈自由勉強ノートより〉
『体育』7時55分〜8時5分まで倒立、9時0分〜9時30分までノートに書く
♧どうやったらとまれるのか？
{止まる時間：目標3〜5秒くらい}
・手の位置は、親指から親指までが約35㎝。
・かたは少しだし、こしを高く、ふり上げ足はまっすぐのばす。
○前へたおれる、たおれる〜ってところでふんばって、すごくゆっくり手をまげてやった。
○4秒くらい、手をゆう君みたいにやって、止まれた。でも、ゆう君みたいにやるのはむずかしくて、手をまげると、なんか、上げることができなくて、もう、手をまげたら前まわりになる。
——ここで30分たった——
○1秒〜3秒、ゆう君みたいにやったら止まれた。
☆まだ、3秒以下くらいしか止まれない。

◎だんだんできそうになってきたかも…
○何秒かわからなかったけど、たぶん3〜5秒くらい止まれた。
★やっぱ、倒立5秒はむずかしすぎる！　かな…
止まれるのは…やっぱり、手を少しまげたりしてバランスをとらないと止まれないと思った。手がまっすぐだったら、うまくバランスとることができないと思うし、止まれないと思った。

〜感想〜

1時間ず〜と倒立やって、すごくつかれた。あせはかいて、手首はすごくいたくなって、首もいたい。何回くらいやっただろうか？　30回〜50回くらいやった？　う〜ん全然わからない。でも、手、首がすご〜くいたい。今日は、全然うまくできなかった。

自分はどうやって止まってるのかよくわからないけど、今日やったようにやったら止まれるんじゃないかなー。

それにしても、つかれた〜」

家でたくさん練習してくる子が増えてきた。ゆう君は静止するために腕をたわめてバランスをとっているので、その真似をしてみたり、かべ倒立での腕立てふせの練習をしたりして、いろいろな工夫をしていた。

また、家庭科の時間、ミシンの順番を待っているときに、準備室で倒立前まわりを始めた。マットなしで床の上で倒立前まわりをやっているのである。見ていると、頭や背骨を床につけるときごつごつごつと音がしているので、「痛くないのか」と聞くと、「痛くない」とにこにこしているのであった。そのときから、マットの上よりも床のほうが指でつかめると言い始め、マットの上でなく床に手をついて倒立前まわりをする子がでてきた。

その他の練習方法として、かべ倒立から静止の練習（いったんかべ倒立をやり、そこから足を離して静止の

練習をする）、補助倒立で静止（補助者はほとんど補助せず一番静止できる位置を探してやる）の練習（写真）などをやった。

子どもたちは毎日のように練習した。

倒立前まわりやって、外で倒立やって、家でやってと頑張るのだが、止まれないのである。「やっぱ、5秒はむずかしい」と自由勉強ノートに書いてくる子も出始めた。子どもたちはだんだん疲れてきていた。私も、腕を使う・胸を張るなどの基礎が充分に入っていないので、これ以上追究させるのも無理かと思いだしていた。

（2）ゆう君から学ぶ――つかみ方の発見

もう一度だけ挑戦してみてそれで駄目ならもう止めようと思い、クラスで一番静止できるゆう君はなぜできるのかみんなで発見しようと時間をとってみた。

すると、ゆう君の床のつかみ方は全く違っていたのである。指の第一間接がへこんでいるのであった。手のひらの部分は全面床に着き、指の第二関節は一番高く浮き上がり、爪が白くなるほど指先は床をつかんでいる。

その結果、指の第一関節がへこんだ状態になっていたのである。これは大きな発見であった。今まで、床をつかめつかめと言ってきたが、私の中にあるイメージは「わしづかみ（指の第一第二関節が出っ張る）」のようなものであり、それでは十分には身体を支えきれないのであった。

この発見以来、子どもたちは再び燃えだした。自由勉強ノートに次々と書いてきた。

（3）自分の課題の追究、友だちから学ぶ

〈自由勉強ノートより〉

「かべとう立――私はビデオをとると言った時だけしかうまくできないので、手から足までしっかりと練習した。手はゆう君のように。絵のように1分間やった。そうしたら、すっごくつかれた。

ポイント――こしを高くして、かるーくけってみると、ゆう君のようにきれいなとう立ができます。

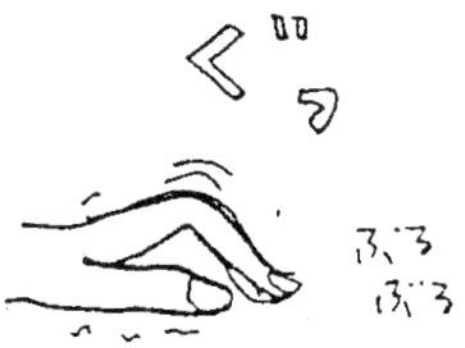

そして、今日見たビデオでなんだけど、小島さんのを見て学びました。それは、やっぱ足です。すごいはんどうをつけてけっているんです。前に東川君が注意されたことです。そう言われて東川君はそれに注意してやってみると、できるんです！　しかも、ちゃんととう立をきめて。すごかったです。それを小島さんがやっていたから、見た時、すぐに目につきました。

かべとう立　20分間　つらい〜！

夜だから、うるさくするとお姉ちゃんにおこられると思ってしずかにやった。と言うより、しずかにというのはかべにそっとつくということだから、とう立前まわりでいうと止まるということだから、いい練習になります。これは、仲君のかべとう立の学びですね。ほんとに仲君のはしずかできれいですね。

ふり上げ足はひっくりかえす――なぜかと言いますと、ひっくりかえしておくと、とう立した時に、もうすでにかた足が〃きゅっ〃としています。だから、足はひっくりかえした方がいいですね。

ポイント――とう立した時に右にいってたおれそうな時は、右手にすっごい力を入れるともとにもどれる。左にいきそうな時は左に力を入れる。とう立できそうでできない時は、足をおろさなくてもだいじょうぶ。そんな時は、手首のあたりに力を入れるとへいきです。前にまわりそうな時は、指先に力を入れると止まれます。それか、首をぐっとおこすとできます。顔を思いっきり前にむけるんです。これは三ヶ島さんがやっていました。三ヶ島さんは首をうんと使っているからあんなにきれいなとう立ができます。いいですねー。うらやましー。

それでも、ずっとかべとう立をやりますよ。宮寺さんのように、つづけてでも楽にできるようになりたいです。」

＊友だちの良さを発見しながら、友だちに学びながら、自分の課題がますますはっきりとしてくるのであった。

「宮川君のあのきれいなとう立を見てびっくりした。

私は思った。いつも宮川君みたいに長く止まって、寺田さんみたいにいつもきれいに足がそろうようにしたい」

「手のはばを広くした。宮川君なんかも手のはばがすごく広くしている。ぼくは、体がでっかいから、手のはばを広くしてもいいんじゃないかなーと思った」

「何度もなんどもやっても本当に足のさきがきれいになりませんでした。それは、なぜか、前にもだれかが言っていたように、やっている時は足のさきに気持ちを入れるのを忘れてしまい、前まわりがおわった後にいつも気が着くので、どうすればいいのかなぁ〜と思いました」

「のこりの一つの悪いくせ。うしろに足をさげてからやってしまうことだ。そこで、考えた。足をうしろにさげてしまうなら、足をうしろにおいといてからやればできると思った」

「ゆう君は止まっている間、指がぴくぴくうごいていて、つめが白くなっていた。まねしたけどできなかった」

＊面白いことに、静止するという課題を追究しているうちに、単に何秒静止できたかというだけでなく、静止のための条件（手の幅、指や腕の使い方、頭の使い方、振り上げ足、蹴り足の問題など）や美しさ（足の先まで気持ちを入れるなど）の追求になっていった。

四　学級づくり

荒れている四年生を担任して

――子どもを育てるということ――

この文章は、都留文科大学で学生を相手に話をした内容である。その内容に加筆をして、この一年間についてまとめてみた。

最初に、大学で使用したレジュメを載せておく。分かりずらいとは思うが、おおよその流れはつかめると思う。

一・都留文科大学でのレジュメ

「荒れた子どもたちを担任して

―― 子どもを育てるという視点から ――」

1．はじめに

(1) 自己紹介

埼玉県に就職して約３０年。学生のときは箱石ゼミで学び、その後ずっと箱石先生や小林先生の主催する研究会で学んできました。

今から話すことは、私のやってきたことで、それは絶対ではなく、ひとつの選択でしかない。ですから、ほかのいろいろな方法があるし、どれが正しいかは分からないから、私の話を聞きながら、教育って何か、教師って何かをそれぞれが考える材料にしてほしい。

（2）大学で学んだこと……培う

大学でいろいろな授業を受けて、何か心に残った言葉なり考え方ってありますか？　私は「培う」ということが心に残りました。生活指導の先生（小宮隼人）が話してくれたのですが、「教育は生徒を培うことだ」と。「植物の芽が出ると、ひょろひょろと伸びてきた芽を倒れないように土で支えてやる、それが培うである。」ということでした。そのときはそんなものかなぁと思っただけなのですが、後になっていろいろと分かってくると、本当に教育って「培う」だよなと思うようになりました。

私が生まれた地方の農家の人は、「かたぎる」という言い方をする、それも培うと同様の意味なのです。植物の芽が伸びて葉が2～3枚になったときに、その植物の片側にだけ肥料を置いてその上に土をかける。植物の下のほうの葉っぱを土で隠してしまうくらいに土をかける。これが「かたぎる」なのです。両側を一度にはやらない。かたがわを「かたぎって」植物が伸びたらもう片側を「かたぎる」わけです。これにはいろいろな意味があるようです。その方が植物の生長が早いし、しっかりとした茎になる。たぶん、土で植物の茎を支えるという意味のほかに根をはらせるためや植物の根の呼吸の問題、または植物を少しいじめてあげることなどが含まれているわけです。

「かたぎる」られた植物は、土に支えられ肥料を吸収しながらその土に負けないように生長していく。植物を伸ばそうとして引っ張ってもだめで、倒れないように支えながら必要な肥料を必要な時期に、適切な場所に入れてやる。そうすると植物自らがその肥料を吸収して生長していくというわけです。

また「くいつき肥やし」という言葉もある。これは肥料を植物の根から少し離れたところに入れてやる。そうすると、植物が根を伸ばして自ら肥料にくいついてきて吸収するということです。

これは教育の本質と同じだと思う。植物は子どもで肥料は教材や行事など。今の子どもたちにどんな栄養が必要かを教師が判断し（子どもの状態の分析と診断）、その栄養がどういう意味で必要があるのかを考えたうえで（教材解釈）、その栄養をどのように子どもに与えるか（教育方法）を教師は考えるわけです。

伸びるのは子ども自身の力で伸びるのであって、子どもが伸びるのを助けるために教師がいろいろと研究することが必要なわけです。

（3）楽天的ということ

この年になって、もう定年まであと数年になって、いまだに荒れたクラス・学年を担当させられています。なぜなら、そういう学年を担当できる教師が減ってきているからなのです。

私の学校では、二年間続けて三年生が荒れてました。だからその三年生の後を担任した、つまり二年間続けて四年生を担任しました。今日話をするのは、そのひとつの荒れ方の、特にひどかった三年生の後の四年生の話です。

荒れたクラスや学年を担当することは、私には苦にならない。むしろやる気が出てくるのです。クラスで問題が起きると、「よーし、何とかしてこれを解決し、子どもたちを変えてやろう」という意欲がわくのです。子どもを信頼しているからそういう気持ちになれるのだし、実際、教師が一生懸命やればなんとかなるものです。生来がのんきだからということもあるのですが、楽天的に子どもを見ているし信じてもいる。

（4）力のある教師が減った

なぜ力のある教師が減ったのか。自分のクラスだけはきちんとできる教師は何人かいるのですが、学年全体を育てるという教師は少なくなりました。（昔もあまりいなかったのかもしれませんが。）

世の中が変わった、親の意識も変わった、子どももその影響を受けていると理由はいろいろと考えられますし、実際その通りだと思います。しかし、子どもの本質は変わっていないのです。むしろ変わったのは教師のほうです。教師が教材研究をしなくなったのです。授業のなかみを深く追求しない傾向になってきています。これは恐ろしいことです。

それと、子どもを育てるという視点が抜けてきているということがあります。育てるということは子どもを自立させるということであり、教師が子どもから少しずつ離れていく、ということでもあるのです。そのことが分からない教師が増えてきている。

2. 三年生のときの状態

・二年生のときから荒れていた。

・三年生の担任は定年の年の教師（主任）、新任の教師、五十代の教師。

・三クラス中、二クラスが荒れていた。一人は定年を迎えた教師、もう一人は新任。荒れていないと言われていた一クラスは五十代の教師。しかし、その荒れていなかったというクラスも、かなりひどかったようだ。それは、四年生を担任して分かったこと。

・新任のクラスは、五月には担任が困っていて、私の理科の授業を見に来て、その子どもたちに驚き、授業後、理科室で少し話をしたのだが、自分のクラスと比較し泣き出してしまった。

・けんかが多く、担任の言うことを聞かない。

・反抗する（みんなで隠れているなど）、逃げ帰る子数名。

・通知票を破る子。

・ある男の子は、六年生をぶっ殺しに行くんだと言って、七～八名の子を引き連れて教室を出て行く。

・保護者参観懇談会、保護者が毎日授業参観をしたり、教頭が算数の授業、教務がはりつく等したが、改善されず。

・「うちの子が変わっていく」と言って学校に行かせない保護者も出てくる。

3. 四年生でのこと

＊始業式の日

・式の態度

態度がとても良い。新クラスで並んで話を聞いているのだが、静かに聞いている。

＊始業式の日、これは子どもにとって特別な日である。子どもたちはきちんとやりたがっている。それを引き出せない、また逆の部分を引き出してしまう担任、環境がある。

でも、子どもというのは本来良さを出したがっているのであるということを改めて感じた。

・教室での話

始業式のときのクラスでの話……四年生って何だ？の授業。四年生は高学年である。嘘をつかない、名乗り出る勇気について。子どもたちはよく聞いていた。

ただ、目つきのおかしい子が、無表情の子がいる。
この子たちの心を耕してあげないとと思う。
＊意識づけしたかった。子どもたちはやりたがってい
るんだから、1年あがったと感じているのだから、そ
れをきちんと位置づけてあげたかった。

・次の日
トイレットペーパーが教室前に落ちていたこと、学
年文庫の本が出しっぱなしになっていたことがあり、
その話をしたら、K君が名乗り出た。K君、この子は
始業式のとき、表情が暗かった子だった。
学級全体に対しての私の印象
＊幼い……すぐに文句を言う、すねる、泣く
＊自己中心的……負けると人のせいにする
＊無関心……私の話のときに静かに本を読む女子

（1）教師と子どもの関係づくり……信頼関係
①石好きが増える
・先生はすごい
・E君、石が大好きになる。岩石辞典を買ってくる。

②読み聞かせ
・教師の声に慣れる、教師の朗読練習
・読み物の世界
・Aさんがその本を買ってくる。

③クイズ
・先生は楽しい　みなさん（おやすみ）、カーテン、
ナイフ、作業服、アオダイショウ、トナカイ、無我夢
中、でたらめ、まるで話にならない、メロン、などの
クイズ
・ルールづくり……手を挙げる、当てられなくてもい
じけない。
・自分たちで遊べるようにする……Kさんの動きをみ
んながまねをする。

④苦情処理
・みんなに聞こえるようにいやだ、やめてと言う→黒
板に書く→みんなで話し合う→あやまる（どう思うか
聞くと）
・B君…不満の固まりだったが、とっても落ち着く。

・バージョンアップしていく……良いことを書く、書かないで話し合う。

⑤算数の授業……私の保護者デビュー

・大きな数……億を新聞紙で作って提示する1……一平方ミリメートル　十……縦一ミリと横十ミリ　百……1平方センチ　千……縦一センチと横十センチ　万……十平方センチ　十万……縦十センチと横1メートル　百万……一平方メートル　千万……縦一メートルと横十メートル　1億……十平方メートル

・保護者が感激した授業。片づけを手伝ってくれる。

・S君、その「億」にダイブする。

（2）子どもと子どもの関係づくり

①給食のおかわり

・じゃんけん…子どもたちの様子を見ているとおもしろい、子どもに任せる。ずるをする、自分勝手、わがまま。

＊子どもたちがルールをつくりだすのを待つ。

②連絡カード

・友達に対して…授業中に書いてよい、事実を記録できる、何を伝えるか、友達に対する思い。たくさんかけるようになる、授業内容を振り返る　休んだ子はこの手紙を楽しみにしている。

・書くということ

③自習…先生に出された課題をやれる、自分たちで計画してやれる、それぞれが考えてやれる。

④音楽会と実行委員…モデル

学年全体を育てる　元気良くやる。教師とひとつになる。難しい曲　内容表現が難しいものと技術的に難しいものがある。

⑤掃除点検カード

・この子たちを見ていて、必要だと思ったので、初めて試みてみた。

・友達を見るということ。

・指示が出せるということ。

・みんなで話し合えるということ。
＊これもバージョンアップしていく。

（３）授業＝教材研究

①算数……分数の導入
・分数って何か。
・ユークリッドの互除法
・教材研究は楽しい。

②体育……前まわり
○今はやりの体育の授業……自分の能力に応じた技を選ぶ。
○前まわりは、マット、跳び箱運動の基礎……全員ができるようにする力学（自分の体重で）、マットのつかみ方、腕の使い方、足の脱力、調整力、リズム、流れ。
＊この子たちに、自分の身体を自分の意志通りに動かせるちからをつける。
○集中力…課題になったときに集中する。
○学びあい、教え合い。

４．まとめ
○動き出す子どもたち
・マットやビデオカメラを準備する。
・集団走のかけ声。
○大学で学んでほしいこと

（以上　レジュメ）

二．一年間の取り組み

㈠三年生のときの状態

（１）担任について

この子たちの担任を一年生のときから調べてみると、驚いてしまいました。四クラスの内三クラスが力のない教師に受け持たれていたのです。三年生まで担任した定年間近の教師（主任）、指導力がなく次の年には病休に入ってしまった教師、そして毎年のように問題児を作り出す教師の三人だったのです。

二年生のときは四クラスのうち二クラスが荒れていました。担任の一人は一年生からの主任でもう一人は三十代の新任三年目の教師でした。後で分かったことですが、その主任は一年生のときから、言うことをきかない子に対して暴力をふるっていたようでした。また新任三年目の教師のほうは子どものあとからおいかけてガミガミと言うタイプのようでした。すべてクラス内の問題として処理されたようです。

三年生でクラス替えがあり、四クラスが三クラスになりました。担任はその主任と新任の教師、五十代の教師という組み合わせでした。その主任がその年で定年ということもあり、最後の年に慣れた学年を持たせて、新任の指導をさせて終わらせたいと、校長は考えたようです。これはまったくの校長の判断ミスです。

(2) 三年生のときの状態

三クラス中二クラスが荒れていました。主任と新任の二クラスが大荒れの状態でした。しかし、荒れていないと言われていた一クラスもかなりひどかったようです。それは四年生を担任して分かりました。

新任のクラスは、五月には担任が困っていて、私(四年担任)の理科の授業を見に来て、授業後理科室で少し話をしたのですが、その子どもたちの姿に驚き、自分のクラスと比較して泣き出してしまいました。

二クラスとも、けんかが多く、担任のいうことをきかなくなりました。主任が子どもを叩くと子どもが蹴り返すということもあったようです。子どもが反抗するようになり、みんなで他の教室や準備室に隠れるなど、具体例を挙げるときりがないほどです。そのいくつかを挙げます。

・けんか、もめごとが多く、その結果すねたりいじけたりする子が多数出た。そのたびに教務主任がその子たちを呼び出し、廊下で、職員室で指導したが全く改善されなかった。職員室に連れてこられても、暴れたり泣き続けたりしていた。子どもたちは不満のかたまりのようになっていた。

・家に逃げ帰る子数名。ケンカをして泣きながら家まで帰ってしまい、担任があわてて追いかけていくということが一月に何度かあったようです。また、帰りの会が長引いていると(うるさいからなかなか終わらないのです)、「俺、もう帰る。」と言い残してランドセルをしょって帰ってしまう子まででました。

・担任教師に男子数人が校庭で砂をかけ、他の男子はそれをはやし立てていたということもあったようです。
・通知票を破る子。一学期にもらった通知票の成績が悪かったのでしょう。気に入らないとうことで、担任の前で破り捨てたようです。
・ある男の子は、「五年生をぶっ殺しに行くんだ」と言って七〜八名の子を引き連れて教室を出て行ったそうです。途中で他の教師に止められたようですが。
・保護者参観懇談会を何度か開き、校長が対策を話し保護者にも協力を求めました。その結果、保護者が毎日のように七〜八名授業参観をしたり、教頭が算数の授業、教務がはりつく等しましたが、全く改善されませんでした。それはそうです。担任が自分のやり方を変えなければ変わるはずがないのです。対症療法では解決できない状態になっていたのです。

私がこの問題を全校の問題にしようとしたときに校長が「指導方法にも教師の個人情報が……」と訳の分からないことを言いだしたのです。これにには唖然としました。後の生徒指導部会で私は「校長のあの発言は、このことに口出しをするなということでしょうから、私は何も発言しません。」といじめてあげました。悪い校長ではないのです。ただ、教育とか学級づくりとか子どもを育てるということが全く分かっていないのです。その後私が全く発言をしなくなったので、教務が「加藤先生ならどうします？」と聞きに来て私の意見を聞くとすぐに校長室に入って行くとうことが何度かありました。小さいですね。子どもの状態に責任をとるということができないのでしょうか。
・保護者の状態。「うちの子が変わっていく（だめになっていく）」と言って学校に行かせない保護者も出てきました。また学力を心配して塾に行かせる保護者も増えました。教師不信、学校不信になってしまいました。

(二)子どもたちとの出会い

(1) 担任決定

四月の担任発表（職員会議で）のとき校長が、「今年の重点人事は四年生を加藤先生に担任してもらうということです。ですから、他の学年で希望の通らなかった人もいるとは思いますが、我慢してください。」と言いました。確か昨年も同じことを言ったよなぁ。

(2) 始業式の日

始業式のとき、私は、子どもたちがどんな態度で参加するかを見ていました。落ち着きなく集中しないのではないかと思っていたのですが、全く反対でした。態度がとても良いのです。新しいクラスで並んで話を聞いているのですが、みんなが静かに聞いているのです。姿勢も良く、身体が動かないのです。

始業式、これは子どもにとって特別な日であるわけです。子どもたちはきちんとやりたがっていたのです。それを引き出せない、また逆の部分を引き出してしまう担任、環境があったわけです。その逆境にもめげずに子どもたちは始業式の日、やる気をみせました。そのけなげさに感動しました。子どもというのは本来良さを出したがっているのであるということを改めて感じました。

教室での話は、「4年生って何だ?」という話をしました。今日の始業式の態度は高学年の態度であり、もう今日からは低学年ではなく高学年なんだということを意識づけしたかったのです。そして、嘘をつかない、何かやったら名乗り出るという話を、私の経験を交えて話しました。

ほとんどの子たちは真剣に私の話を聞いていました。ただ、目つきのおかしい子が、無表情の子がいるのです。その子たちの心を耕してあげないといけないと思いました。

(3) 次の日

次の日教室に行くと、オープン(四年生はオープン教室で廊下側に壁がなく、広いスペースになっている場所をオープンと呼んでいる)にトイレットペーパーがぐちゃぐちゃに投げ捨ててあり、学年文庫の本が床に落ちていました。誰がやったかを聞くと、やった子が名乗り出たのです。C君とD君でした。C君は通知票を破いた子でD君も大変な子です。でも、名乗り出たのです。始業式の日の話が入っていたのです。

この日から、幼さ(すぐに文句を言う、すねる、泣く等)、自己中心的(負けると人のせいにする、ずるをする等)、無関心(私が叱っていると、女子の大部分が「私は関係ない」という態度で机から本を出して読みだしたのです）との戦いでした。

本を読む子は、かわいそうだと思いました。三年生のとき男子が暴れ、教師が大声で怒鳴ったりしていことに耐えられなかったのでしょう。本の世界に入ることによって自分を守っていたのだと思います。しかし、それは許されることではありません。

(三)教師と子どもの関係づくり……信頼関係

(1) 石が大好き

四月のある日、休み時間が終わると、ある男の子が「先生、○○君が石を投げてきました。」とその石を持って来たのです。そこで、全員がそろい、石を投げた子を確認してから、その子に対して「この石をなんだと思っている。この石は石灰石という石だぞ。この石はアルミを作るときに使われる。この石がなかったらアルミはできないんだ。そしてこの石が何百万年も地面の中に埋まっていると大理石という宝石になるんだ。国会議事堂は全部大理石でできているんだ。そんな立派な石を人に向かって投げつけるとは何事だ。」と大声で怒りました。


その日からです。子どもたちの石集めが始まったのは。休み時間が終わると、私の机の周りに子どもたちが石を持って集まります。「先生、この石は何？」「ちゃんと一列に並ばないと教えてあげないよ。」まるで一年生です。男も女も、中には腕を水でびっしょりにしながら（学校にはミニチュアの水車小屋があり、そこを流れる川のような所から拾って来るのです）何個も持って来るのです。

「これは、砂岩。砂が集まってできたんだよ。ほら、小さな砂が見えるでしょ？」

「これは、粘板岩。硯になる石だよ。」

「これは石灰岩だ。ほら、ここの部分は大理石になっているぞ。」

「う～ん。これは火山によってできた石だな。」

などと言ってあげると、子どもたちは宝物のようにその石を大事に持って帰るのでした。

そんなことをしていると、石にとりつかれてしまった子も出ました。E君です。E君は、担任を決めるときに、E君のいるクラスを受け持った教師が「私にはE君は無理です。」と言うので、E君だけを私のクラスに動かした子です。

そのE君は岩石図鑑を親に買ってもらい、大事そうに抱えて持って来ました。そして、いつもその本を開いて眺めているのです。その本は、他の子にも人気の的となりました。E君から借りてみんなで見ているのです。

E君は現在、岩石図鑑や宝石図鑑を三冊も持っています。そして、給食配膳中にはそれを眺め、「先生、かんらん石って知ってる?」などと難しいことを言ってくるのです。他の男の子たちもその本を借りて眺めています。

(2) 読み聞かせ

私は、新しいクラスを担任すると読み聞かせをします。これは、私の声に慣れるということと、物語の世界を共有するということをねらいにやります。

まずは短編から入ります。「ききみみずきん(不思議な話)」「ないた赤おに(かなしい話)」「めいたんていホジャ(おかしい話)」。そしてこの子たちにはかなしい話を中心にしようと、中編の「フランダースの犬」を読んであげました。最後に、これは四年生には少し早いのですが、「ああ無情」を読んであげました。この話はストーリーが単純で変化に富んでいる内容であり子どもたちの正義感を刺激するようで、子どもたちは(特に五・六年では)食いついてきます。この子たちは話を聞けないので、黒板に話の内容を整理したり確認したりしながら、読み聞かせを続けました。

するとあるとき、Aさんがにこにこしながら私のところに来て、「これお母さんに買ってもらった。もう半分以上読んじゃった。」と新書版の「ああ無情を」見せるのです。「話の内容は内緒にしてね。」とAさんと秘密を共有しました。

(3) クイズ大会

子どもを引きつけるため、ルールを守って楽しめるということを入れるために、私はクイズをたくさん出します。

最初の頃は私が中心になってクイズを出します。

「ハヒヘホ、これなんだ?」

「う〜ん。」

「フがないよね。ちょっとこわい物だよ。」

「あっ！　分かった。はい、はい。」

「はいはいとうるさい人は差しません。」

静かな中、手だけがピッと挙がります。

「○○君」

「ナイフ」

「正解だけど、何かが足りません。ちゃんと答えられる人。」

「ナイフです。」

「大正解。」

こんな調子で続けていきますが、だんだん子どもたちだけで遊べるようにしていきます。

「問題を出したい人！」

子どもたちは張り切って手を挙げます。

「じゃあFさん。」さされたらハイと大きな声で返事をして、手を大きく振って歩いてくる。そして礼をして問題を出すんだよ。」と冗談で言うと、お茶目なFさんは腕をまっすぐに伸ばしたまま、頭よりも上に大きく腕を振って出て来ました。みんな大笑い。Fさんも楽しそうに笑いながら出て来ます。そして真剣な表情に変わって礼をしました。それからです、出て来る子の手の振り方が小さいと、

「だめ、手をもっと大きく振って。」などと注文が子どもたちから飛び、言われた子もにこにこしながらやり直すのです。「礼を忘れたよ。」などと優しく注文を出す子も出てきました。

それらが定着してきたら、私が出張等で自習のときもクイズの時間を少しとってあげます。子どもたちだけで、楽しい自習ができたようです。

(4) 苦情処理

この子たちには、不平不満がいっぱいたまっていました。休み時間が終わると、○○君がぶった、△△君が悪口を言った等々、かなりの苦情が集まります。いちいちそれらに対応していたらきりがないので、黒板に書かせることにしました。ただし、もんくを言いたい子の名前を書かせるのです。ただし、黒板に書く前に「いやだ。やめて。あやまって。」と相手に伝えて、それでもだめだった場合にだけ書くように言いました。

黒板に書かれただけで、相手にあやまって消しても

ら子も出たのですが、それでも毎回十名程度の名前が書かれます。それらについては、一つひとつ丁寧に対処していきました。

「書かれた人、立ってください。なぜ書かれたか分かりますか？」

「分かりません。」

「書いた人、立って理由を説明してください。」

その子が説明している途中に「だって〜〜だから。」といい訳を言い出す子がほとんどだったので、「言いたいことは後で聞くので、相手の言い分を最後まで聞いてから反論しなさい。」というルールを入れていきました。

相手の言い分が分かると、たいていの子は素直に謝ります。あやってもらった方の子も「いいよ。」とすぐに許すのです。子どもっていいなと思います。

あるとき、名前を書いた理由を「○○さんは、日直をやらないで帰りました。」とある子が言ったのです。○○さんに聞いてみると「私は黒板をやって、△△君(同じ日直)に用があるから帰っていい？　と聞いて、いいよと言われたから帰った。」と説明したのです。


みんなも納得。名前を書く前に相手に確認をしてからじゃないと間違うね、と話しました。

私のやったことは、文句のある子の言い分をみんなの前できちんと話させ、その上で言われた子の言い分も言わせるということです。それぞれの言い分をみんなの前ではっきりさせる、ただそれだけのことですが、とても重要なことなのです。

三年生のときに問題行動の多かったB君の母親が保健室の教師に話をしたそうです。「うちの子は、黒板に名前を書くことで安心して、落ち着きました。」と。B君はとっても不満の多い子で、二年生のときは授業が終わると休み時間に職員室に入って来て、一人でばーっと文句を言ってから教室に帰って行く子でした。そして三年生のときは、ケンカをするとはさみなどを持ち出しては相手をしつこく追い回したり、鉛筆で友達を刺したりしたようで、顔に怪我をさせられた子も数名いたようです。母親は毎日のように教室に来てB君につきっきりでした。四年生になってからはその回数も数えるほどに減りました。ともかく不平不満の多い子なので、それらをはき出させ相手に伝えさせることにより、落ち着いていったのです。
黒板に書く↓みんなで話し合う↓あやまる↓他の子にどう思うかと聞く、の繰り返しでした。そしてそれをバージョンアップさせていきます。黒板に書けば先生が解決してくれると子どもたちが安心したところで、書かないで話し合ってそれでも解決できなかった場合にだけ書くということと、良いことを書くということに変えていきました。

（5）算数の授業……教師の保護者デビュー

四月の授業参観懇談会は算数「大きな数」の授業をしました。これは、子どもたちと保護者にインパクトを与えるための授業です。

一……一平方ミリ、十……一ミリと十ミリ、百……一平方センチ、千……一センチと十センチ、一万……十平方センチ、十万……十センチと一メートルと色画用紙で作っていき、百万……一平方メートル、千万…一メートルと十メートル、一億…十平方メートルと新聞紙で作りました。

一（見えないくらい小さい）から順番に黒板に貼っていき、最後の一億は子どもたちの頭の上に広げました。子どもたちは大喜びで、万歳をするように手を挙げて一億を支えました。これで量の概念が入ったとは思いませんが、子どもたちにはインパクトがありました。

参観している保護者からも驚きの声が上がり、十億を片づけるときに、数人の保護者がきれいに畳んでくれました。

授業が終わり懇談会が始まる前、私はまだ子どもたちを信用していませんでしたので、その一億の新聞紙（一メートル平方で厚さ五十センチはあり布団のようになっていた）に何かする子が出るのではないかと思って、片づけに行こうとしました。しかし、保護者に話しかけられ少し話している間に、G君がその一億にダイブしたのです。ふかふかの布団のようですからそれは気持ちいいでしょう。しかし、この一億は私が三日間かかってやっと作り上げた物なのです。そういうことが分からない子たちなのです。次の日にその話をして、G君には破れた箇所を修理させました。

㈣子どもと子どもの関係づくり

子どもと子どもの関係も、いろいろな方法で作っていきました。不平不満が多く、すぐにいじけて泣いたり、暴力をふるったりする子どもたちですから、子どもたちだけでいろいろなことができるようにしたいと思いました。子どもたちの行動を見ていると、とってもおもしろい。低学年レベルのもめごとがいっぱいあり、おかしくて笑ってしまうことが多々ありました。

(1) 給食のおかわり

給食で余ったもの（唐揚げとかヨーグルトなどの子どもたちが欲しがるもの）の分け方は、じゃんけんで決めるという方法をとりました。これもいろいろな方法があり、揉めずに平等に分ける方法もあるのですが、私は揉めさせたいと考えました。その揉めることの中から、方法や公平さを身につけさせたかったからです。

じゃんけんをしていい時間になると、子どもたちは食缶の近くに集まります。

「最初はグー、じゃんけんぽん。」と元気良く始めます。

「今、俺の後ろを○○が通って腕にぶつかったから。」と、負けた子が言い出します。そこから揉め出すのです。「パーで勝ったのに負けにされた。」「後出ししてないのに、後出しと言われた。」等々。中には、負けたのに「俺勝った。」と言って、おかずを勝手に持って行ってしまう子まで出ました。「じゃあ、先生が見ているから、じゃんけんしな。」と、揉めそうなメンバーが入っているときには、私が出て行きます。そんなことをしているうちに、ルールが決まってきます。

①じゃんけんで手を出したら、全員の手を止めたままにしておき、全員でしっかり確認する。
②人数が多いときには、小グループに分かれてじゃんけんをする。などです。

子どもたちがある程度ルールを守れるようになってきたら、これもバージョンアップします。「お代わりじゃんけんをするときは、静かに出て来て、静かにじゃんけんをする。」と。ある程度ルールが入ってきている段階でそれを入れると、子どもたちは静かにじゃんけんをします。騒いだらお代わりができないのですから、当然です。

（2）欠席の連絡カード

どの学年を持ったときも、これは書かせます。欠席した子に、授業の内容を書かせるのです。私の場合は、授業中もそれを書いてよいとしています。授業を受けながら、私の話を書き込んだり、板書をそのカードに書き込みます。

このねらいは、友達に対しての思いをつくることと、授業内容を記録できること、その要点を記録できること、です。

最初の頃は二〜三行でも許しますが、たくさん書く子が必ず出てきます。そういったときをチャンスに指導を入れます。「休んだ子はこの手紙をとても楽しみにしている。書くことによって、書く力、授業内容を記憶する力がつく。そして、授業をもう一度振り返るわけだから、自分にとってもすごい勉強になる。」と。すると、だんだんと書く量が多くなります。

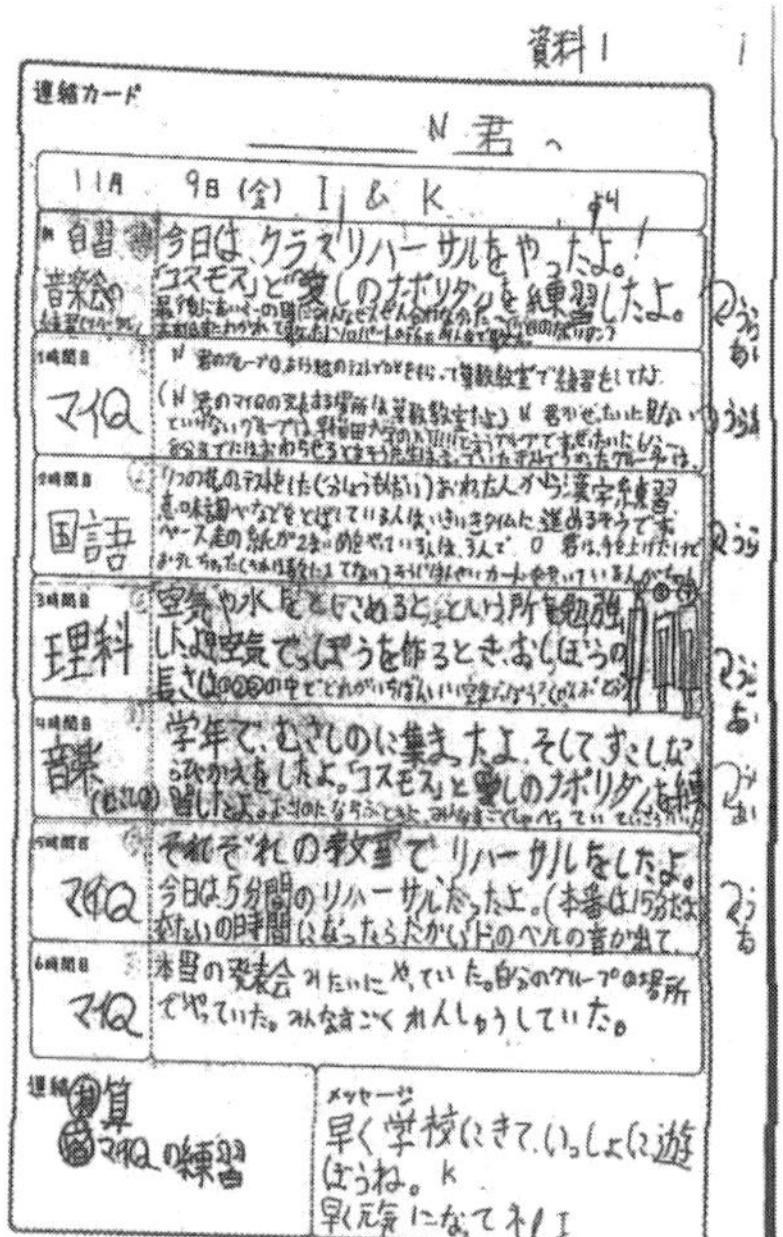

（3）自習ができる

朝自習に対して、最初は、私が課題を出しておきます。それができるようになると、子どもに課題を出させます。学習係の子に「これを配ってやらせなさい。」と指示を出しておきます。それもできるようになったら、学習係に自習内容を考えさせます。

あるとき、職員打ち合わせが終わって教室に行くと、学習係の子たちが前に出ていてみんなで国語の本を読んでいました。学習係の子たちが一行読むと、他の子たちが声をそろえて読んでいました。ほほえましい光景でした。

　オペレッタ「子どもの世界だ」を十一月から始めたときも、学習係の子たちが、朝自習の時間に曲を教えていました。ほとんど毎回の朝自習をそれに使っていました。その朝自習だけで、歌はほとんど覚えてしまっていました。

（4）掃除について

　ある程度、自分たちで掃除ができるようになった段階で、もっときちんと掃除ができるようにするためにはどうしたらいいかを考えました。そこで考えたのが、「掃除点検カード」でした。こんなカードを使うのは私にとっては初めてのことです。

　最初は、このカードを書く子を一人決め（順番に全員がやる）、その子は掃除をやらないで、掃除をしている子たちを見て、「ここをやって。」とか「ここが汚いよ。」とか指示を出しながらカードを書くようにさせました。つまり、友達の掃除をしている姿を見て指示を出させたのです。でも、こんな単純なことができない子が多くいました。特に男子はできないのです。文句はいくらでも言えるのにです。そんな子には私が付いて指示の出し方を教えました。

　そんなことをしているうちにだんだんとできてきますので、次は掃除をしながら指示を出すというふうに変えていきました。そして、子どもたちが動けるようになった段階で、このカードはやめました。

　ある日、私が理科室廊下の掃除を見に行きますと、石博士のE君が廊下に両膝をついて正座するようにして、両手でぞうきんを押して、ごしごしと力強く床を拭いていたのです。そのときは私は何も言いませんでしたが、次の日にクラス全員にその話をしました。すると、同じ班の何人もの子が「E君はおといもそうやっていたよ。」と口をそろえて言うのです。「ほら、E君、みんなは何も言わないけど、E君の良いところを見ていてくれるんだよ。」

　と私が言うと、不満の多いE君の顔がほっとしたように柔らかくなりました。そして、E君にみんなの前でそのやり方を披露してもらって、「今日はE君のやり方で掃除をしてください。」と話しました。その日、

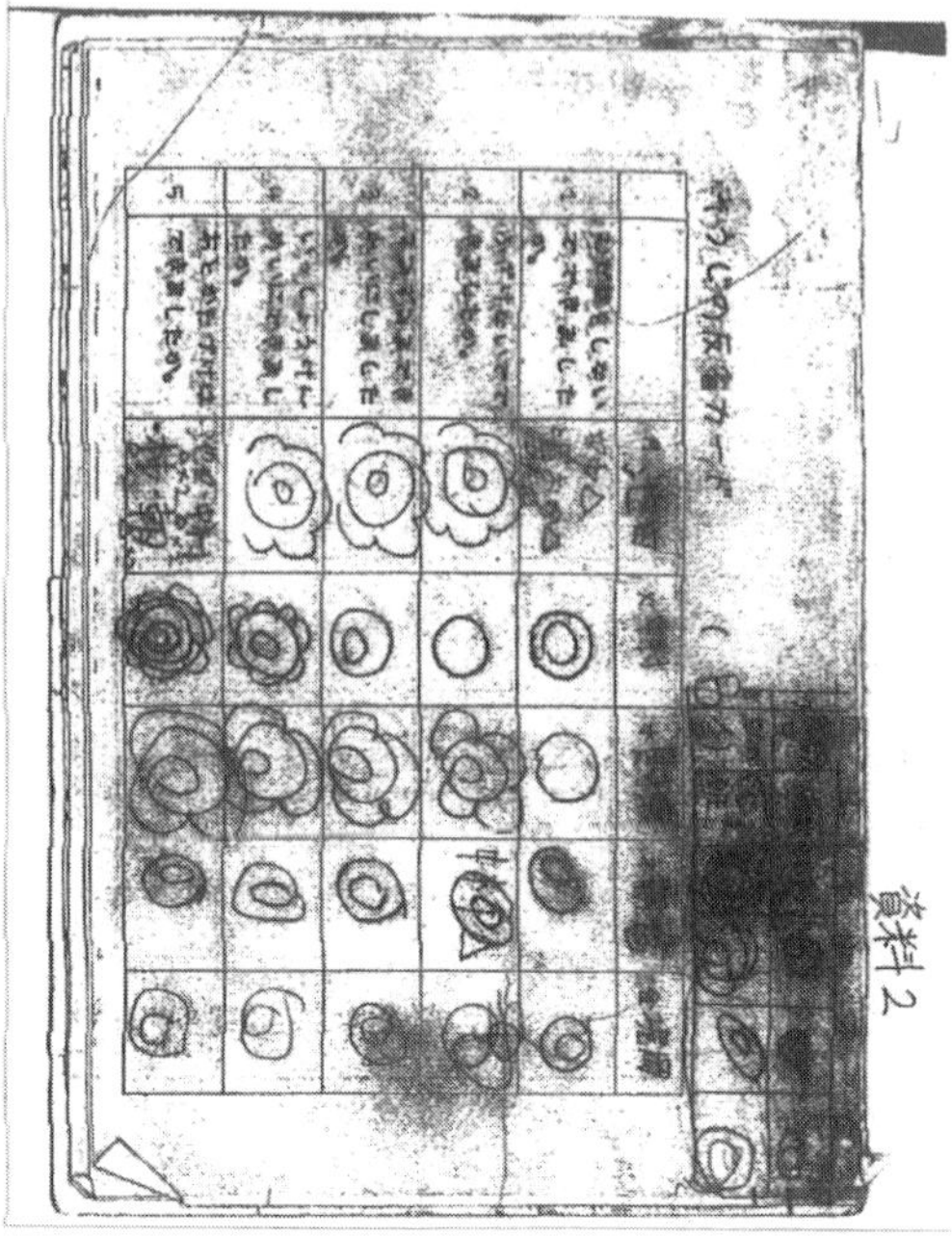

たまたま掃除風景の写真を撮りに来ていた教務主任が、黙々とごしごしと雑巾をかける子どもたちの姿に、驚きの声をあげていました。

（5）実行委員、そして音楽会

　学年全体を育てるという視点で、学年行事で実行委員形式を取り入れました。それは、昨年暴れ回った子たちに良いモデルを作って見せたかったのです。良いモデルにあこがれを持たせたかったわけです。

　マイQ（総合の時間）実行委員、保護者発表会実行委員、音楽会実行委員、ペース走実行委員など七つの実行委員会を次々と作り、その指導はほとんど私がやりました。

　はじめの頃は、全ての台本を私が作り（もちろん子どもが工夫する部分も入れて）、休み時間などリハーサルを重ねました。

　初めて実行委員が学年の前で司会をする日、実行委員たちは学年の前に緊張して立ちます。しかし、十分に練習してあるので、堂々と大きな声で一人ひとりが話し始めます。そんな姿に、子どもたちは拍手をおくっていました。

　実行委員形式が定着してくると、自分たちで動き出します。「今日実行委員会を開く」と伝えておくと、子どもたちだけで集まって練習をしていることもたびたびありました。一度全部を流してみて、反省をしながらやり直しているのです。私が行くと、「先生、これを入れたい。」とも言い出すので、どんどん子どもの意見を取り入れました。

ある時、急にサポートスタッフの方にお礼を言わなくてはならないことがありました。その十分前に実行委員を集めて、分担をして、練習をしておくように話しました。そして、サポートスタッフの前で話し始めました。三年生のときにハサミを持って友だちを追いかけていたB君がこんなことを言ったのです。「ぼくは、サポートスタッフの方といろいろな話ができて良かったです。」と。このサポートスタッフは国語と算数の丸付けをしてくれた方々だったのですが、B君のその話を聞いていたサポートスタッフの人たちも「私もみなさんと出会えて……。」と話をしてくれました。私もB君の話には感動しました。

校内音楽会には特に力を入れました。全校の前で発表するわけだし、その後には学校公開日に保護者にも見せる予定でした。学年全体がひとつになること、指揮者の教師と子どもたち全員がひとつになることをねらいました。多少下手でも良いので、迫力のある演奏を目指しました。そのためには少し難しい曲を選び、その上で徹底的な練習をしました。朝、休み時間、給食配膳時間と毎日のように練習をしましたが、子どもたちは良くついてきました。

学校公開日では、音楽会のビデオを保護者に見せた上での生演奏をしました。実行委員がどうどうと司会をして、迫力ある音がホールいっぱいに響き渡りました。中には涙を流しながら子どもたちの演奏を聴いている保護者もいました。子どもたちの成長した様子に感動した感想がたくさん届きました。

(五) 授業

1 「前まわり」と「開脚前まわり」

この際、「ザ・前まわり」をやろうと思いました。現在担任している子どもたちは、ともかく暴れ回るのが好きで、休み時間は砂まみれになって遊んでいます。もちろん、遊びだけじゃなくて、けんかも行動も激しい。だから、その体力を生かして技を完璧に完成させること、集中して落ち着いてひとつの技をやりあげることを体験させたいと思いました。子どもたちも学びたがっていると思いました。

だが、前まわりをやらせてみると、ともかく身体が硬い。やる気はすごく伝わってくるのですが、そして私の指示をきちんとやろうとするのですが、それができない。脚を伸ばしたままバタンとマットに脚を打ち付けて立てない子、腕が使えずに肘を曲げて逃げてしまう子、個人差も大きい。これでは「ザ・前まわり」は無理だと軌道修正する。基礎の重要性を痛感しました。

自分の意志どおりに身体を動かす・コントロールするということができない子が多いのです。自分の身体を柔軟に使えるということを子どもたちに入れる、これが私の課題となりました。

一時間目は、前まわりの基本を教える。指でマットをつかむこと、腕をリームにすること、首をあげて前方を見ながら肩を前に出していき我慢できなくなったら頭を入れて（スイッチを入れると呼んだ）まわること。

二時間目は、同じことを繰り返しても仕方がないので、腕立て伏せの姿勢からの前まわりを入れる。これは、子どもたちを刺激したのです。脚を引っ張るには腹筋、背筋、腕の力を必要とするので、大技に感じるからです。脚を引っ張ってくることのできない子には、つま先で歩くことを教えました。

子どもたちは全身に力を入れて無理に脚を引っ張ってこようとしていたので、脚の脱力、腕をリームにしたまま肩を出すことを教えました。いつも暴れていた男の子たちが、脚を引っ張ってきて小気味よくまわっています。この腕立てふせからの前まわりは、腕を使う、足の脱力には効果的でしたが、腰が高くなってしまう子がでるという問題点もありました。

次の時間から普通の前まわりに戻し、八時間程度で前まわりの指導は終わりました。

前まわりを指導している段階では、子どもたちは学びたがっているのだが、四十五分間マットだけで集中させることはできないと私は考えていたので体育の前半は縄跳びやドッチボールなどをやって身体を思いっきり動かさせたあとに二十分程度で取り組んでいきました。

しかし、開脚前まわりの指導にうつたときは、子どもの集中力が段違いにアップして、友だちの技を見る目も変わってきていました。授業が終わっても「もっとやりたい」という子も出てきたのです。

子どもの身体のかたさという点では、前回同様苦労しました。立つときに脚を開いて立つということを説明してやらせてみると、脚を閉じたままになってしまい「あれ？」と首をかしげる子が続出しました。あっちこっちで「あれ？」「あれ？」「あれ？」という声が聞こえてくるのです。自分は脚を開こうとしているのに、脚をそのようには動かせない。身体と精神が柔軟でないのです。

それでも何回か練習していくうちに、そのレベルの子は減っていきました。次は、脚が開けても膝が曲がってしまうという身体の硬さが問題となりました。このことに対しては、脚を開くための練習（いくつかの方法を使って）をしてあげ、脚を開かせたままその子の手を私が引っ張って立たせるという方法をとりました。

開脚前まわりのいくつかのポイント。

①前まわりがある程度できる。

②まわり出したら、両手をすぐに股の間に入れてマットにつこうとする。これは次への準備であり、手を股の間に入れることによって背中が丸くなり、回転力が生まれる。ここで回転力ができるとリズムが生まれ、脚をそれほど大きく開かなくても立てるようになってくる。

③立つときは、膝を伸ばしたまま、顔をマットにつけるようにする。腕でマットを支えながら顔をマットに近づけると、身体の重心が前に来て、膝を伸ばしたままでも立てるようになる。

ある程度脚を開いたまま立てるようになってくると、次の課題を出す子がいるのです。これには驚きます。子どもの感性ってすごいものだと思います。

「先生、脚はいつ開いたらいいの？」

子どもたちは、脚が床を離れるとすぐに脚を開いてまわっていたのです。これは、私もどこで子どもたちに話そうかと思っていた課題でもあったのでした。

子どもが出してくれた課題で、そのタイミングを探すことで1時間授業を組んでみました。最初に子どもたちを集めて、数人の子にやらせながら私が指導したときの子どもたちの集中力には本当に驚かされました。

食い入るように見つめ、代表でやっている子と一緒に学んでいたのです。

2 オペレッタ「子どもの世界だ」

この教材には、目の前の子どもたちに伝えたいメッセージが入っています。「美しい世の中を」「正しい世の中を」「いじわるするものひとりもいない」「そんな世界をつくろうよ」等々。子どもたちへのメッセージだけでなく、親へのメッセージでもあります。

しかし、ピアノも弾けない歌も歌えない私が指導するのですから、次のことを中心にすえました。

①今の自分を出すこと。
②この世界を楽しむこと。
③クラスがひとつになること。

(1) 学習係が張り切る

まずは伴奏を学習係に頼み、楽譜を渡しました。渡されると張り切って4人でどこを弾くか分担していました。ピアノを習っている子は一人だけだったので、その子が難しいところを弾くことになりました。Hさんは家にピアノがないということで、ピアノのある子の家まで行き、そこで練習をしていたそうです。

合格シールを使いました。たまたま誰かにもらった合格シールを学習係に渡して、合格した子には張るように話したのです。私は今までシールなど使ったことはなかったのですが、まあ余っていることだしと思って渡しました。

朝自習のときに学習係がテストをして合格したらシールをあげるようにしたのですが、子どもたちはピアノの前に列を作って、ピアノの前の子たちは歌を歌い、後ろに並んでいる子たちも歌を練習している光景がありました。朝自習なのに、教室中が歌でいっぱいになっている感じがしました。遊んでいる子はひとりもいないし、「誰々君がひとりでいるから、一緒にテスト受けていい?」と聞きに来る子がいて、「いいよ」と話すとさっそくその子に話しに行き一緒に練習をしていました。これはシール効果なのだろうか? 違います、ここまで子どもたちが育ったということなので す。

（2）オペレッタで遊ぶ子がでる

掃除のとき、ある男の子が「みんなみんなまって！ほうきがまだ終わってないよ！」と言い出したのです。「あれ、オペレッタだね」というと「うん」と答えます。「ねえ、ちょっとみんなで考えてみようよ」などという言葉も飛び交っていました。

（3）歌が良くなる

歌はどんどん良くなりました。張り切りすぎで怒鳴り気味ではあるのですが、それでいいと思いました。子どもたちは精一杯やっているのだから。特に男子は、十人程度の木々たちなのに、他のクラス全員分くらいの声を出していました。荒れくれだった男の子たちが、かわいい表情で、全身で精一杯歌っています。フィナーレの歌「だれーでも、だれーでも」を最初は女子、次は男子と歌わせると、男子は女子の3倍も声を出します。それをほめると女子も声を出してくるのです。

（4）踊りについて

最初、子どもたちはどう動いていいか分からない状態でした。「ともかく動け」と私に言われるものだから、曲に関係なく動いていました。A君は「そんなのかんけいねえ」という今流行のギャグをやっていました。でも、それはそのまま放っておきました。

そのうちに、曲に合った動きが生まれてきました。女子の何人かの歩くリズムが曲に合ってきたのです。AさんとIさんとJさん（いわゆる女子の三角関係になりがちな子たち）たちが三人で相談して動きを決めていました。曲に合ってはいないのですが、動きが大きく、踊りを楽しんでいるので、みんなの前で発表させました。照れながらもやった三人に、まわりはにこにこ笑いながら拍手をしていました。そして楽しさが伝染していきました。

この段階で、学年学習発表会（保護者対象）が来てしまいました。初めての体育館での演技で、広さを使いきれずに後半は後ろに集まってしまいました。しかし、子どもたちの精一杯やっている姿に、私はこれで十分だと思いました。もちろん、保護者やビデオを撮ってくれた教務主任はとても感動していました。教務主任は、「私にビデオをとらせたのは、私に対する加藤先生のメッセージだったのですか？」と聞いてきました。私は「もちろん！」と答えておきました。

オペレッタの練習は小ホールでやっていました。小ホールは、三階四階をぶち抜いた教室二つ分くらいの広さを持っており、四階の窓からはホール全体を見渡すことができる教室です。

ある日、練習が終わって私が職員室に戻ると、五年生の担任が私のところに来て、「すごーい。とってもいい声が聞こえるので、授業中なのに（四階の窓から）見に行ってしまいました。学校始まって以来の声ですよ。今度ぜひ見せてください。」と言うのでした。また、練習を見学に来る職員、四階の窓からじっと見つめている職員などが出てきました。

そういうことがあったので、保護者向けの発表が終わってから、子どもたちに聞いてみました。「オペレッタを見たいという先生がいるんだけど、まだやれる？」と聞くと、子どもたちは「やるー」と答えるのです。Jさんは「私、オペレッタ大好き。」とも言いました。

＊子どもたちは楽譜を手作りし、自分の発表するグループのメンバーが書いてあり、合格シールも貼ってある。

＊全員の配役一覧も子どもたちが作ってきた。パソコンでいろいろな色も使いフォントの大きさも変えていた。

（5）子どもの変化

B君、オペレッタでは「ああ楽しかった。」というせりふを言う役でした。最初は、つまらなそうに暗い感じで「ああ楽しかっ

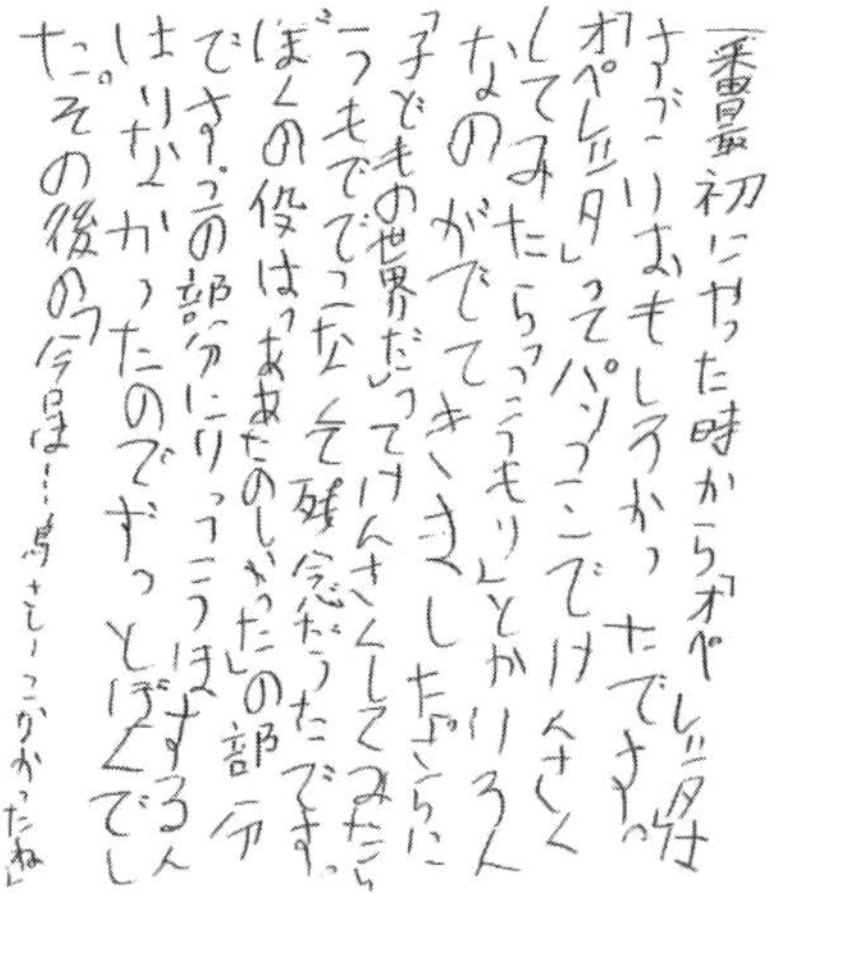

一番最初にやった時から「オペレッタ」は
すご〜くおもしろかったです。
「オペレッタ」ってパソコンでけんさく
してみたら「こっけいもの」とかいろん
なのがでてきました。ぼくらに
「子どもの世界だ」ってけんさくしてみたら
一つもでてこなくて残念だったです。
ぼくの役は「ああたのしかった」の部分
です。この部分にりっこうほする人
た。その後の今日は…「ああたのしかったね」

た。」といっていたのですが、「ぜんぜん楽しそうじゃないね。」と指摘するだけで、にこにこと笑って少しは楽しそうにせりふを言いました。そのときの彼の文章です。

塾に行かせるために友だちとの遊びを禁止され、部屋で好きなパソコンをしていた彼が、精一杯オペレッタに向かおうとしていたのです。

その後、B君に動きを入れることを要求したとき、彼は両手を大きく円を描くように動かしながらせりふを言いました。その動きはまったくせりふに合っていないのだけれども、彼の精一杯さが私に伝わってきて、私はとっても嬉しく感じました。

最後の発表会の招待状の彼の文章がこれです。ミスターブラック先生というのは、教務主任のあだ名なのです。彼のこういう表現方法に、そしてしっかりとした筆圧の字に、彼の明るさ、意気込み、ユーモアを私は感じました。もちろん、オペレッタだけでこうなったのではなく、少しずつ変わってきていたのですが、この文章に、今の彼が集約されているような気がします。

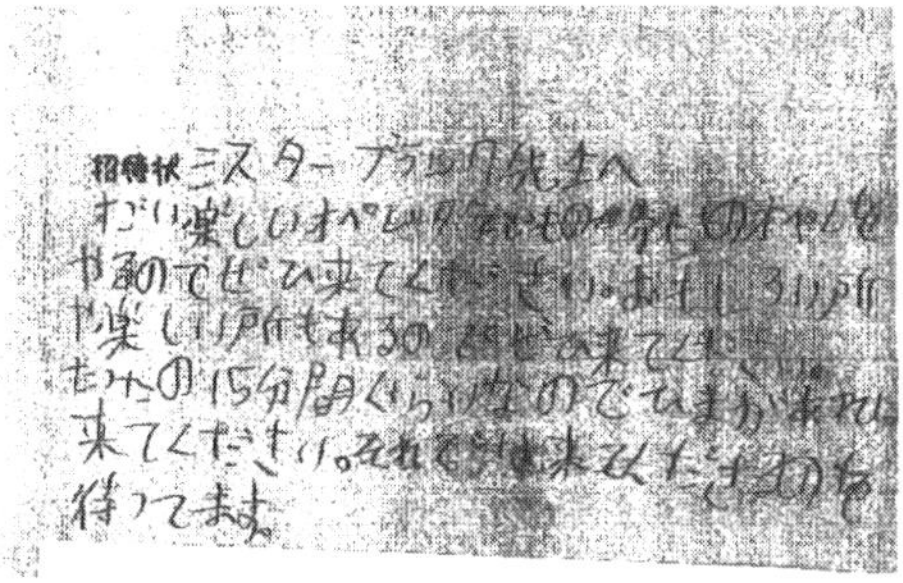
招待状 ミスターブラック先生へ
すごい楽しいオペレッタ[illegible]をやるのでぜひ来てく[illegible]さい。おもしろい所や楽しい所もあるのでぜひ来てく[illegible]
たったの15分間くらいなのでひまがあれば来てください。それでは来てくださるのを待ってます。

春休みの三月三十一日、B君の母親から電話が私宛にかかってきました。また相談の電話かなと思って出てみると、どうも様子が違うのです。「先生、移動するんですね。」という話でした。私の移動は既に新聞発表されていて、はっきりとは言わなかったのですが、どうも私に対してお礼が言いたかったようなのです。この母親なりの気持ちの表し方であり、やはり求めてはいたのだと感じました。

K君、彼は三年生のときに何度も学校から家に逃げ帰った子です。そのほとんどが友だちとのけんか。感受性の強い子なので、我慢ができなくなったのでしょう。

その彼が何度もいろいろな役に挑戦し、何度も落ちても向かってくるようになりました。そして「もう、オペレッタで心が一つになった三組が終わっちゃうんだなぁと思います。」と少し感傷に耽った文章まで書いたのでした。

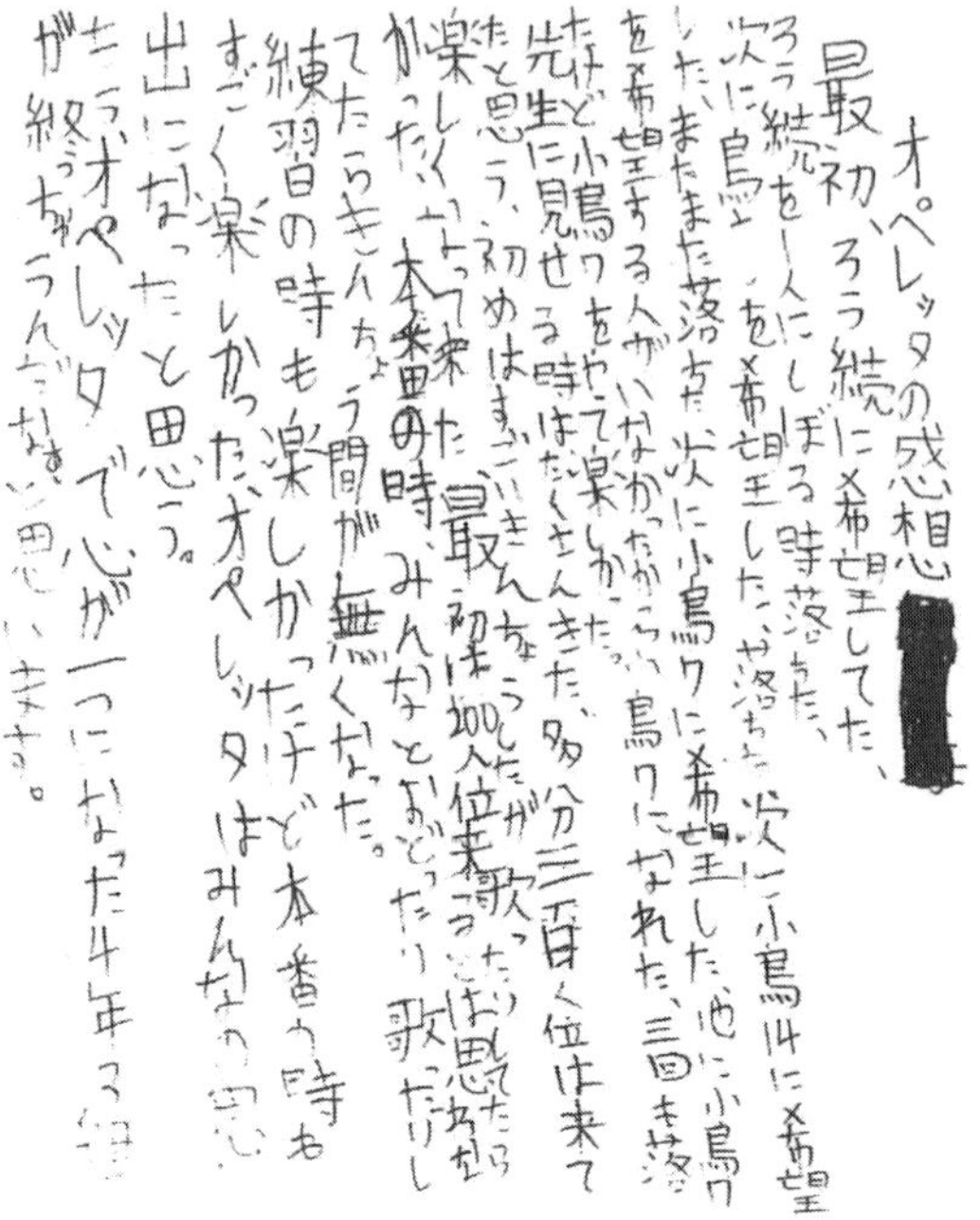

オペレッタの感想 [redacted]
最初、ろう続に希望してた、
ろう続を一人にしぼる時落ちた、
次に鳥と を希望した、や落ちた次に小鳥14に希望
したまたまた落ちた次に小鳥ワに希望した、他に小鳥ワ
を希望する人がいなかったから、鳥ワになれた、三回も落ち
たけど小鳥ワをやって楽しかった。
先生に見せる時はたくさんきた、多分三百人位は来て
たと思う、初めはすごいきんちょうしたが歌ったり
楽しくなって来た最初は
かったくさん本番の時、みんなとおどったり歌ったりし
てたらきんちょう間が無くなった。
練習の時も楽しかったけど本番の時も
すごく楽しかった、オペレッタはみんなの心
出になったと思う。
もう、オペレッタで心が一つになった4年3組
が終わっちゃうんだなぁと思います。

Lさん。九九もまだ完全には覚えきっていない。しかし、算数のときなど、最後まで黙々と問題をといていました。できないからといっていじけてしまったり投げやりになったりしない、やさしい子です。おとなしくて、みんなの後ろにいつもいるような子でしたが、彼女にとってオペレッタは、自分を変えるきっかけになったようです。

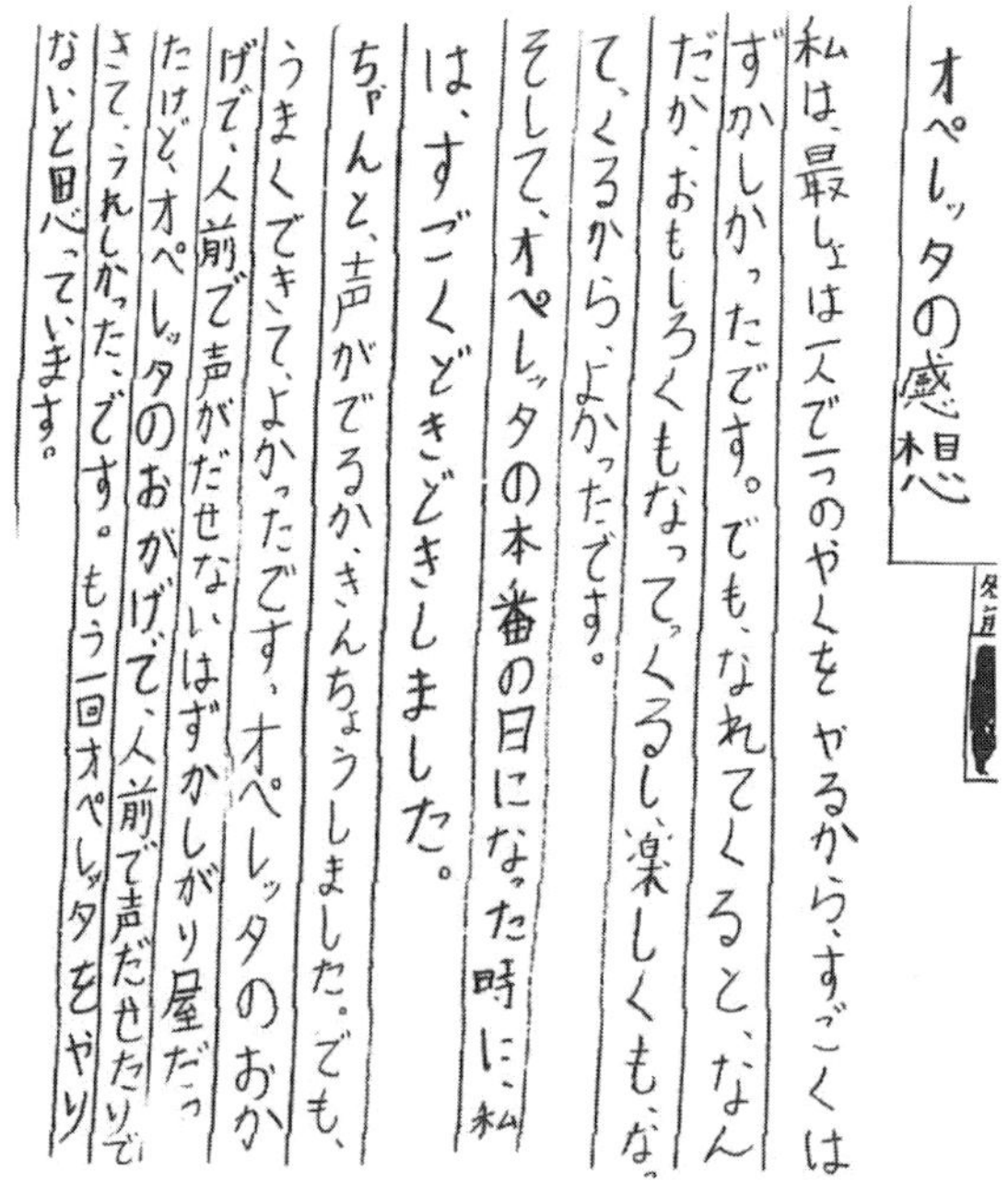

オペレッタの感想
名前 [redacted]
私は、最しょは一人で一つのやくをやるから、すごくはずかしかったです。でも、なれてくると、なんだか、おもしろくもなってくるし、楽しくもなって、くるから、よかったです。
そして、オペレッタの本番の日になった時に、私は、すごくどきどきしました。
ちゃんと、声がでるか、きんちょうしました。でも、うまくできて、よかったです、オペレッタのおかげで、人前で声がだせないはずかしがり屋だったけど、オペレッタのおかげで、人前で声だせたりできて、うれしかった、です。もう一回オペレッタをやりないと思っています。

N君。彼も三年生のときクラスから勝手に帰ってしまった子です。彼は帰るときに「もうめんどくさいから、俺、帰るからな。」とまわりの子に宣言して帰ったという確信犯的な子です。

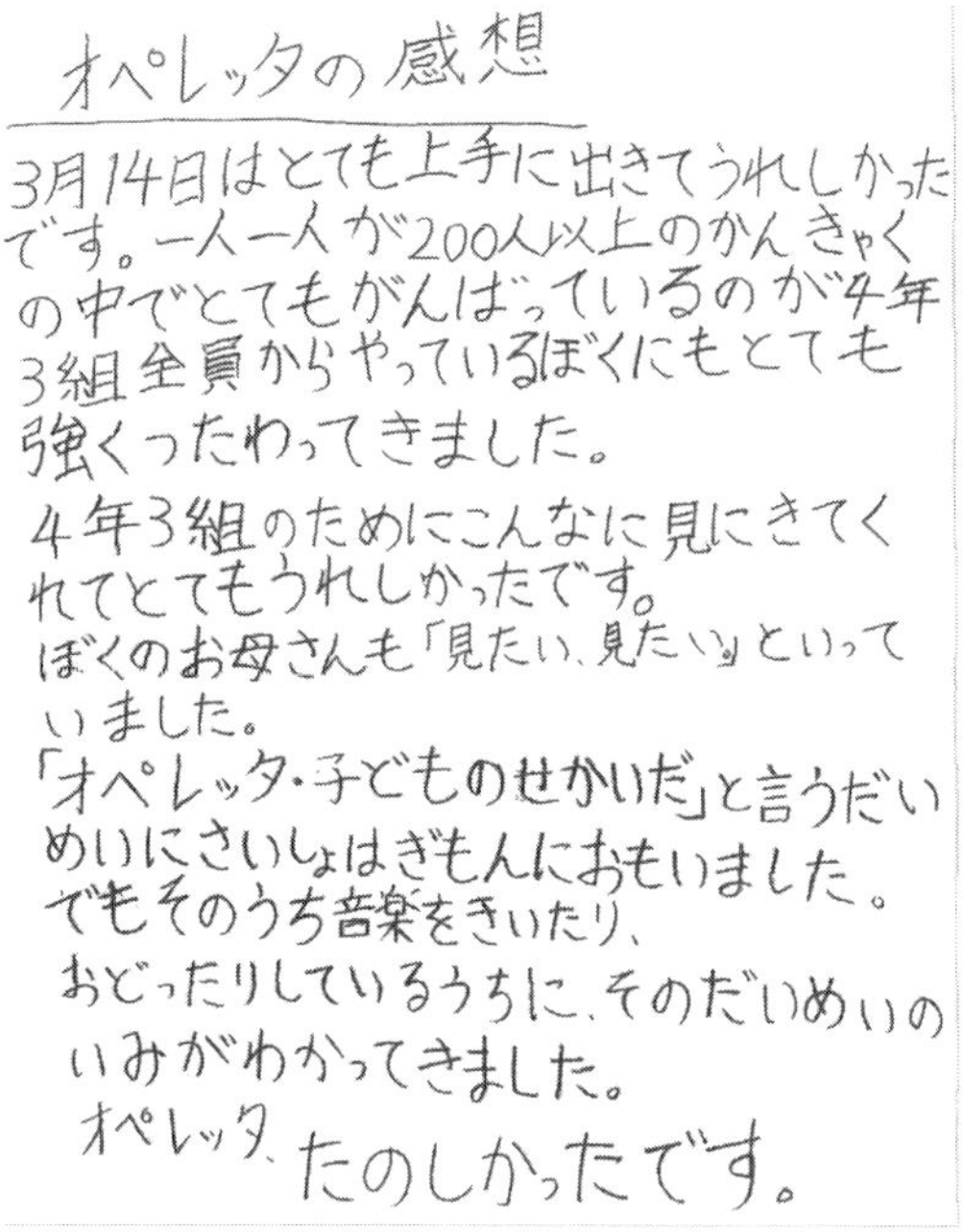

オペレッタの感想

3月14日はとても上手に出きてうれしかったです。一人一人が200人以上のかんきゃくの中でとてもがんばっているのが4年3組全員からやっているぼくにもとても強くったわってきました。

4年3組のためにこんなに見にきてくれてとてもうれしかったです。

ぼくのお母さんも「見たい、見たい」といっていました。

「オペレッタ・子どものせかいだ」と言うだいめいにさいしょはぎもんにおもいました。でもそのうち音楽をきいたり、おどったりしているうちに、そのだいめいのいみがわかってきました。

オペレッタ、たのしかったです。

オペレッタの題名の意味が最初は分からなかったけれど、「音楽をきいたり、おどったりしているうちに、そのだいめいのいみがわかってきました。」と書いています。どのように分かったのかは書かれていませんが、その後の文章「オペレッタ、たのしかったです。」という文章を見ると、彼の求めていた楽しい世界がここにあったという意味なのでしょう。

そして、N君の母親も次のような感想を寄せてくれた。

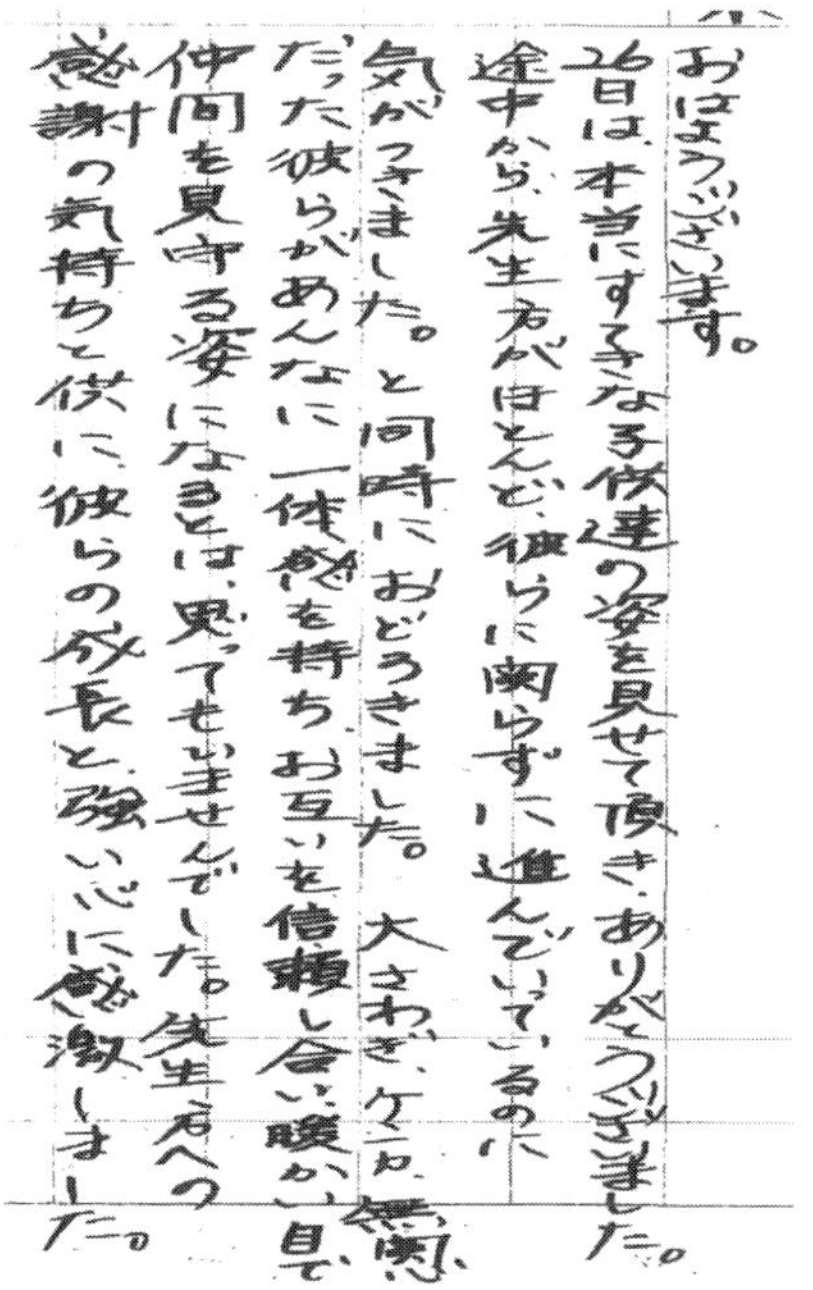

おはようございます。

昨日は本当にすてきな子供達の姿を見せて頂き、ありがとうございました。

途中から、先生方がほとんど、彼らに関らずに進んでいっているのに気がつきました。と同時におどろきました。大さわぎ、ケンカ、無関心、だった彼らがあんなに一体感を持ち、お互いを信頼し合い、暖かい目で仲間を見守る姿になるとは、思ってもいませんでした。先生方への感謝の気持ちと供に、彼らの成長と強い心に感激しました。

Mさん。オペレッタの配役の一覧を自宅のパソコンでいろいろな色も使いフォントの大きさも変えて作ってきた子です。三年生のときは、男子といろいろなことで揉め、かなりつらい思いをした子です。その子が「これからも、このオペレッタ子どもの世界だをいかして、こまった時や、かなしい時、おもいだしていきたいです。」と書いています。明るく前向きに立ち向かっている気がします。

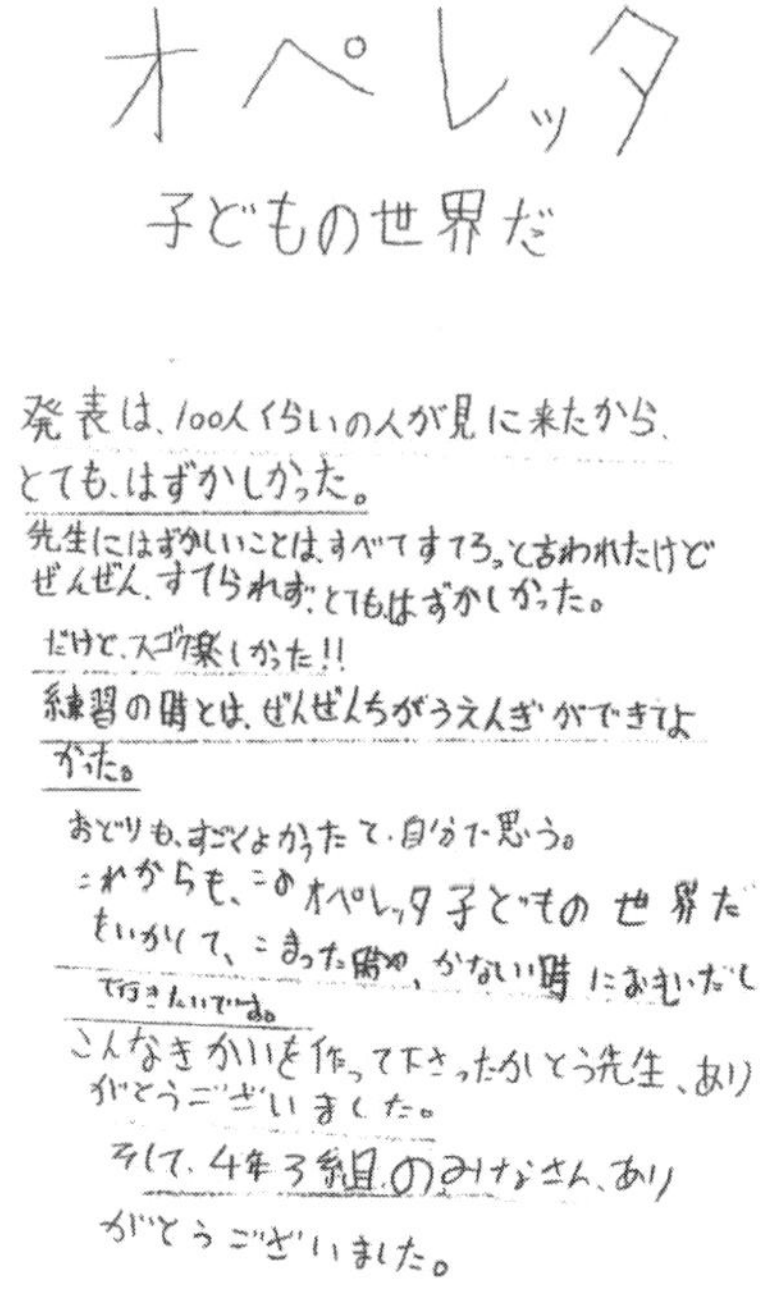
オペレッタ
子どもの世界だ

発表は、100人くらいの人が見に来たから、
とても、はずかしかった。
先生にははずかしいことはすべてすてろっと言われたけど
ぜんぜん、すてられず、とてもはずかしかった。
だけど、スゴク楽しかった!!
練習の時とは、ぜんぜんちがうえんぎができてよかった。
おどりも、すごくよかったて、自分で思う。
これからも、この オペレッタ子どもの 世界だ
をいかして、こまった時や、かなしい時におもいだして行きたいです。
こんなきかいを作って下さったかいとう先生、ありがとうございました。
そして、4年3組のみなさん、ありがとうございました。

三月に入り、宿題を自由勉強的なものにし、「県名をおぼえてくること」というものにした。そのときにK君がやってきた宿題です。緻密な日本地図で、繊細な字で書いています。何時間かかったのであろうか、全部で三ページもやってきました。

また、家にピアノがないから友達の家まで行ってオペレッタの伴奏の練習をしたというDさん。この子は、全部で二十三ページもやってきました。一つの県で一ページ使い、小さい字でいろいろな県の特徴を書き込んでいます。地図を使ったり参考書を使ったりしてまとめたものでしょう。

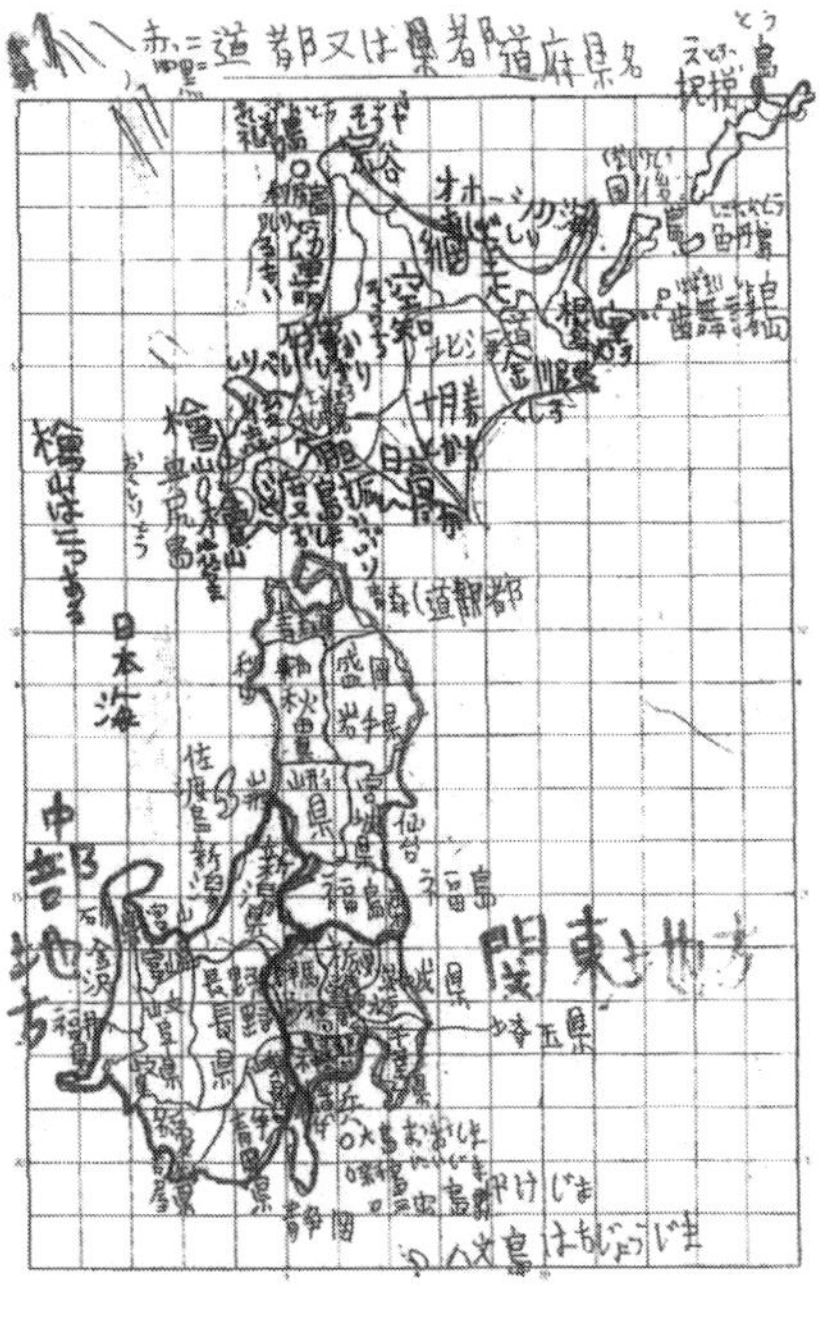

しかし、子どもたちのエネルギーはすごいものである。子どもが本気になったとき、大人なんか足下にもおよばない。

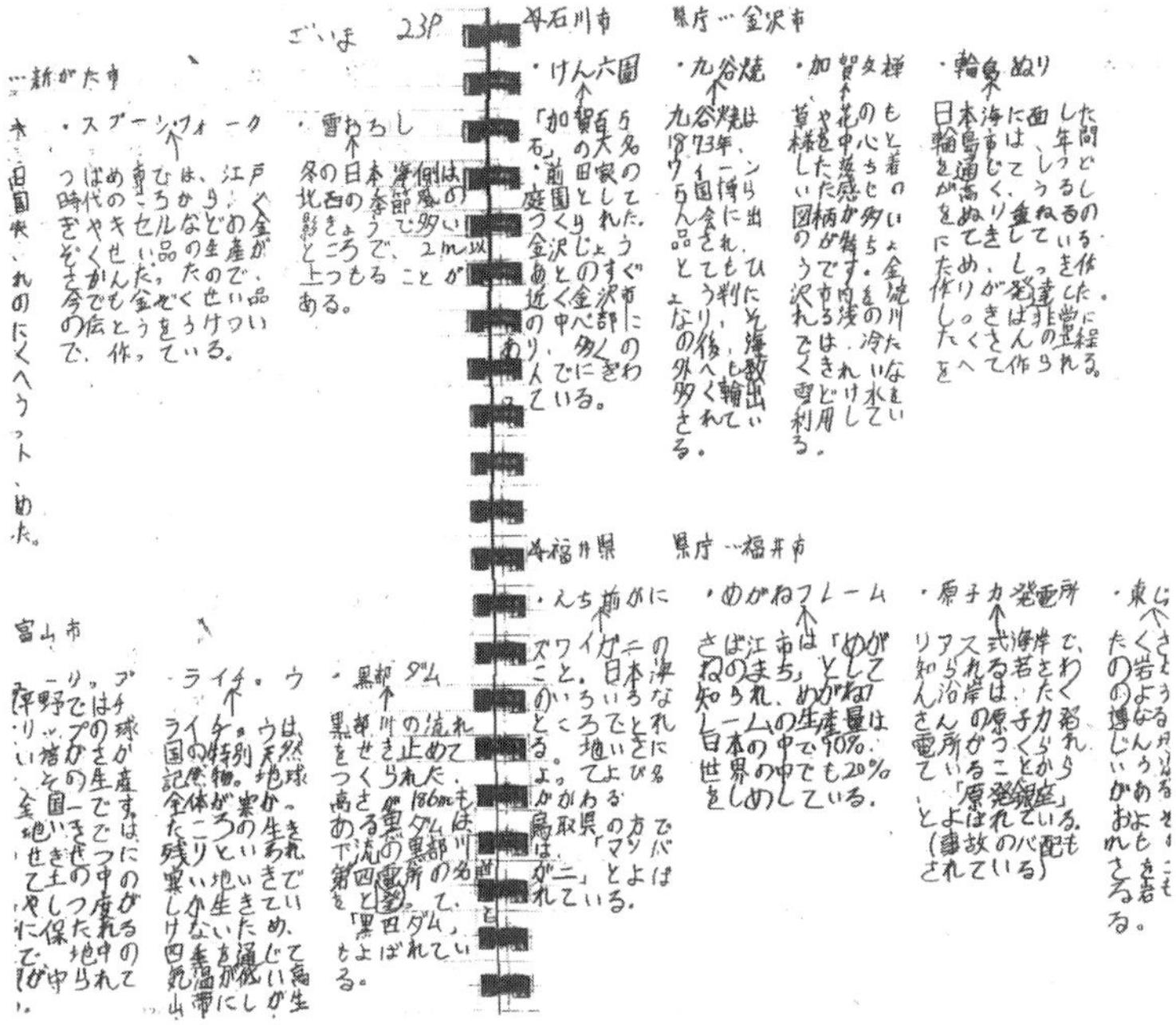
ざいは 23P

新がた市

・スプーン・フォーク

・雪わり

冬の日本海側は北西の季節風の影きょうで、2m以上つもることがある。

石川市 県庁…金沢市

・けん六園 ・九谷焼 ・加賀友禅 ・輪島ぬり

福井県 県庁…福井市

・えち前がに ・めがねフレーム ・原子力発電所 ・東じ

さばえ市は「めがねのまち」として知られ、めがねフレームの生産量は日本の中で90%、世界の中でも20%をしめしている。

富山市

・チューリップ ・ライチョウ ・黒部ダム

黒部川の流れをせき止めてつくられた。高さ186mもある。

（完）

五　実技等研究会

若い教師のための実技等研究会

一．はじめに

実技等研究会（略して実技研）で、もう四年間いろいろなことをやってきた。初めのころは体育のマット運動や跳び箱運動の実技をやっていたが、だんだんと、教材研究や実践検討の方が比重を占めるようになってきていた。

私は、読書会や教材検討も必要だとは思うけれど、どうも物足りなさを覚えていた。これでは実技研ではないのだ。だから、これからは毎回同じでも良いから指揮練習を入れようと考えていた。体育の実技も何かやりたいとも思っていた。

しかし、もっと実際的な実技研として、若い人たちにわたしのクラス（三年生）に来てもらい、いろいろなことをやってみるのが効果的かと考えた。マット運動をしている子どもたちにみんなでいろいろな指導をしてみる、歌っている子どもたちにみんなで指揮をしてみるという具合に。できるできないではなく、ともかくやってみる。うまくいっても、失敗しても、それは仕方がない。ただし、教材研究はできるだけしておくというのが参加の最低条件である。

次のような計画を立てた。

○一月二十四日（金）○○小学校三年一組加藤学級

①五時間目　体育「マット運動の基礎」

ゆりかご、ふんすいえび、うさぎ倒立、前まわりなど
②六時間目　オペレッタ「かさじぞう」
③研究協議

二．参加者の感想

これは、笠井さんから私に送られたメールである。授業の次の日には送られてきた。本人の許可をもらってここに載せる。

感想が多く集まったのは、笠井さんの尽力によるところが大きい。笠井さんは、若い人たちに感想を書くことの必要性を語ってくれた。授業を見たからには、感想を伝えることは最低限の礼儀であると。そんなこともできない人は教師の資格がないとまではおっしゃらなかったけれど、そういう意味での発言であったと、私は思っている。

授業を見たら何かを感じるはずである。子どもの様子をみて、教師と子どもの関係をみて、子どもの動きをみて、子どものつぶやきを聞いて、教師の意図していることを感じて、教師の発言・行動をみて、何かは書けるはずである。自分の授業観、子ども観と照らし合わせて、自分を見つめ直すという意味で、文章にすることは必要であると、私は思っている。残念なことにそれもできない教師が多い。

ここに載せる感想の順番は、単に私に送られてきた順である。

(1)加藤学級の感想

笠井由美子

きのうは授業を見せていただき、ありがとうございました。

加藤先生が「意図」しているものは無いふうに見せていながら、ちゃんとこどもたちは見えない意図に引っ張られていっていて、ああいう伸びやかな様相を「呈している」んだなと思い、もう後戻りしてやりなおしの利かないわたしはちょっと悔しかったです。〈＊こうしたいっていう意図が表に見え見えで隠せなかった自分を思い出し〉こどもたちをいつも大きなフ

トコロでくるんでいらっしゃるんだろうなと、普段の言動から予想はできていたのですが、あんなに警戒心も無い、しかも気取りも世辞も無いこどもたちをみていますと、加藤先生にそっくりなこどもたちが育っていると思いました。

こどもを放り出すためには、先生の指導力が要求されるのは言うまでも無いことですが、きのうの授業でも出発点から着地点までのイメージが先生にははっきりとあって（指導力）、こどもの前に立った時のゆとりになり、ちょっとした手入れを要所要所においていくだけで、こどもたちはそれを意識してどんどん演技していました。

しかし、現時点では、こどもたちに突き詰めるところまで厳しく要求をかけていないところが、加藤先生だなって思いました。小さな個人差は、加藤先生なら簡単に埋められるだろうに、それをあえてしていない、「簡単に」我慢できてしまうところが加藤先生のすごいところです。わたしみたいな我欲の強いヤツには無理です。きっと、技量の無い人間ほど焦って早く決着つけようとするんです。

こどもたちは安心しきっていて、今を積んでいけばあの清水さんのようにできてしまうんだろうな、先生が何もかもわかっていて教えることを焦らないから。そんな感じでしょうね。いつも人に目を向けているけど、比較しなくていいのって楽ですよねえ。組織の中にいる人間の本来のあり方、個人は個人を見つめているだけでいいっていうのはそれだと思いますが。個々が自律できていて、自信を持たせられていたらそうなれますから。

そういうことを思いながら見ていました。

若い人たちが「かさじぞう」に取り組んでいるとしたら、「かさじぞう」の表現部分で実技研修してみるのはどうでしょうか。

「かさじぞう」ははっきりとした物語があるのですが、それを小刻みにリアルになぞるというよりも抽象表現的に演出することもできそうです。歌はメロディーが古典的なイロを感じますが、いかがでしょうか。（＊すみません、あまり好きではないんです）特に、「光あふれる雪の里」。

でも、「雪ン子の表現」はいいですねえ。これで、みんなで踊ってみる……。

「ようさいさ」のかけ声で荷物を運ぶところなんかもおもしろそうですね。ぎっくり腰になっても困るけど。

(2)加藤先生のクラスの授業に参加して

増村　紀子

和光市立小学校

5時間目の体育。準備運動の様子から見ていたけれど、〝とても普通〟な感じがした。退屈とか、おもしろみがないとかではなく、見に来ている人に構わず、〝いつも通りな感じ〟という意味で。私のクラスなら、お客さんがいると思えばすごく張りきったり、キョロキョロしたりするだろう。それもそれで、子どもらしいのかもしれない。でも、加藤先生のクラスの子たちは、いつも通りに体操をしている。かと思えば、どこから？　という方向から男の子が走って登場してくる。でも、みんな普通に体操している。腹筋運動をするときも、自然と一人でやったり二人組になったりする。何度もやって慣れているのかもしれないけれど、とても静かに行動が進んで行くのが、逆にドキッとさせられる。

二重跳びの練習では、「胸の前で手をたたく」「ももの上あたりをたたく」「くるっと一回転（右まわり・左まわり）」「正座から立ち上がる」など、素地になる練習をしていた。くるっと一回転のときは、男の子に倒れてしまう子がいたけれど、ちょっと構ってやる程度で、加藤先生は気にもせず、他の子もふざけ出すこともなく「ふふふ」なんて笑う程度だった。正座から立ち上がるときも、きちんと正座をしていなくて、足が最初からかえっている状態なものだから、すぐに立ち上がれてしまう女の子がいた。私のクラスだと、めざとく見つけて、「○○、ちがうよ！」など大きな声で言って注目を浴びてしまう場面がよく見られる。けれど、加藤先生のクラスの子は、目の前の自分のやることに一生懸命で、告げ口のようなことを言う子もいない。

それは、他人に対して無関心だからというのではない。その後のマットの練習でも、きちんと先生が言うと演技している子を見たり話を聞いたりしている。そして内容がきちんと入っていく。もしくは、それに近づこうとする。うまい言葉が見つからないのだけれど、そのとき私は「寛容な子たちだ。」と思った。自分に対して、友だちに対して穏やかだ。人を責めることがないので、自分も責められることもない。「認め合っている」ということが、文字にするとすごく仰々しい感じがするけれど、本当に自然な形で存在している気がした。これが解放されているということだろうか。

三年前にみた加藤先生のクラス（5年生）ともまた違った。そのときは、すごくハキハキして行動的な感じがした。そして、何かやるときは、グッと力を静かに内から引き出すような集中力も見せてくれた。でも、今年の3年生の子たちはそれとはまた違った。マット運動で靴下を脱ぐと、靴下をボールみたいにしてポンポン投げて遊ぶ子が何人もいる。見学の子も結構おしゃべりをしている。でも、やっぱり話はちゃんと聞いていて、気づくときちんと集中している。

私の学校に「力のある先生」といわれる40代の女性教師がいる。実際に教材研究や授業のアイデアもすごいのだと思う。子どももいつもハキハキとして清々しい。落ちこぼれていじけている子もいない。返事や挨拶も嫌味なくするし、主体的に子ども同士で声をかけ合って行動する。私には到底できないクラス作りをする。でも。でも、なんだか違和感がある。毎年、学年・クラスが変わっても出来上がる子どもが同じなのだ。「同じように」よい子たちが出来上がっているように見えてしまう。こんな言い方をしてはいけないのかもしれないけれど、精巧なサイボーグを見ているような気持ちがしてしまう。どこかで、そう仕組まれているように見えてしまうのだ。子どもと同じ目線にいるようでいて、どこか先生が高いところから操作している感じがする。私には、やろうと思ってもできるわけもないくらい様々な技術とかを持っているからだろうけれど。でも、私はやっぱり加藤先生のクラスの子の方が好きだ。本当に自然な感じがするから。子どもが先生に合わせさせられているのではなくて、先生が子どものありのままを見つめて、のびのびと伸ばしているように感じる。私はそういうクラスの方に憧れる。

体育の授業では、結局何もできなかった。どう口を出したらよいか分からなかった。清水さんが、ゆりかごのときに子どもに声をかけていて、私も何か言わなくちゃと思ったが、できなかった。診断ができなかったし、自分の持っている処方箋が本当に使えるのか自信が持てなかった。間違ってもいいから、やってみようと思っていたのに。野村さんの言う指導を聞いたり、加藤先生がどう授業を進めていくかを見たりするだけになってしまった。

ゆりかごは、足の返しを野村さんが教えると、きゅっと引き締めておき上がれる子が増えた。ずっと力を入れているのではなく、おき上がるタイミングでつま先を使うことで、その瞬間に全身に力が入る感じがした。

うさぎ倒立では、どの子も指先に力を入れてマットを持っていた。親指の向きが違うことに、そのとき初めて気がついた。私は親指は人差し指と親指で三角を作るように思っていたけれど、前向きになっていることに今日初めて気がついた。マットではそんなに支障なかったから気が付かなかったのかもしれないが、跳び箱をやる上では、親指が横向きに付くのでは、確かに合理に合わない気がした。

また、私は「この子どもたちのどこを直したらよいか」と考えたときに、視線を置く位置だと思った。けれど、加藤先生が言ったのは、足音だった。「下りるときの足音を静かに」と言うと、子どもは静かに下りるために、腕にぐっと力を乗せるようになった。うさぎ倒立の目的が腕支持ならば、視線はそのための姿勢の一つでしかない。私は自分が、やはり型にこだわっているんだと思った。(後で加藤先生は、この場合は「足音」と言ったけれど、場合によっては「視線」を言うかもしれないし、今回も「視線」で直るかもしれない。それは分からない。と言っていたけれど、私は目的を忘れて型の方に行ってしまう自分に、いつも気を付けていなければいけないと思う。)

6時間目は音楽室で表現「かさじぞう」の指揮をさせてもらった。

5時間目にマイペースにやっていた男の子は、またしてもマイペースに裸足で登場した。とてもかわいい。(でも、きっと自分のクラスにいたら、色々言ってしまうんだろうな。)

「とりあえず一回歌ってみようか。」と加藤先生が言って子どもたちが歌い出すと、元気でかわいらしい声が飛び出した。加藤先生の指揮はとても自然で、子どもの歌とぴったり合っていた。見ていて、聞いていて、心地よかった。「一体、ここに自分が何をしたらよいのか‥。」自分が歌う立場なら喜んでやるのだけれど、その時はただただ、「当たりませんように……」と思った。

野村さんが呼吸の指導を最初にやって下さった。このまま、野村さんの指導を見ていたいと思ってしまった。「大きな風船を上に持つ」という指導。また、声を遠くまで飛ばすために、息をしっかり吸って、声を出させる。「25秒出し続けられるかな。計るよ。」と言って、野村さんが腕時計を見ながら一緒に声を出して歩き続けると、それに合わせて子どもたちは、無理なく声を伸ばし続けた。人差し指を上げて歩いているだけに見えたけれど、それも一つの指揮だったのだろう。

最初に藺牟田さんが指揮をした。「じゃあ、立って。」と言うと座っていた子どもたちがすくっと立った。すごく自然な感じで、いいなあと思った。藺牟田さんはいつも子どもとこういう感じなんだろうなあと、憧れた。話し方一つが、子どもに何かを期待させるように見えた。

指揮を見ているときは、自分だったらどうするか、必死に考えたけど、分からなかった。きっと藺牟田さんみたいに1番と2番をリズムを変えてやるだろうと思ったけれど、実際やっているのを見て、それが合っているのか、どうしたらよいのか戸惑うだけで、さっぱり分からなかった。自分が指揮をするのがますます怖くなった。

私は2曲目をやらせてもらった。この歌の期待感を、歩くようなリズムで楽しく、最後の「売りに行く」を気持ちよく伸ばしたいと思った。手拍子をしながら、一緒に楽しく歌おうと思ったけれど、子どもに呼吸が入っていない感じだけはすごく分かったし、私一人で張り切ってしまっている感じで、空回りしていると思った。何をどうしたらよいかさっぱり分からず、「速さを変えるから、先生を見て、息をすって、最後のばしてね。」と言ったけれど、うまく表現できなかった。2回、3回とやらせてもらったけれど、自分を変えることができず、子どもも、もちろん新しいものを得た感じではなく、なんだかただ疲れさせてしまっただけで終わってしまったようだった。ただただ、敗北感である。子どものすごさに、私が全然太刀打ちできなかった。

清水さんが次にやったときに、子どもたちに呼吸について投げかけた。私はそういう言葉を投げかけることは、ちっとも思いつかなかった。ただ独りよがりに拍子を打っていただけだったと感じた。あとで加藤先生が〝教師っぽすぎる〟と言ったけれど、私は子どもに要求するということすら思いつかなかったし、歌の原則は呼吸であるということにも中途半端な自分がいたと思った。だから、清水さんがああいう投げかけを試みたのは、すごいと思った。

正直、清水さんが指揮しているのも、森田さんがしているのも、藺牟田さんのときと同様、私はどうしたらよいかさっぱり分からず、一緒に苦戦している仲間もそうだったと思うけど、出口の見えない暗闇をさまよっている気分だった。最後に曲4をみんなで動きながら歌ったのが一番楽しかった。曲の終わりに女の子と目が合った。西日に当たったその女の子は目をキラキラさせて、「いらんかね～」と大きな声で呼びかけた。私も負けじと呼びかけた。これが、表現の楽しさなんだろうなぁとやっと思えた。

練習の最中も、前の方にいた女の子が「動きたい～」としきりに言っていた。表現が体からうずうずと出てくるのだろう。加藤先生が「遊びなんだから」と言っている意味がなんとなく分かった。子どもが表現したくてたまらなくなる。

「かさじぞう」の世界で遊ぶ。空想の世界で遊ぶことができる子どもにとって、「お勉強」じゃなく、自然と表現が生まれていくのが感じられた。ただただ、敗北感である。

自分のクラスで、今週「三枚のおふだ」のセリフを配って少し読んでみた。隣のクラスが研究授業をしている日だったので、座って大人しくやってしまったのだが、セリフを読んでいるうちに何組か隣同士でおばばとこぞうになって、遊び始めた。おばば役を一人がやり始めると、隣の子が自然とこぞうのふりをして、逃げるしぐさをして、楽しそうに歌っている。あまりやりすぎてはいけないかな、と思いながらも、私もこぞうをやってみせると、子どもは「うふふ」なんて言いながら見ていてくれた。こうやって一緒に遊ぶのが、まず大事なんだな、と思う。来週から、楽しんで取り組みたい。でも、「うまく」遊びたいと思ってしまう自分がいる。「普通に」子どもに混ざって楽しめるか。自分という殻を取り去って、「昆虫的感性」で楽しみたい。

加藤先生のクラスに混ぜてもらって、結局は何もできなかったのだけれど、同じ空間で同じ空気を吸って、同じ時間を共有できたことが嬉しかった。西日の差す音楽室がいつまでも忘れられない。

(3) 加藤先生のクラスを見させていただいた感想

清水恵里

狭山市立小学校

体育館に行った時、子どもたちは準備運動をしていた。その子どもたちを見て、いいなぁと思った。どの子も、一生懸命にやっているのだ。やろうとしていた。そんな姿を見て、本当に羨ましいと思った。私のクラスの場合、だれかがやっていなかったり、元気なくやっていたり、ふらふら動いていたりするからだ。皆で、気持ちを揃えることの難しさをずっと感じている。だから、当たり前のように体操を皆がやっている(しかも友だちの指示で)という姿が心から羨ましかった。

マットをやるということで、女子が用意をし、男子が靴下と上履きを脱ぎに行った。その時、男の子たちはダッシュで行き、ダッシュで帰ってきた。そして、加藤先生にくっつくようにして、並び始めた。一番前の子は、手がかかる子のように見えた。その子が、喜んで先生にくっついて並んでいる。そして、その子の顔を加藤先生は優しく撫でてやった。

その後4列に並ぶのだが、男の子たちは自分たちで考えて並び、後から来た女子にも、その一番前の子が中心となって、こうやるんだと教えてあげていた。その子のいきいきした姿を見た時、加藤先生が撫でてやったというような、こういうちょっとしたことで、学級が生きもし、死にもするのだなと感じた。私は、そういう子がいても、その子の心の中の意欲とか、私への思いとかが感じられなくて、「背の順に並んで。」とかそういう無神経に相手を傷つける一言を平気で言っていたように思った。

また、4列に並ばせる時の指示の出し方一つとっても、子どもの何を育てようとしているのかが出るのだなと思った。その後の飲み会の中で、加藤先生は、考えて動ける子にしたいとおっしゃっていたが、私は細かくやり方を言ってしまい、結局、私の言う通りに動く子を育てようとしているのだと思った。

ゆりかごから技をやり始めた時、加藤先生はどんどんやらせていた。私は、もっとのろのろしてしまい、子どもたちにやらせる量が少ないと思った。だから、飽きてしまったりするのかなと思った。そして、一度やらせたら、必ず、良い子を見せたり、課題を新たに言ったりしていた。何かをやらせたら、見て、どうだったのかを言うということを、今まで私はしていなさすぎると感じた。だから、子どもたちが期待しなくなってくるのか、と思った。やろうと努力したにも関わらず、良いとも悪いとも言われないと、だんだん課題がなくなってきて、散漫になっていくのは当たり前のことなのに・・。

良くできている子に、加藤先生は、どんどん声をかけていたが、その声のかけ方がなんか子どもとピタッとしている感じというか、あったかく感じた。日頃の授業などを通して、子どもとの関係がしっかり築かれているのだと感じた。

音楽の時、まずは通して歌ってみようという時に、子どもたちは、バーンと声を出した。そのこともすごいと思った。やっぱり、日頃の授業などで、満足していたり、先生との関係が作れていないと、こんな風に子どもは声を出してくれないと思う。

また、加藤先生がセリフも入れてやってみようと言った時、子どもたちは、「いやだー。」と言った。おもしろいなと思った。加藤先生を前にして、こんな風に、「いやだ。」という子どもたちは、初めて見た気がする。それも、関係が冷たい「いやだ。」ではなく、何でも言える空気の中で、先生の目とか気にせずに、思ったことが言えるという感じだった。聞いていて、嫌な感じの「いやだ。」ではなかった。

森田さんが指揮をした時、なかなか子どもとリズムが合わなくて苦労しているように見えた。その指揮を終える時、森田さんは子どもに、「ごめんね、先生の指揮が悪かったから、歌いずらかったね。」と言った。その言葉にドキッとした。私はできないくせに、なんだか偉そうに指示したり、だめと言ったりした。子どもは、すごく応えようとしてくれたのに。森田さんの謙虚さに、自分が恥ずかしくなった。

最後に、皆で動きながら1曲歌った。加藤先生の指揮の下で、それぞれがそれぞれに考え、感じながら動き、思い切り声を出し、楽しんだ。すごく楽しいと思った。

(4) 1月24日研究会の感想

藺牟田直美
狭山市立小学校

子ども達を見ていてとても感じたのは、のびのびと子どもらしいということ。けれどその中身が、元気いっぱいで自由に子どもらしくのびのびとしているというのではなく、なんか心の中にどっしりとやわらかく地についたものがあり、どの子もしっかりと地面に立っているというような感じがした。

これは、今まで加藤先生のクラスの子ども達を見た時も感じたものである。それは、先生と子どもとの信頼関係がつながっているというのももちろんだけれど、それだけでなく、子どもが子ども自身の力でそこに立っているという感じがした。先生や友達との関係の中で、安心してのびのびと自分を出すことができて肩の力が入っていない中で、一つ一つのことに自分自身で向き合って、考えているという力が積み重なっているのが見えたような気がした。子ども本来の姿を見ている気がした。

すっと入って授業を見ていても、気持ちがよい。子ども達はいつもと変わらない様子だろう。見ている私の方が緊張していたぐらいだ。知らない人がたくさんきても、すぐに受け入れて応える子ども達の姿も驚いた。誰か授業を見に来るとなると、その時だけいつもと違い体裁を整えてしまう。どんなときでも子どもの中身を育てることを考えていたいのに、目先のことを考えていたり、結局子どものことを考えていなかったりする時もある。

加藤先生のクラスの子たちが、いつもあんな雰囲気の子ども達に育っていくのは、日々のクラスの課題がはっきりと見えているだけでなく、4月からずっとこんな子どもたちになってほしいという大きな願いのようなものがずっと大きくゆったりとあるのだろうなと思った。日々の仕事が忙しいなどの理由で見失ったりぶれてはいけない、大きなものがゆったりとあるんだろう。そして、今、目の前の子ども達が見えているのだろう。

音楽では、指揮をやってみて、何もできなかったし、なんて言えばよいのかわからなかった。子ども達は、決して歌いやすくはない私の指揮でも歌ってくれた。息がすえていないから、息を吸うタイミングだけは言おうと思ってやってみた。でも、子ども達になんて言えばよいのかわからなかった。これは、自分のクラスでも同じことである。どうしていいかわからず、でも、歌おうと思い、ただただ歌っているだけになってしまう。こんな風に歌ってみようと考えてやってみても、うまくいかなくなると、もうどうしたらよいかわからずに曖昧な言葉で逃げてしまう。これがだめならこれと考えて歌っていかないと、子どもが歌から遠ざかってしまうと思った。みんなで順番に指揮をやってみるのも面白かった。合宿でも実技研でも指揮をみんなの前でやったことはあるけれど、実際に子ども達の前でやるのは違った。いいところも悪いところも、子ども達の前ではもっと強調されて出ているなと思った。練習で曖昧だったところはもっと曖昧になっている。オペレッタの最後に、みんなで歩きながら歌った。あの声が一番よかったと思う。子ども達は歩きながら、かみちょうとしもちょうを見て、かさを「いらんかね〜。」と売ったり、その世界を楽しみながら歌っているように感じた。子ども達が楽しそうで、そんな中に入って一緒に歌うと、子どもたちに緊張をとかれるような感じだった。

自分のクラスの子ども達を見てみると、子ども達の中から出ているものが違うような気がする。私がそうさせている。もっと子ども達を、のびのびと強い子にしたいと思った。

(5) 加藤学級の感想

森田真好
多摩市立小学校

・まずは、加藤先生が子どもの前でいつも通りの雰囲気だったことに驚きでした。（すいません変な言い方で）

つまり、普段見せて下さるリラックス感たっぷりの余裕のある雰囲気だったからです。すごく自然体で関わられているのがすごく新鮮でした。だから子どもたちも自然体なんでしょうか？

ぼくは、子どもの前に行くと一気に構えています。これが余計リキみなるんでしょうね。

・体育では、加藤先生がすごく子どもの様子を見ていることが印象に残りました。当たり前と言われると思いますが、準備体操から、子どもの様子をつぶさに見て、マット運動では、子どもへの声掛け、次の課題になる子の見分けなどを考えられているんだろうなぁ、と思いました。

ぼくは、子どもを見ているようで実は、見ていないことがよくあります。全体的にぼんやりと見て、ひとりひとりの様子を見ていないことがあるので、なおさらを新鮮に感じたのだと思います。

・前田さんのクラスと通じるものも感じました。子どもが先生やクラスの雰囲気の中でのびやかに活動している気がしました。先生が子どもを信じているから、子どもも先生を信じているのだろうか。程よい脱力の中で、集中すべきところは、集中する。そんな感じがしました。なんか空気感がよい。

めっちゃめちゃ抽象的な書き方ですいません。でも、今回、ぼくは、この加藤クラスの空気感を楽しみにしていたのです。子どもを解放した先生のクラスの空気を吸いたかったのです。

そして、正直に書きますと「自分のやり方、クラスの作り方」やっぱり違うのかなぁとすごく落ち込みました。ああいうクラスは、多摩の会のすごい方々のように子どもを信じる思想と子どもを成長させられる技量と見通しがないとできない。一歩間違えたら「解放」ではなくて「無法」となり「崩壊」になってもしまう。だから、加藤先生だからできるのではとも思いました。正直、すごく勉強になったけど雲の上の存在を痛感して終わるところでした。

でも、私のところにも来ていただき「子どもが拓かれている」と言っていただけて、ようやくほっとしたのです。

いつかは、自分もそうしたい空気感のあるクラスでした。
・オペレッタでは、解釈のないまま子どもの前に立っている自分のクラスに猛反省しました。
子どもたちは、これも脱力しながら楽しみながら「かさこ地蔵」に取り組んでいる感じを受けました。恥ずかしさや照れで周りの友達を気にすることなく、自分の表現を安心して出している感じでした。

普段から先生に大切にされているクラスだから安心できるんだろうな。なんて想像していました。

先生が、方向性を定めてあげないと子どもは力を発揮することができない、路頭迷ってしまう。

まずは、教師が準備をしなくては、とつくづく反省しました。

三．宮城教育大学付属小学校公開研究会雑感

（注）これは、研修だよりとして職場と研究会に配った文章である。
昨年度は新潟大学附属小学校の公開研究会に行き、今年は宮教大付属に行った。新潟大学とは違いあまり期待をしていなかったから、若い人たちを誘わなかった。若いころ一度公開研究会に参加していたのだが、その記憶はほとんどない。唯一覚えているのは、当時学長だった横須賀薫さんに廊下で会ったことぐらいである。

しかし、意外と良かった。ぜひ来年はみなさん行ってみるとよい。

四年の社会科の授業。「きょう土をひらく」では地元紙の河北新報を取り上げていた。「白河以北一山百文」という言葉から当時の東北軽視の状況を考えさせ、河北新報社のスローガン『『東』は未来」につなげていくという計画。こういう教材研究ができるということは、さすがだと思う。新潟附属小学校で行われていた六年社会「スバル360と当時の国民の願い」という視点での授業と共通する、しっかりとした教材開発・教材解釈がある。私は所小におり、所沢の昔が残っている所にいるのに、なかなか教材発掘ができないでいる。時間と才能が欲しい。

3年の理科「じしゃくにつけよう」では、教師の教材研究（教科としての）はある程度できているのだが、あまりにも性急過ぎる授業であり、教師の敷いたレールのままどんどん進んだ授業であった。そうすることが授業だと考えているのであろうか。私とは授業観が違う。

課題1。棒磁石のS極とN極の真ん中で切り、切り取られたN極側の部分をまた二つに切った。そして、切った部分は何極かと問うた。子どもたちからは当然「全部N極」と「N極S極N極S極となる」の二つが出された。すると教師は、どうしてそう考えるかは子どもたちに問わずに実験させ、結論を出した。

課題2。つぎに教師は、その磁石を元に戻す（くっつけると）どうなるかを問う。子どもたちからは二つの意見が出る。「元に戻る（極はなくなる）」「すき間はくっつく」の二つである。教師はすぐに実験。割れたところに釘をつけてわれた磁石を近づけると釘がぽとりと落ちる。で、「元に戻る」が正解となる。

これは学校の授業であろうか。塾の授業と何が違うのであろう。課題1について子どもたちは納得したのであろうか。単に答えを覚えたに過ぎないのではないか。課題2でいえば、実験で釘を使わず砂鉄を使ったらどうなったのであろうか。その方が説得力があるように思う。

どちらにせよ、宮教大のいう研究テーマ「子どもが確かに分かる授業の追究と創造」の「確かな」とはこの程度のことだったのだ。

2時間の授業公開の後に学年合唱の発表（一年と六年）があった。毎日行われる朝の「フレッシュタイム」では、週に三回は学年合唱が組まれていた。合唱で学級づくり、学年づくりをしていると自信を持って語っていた。こういう所に東北の文化を私は感じる。

合唱には感動した。所沢のようなエセ頭声発声ではなく、所沢で嫌われる「地声」でのびのびと歌っていた。一年生は東北の復興のイメージの「ビューテフルネーム」、六年生は「大地讃頌」。精一杯歌っている姿に、私は久々に感動した。

宮教大付属小は宮城県の中心校であり、宮城県を引っ張る牽引役でもある。だから、そこの教師たちは自信に溢れ、使命感をもって授業をやっているように感じた。そしてその姿を、公開という形でさらしていた。エリート感はぬぐいきれいないのだが、それでも私にはそうあるべきだと思った。

自分に対して謙虚ということは美徳である。しかし、今、教師はもっと攻めるべきではないかと思う。だって、宮教大付属小や新潟大学付属小よりもずっと本質的な授業をしているのだから。自分に自信がない？自分のことだけで精一杯？そんなことを言っている状況であろうか。もう時間はないのである。

四．おわりに

私の公開授業に、学校の中堅の教師が参観に来た。その教師は、学芸大学と共同で体育の授業を数年にわたって研究している教師である。昨年の三月、私が来年六年を担任するならば一緒に六年を担任したいと言っていた教師である。私は、その教師と特に話をした覚えはないのだが、私が発行していた「理科室便り」や職員会議での発言、私のもろもろの行動を見ていたらしい。

その教師の私の体育の授業に対する感想。「きちんと基礎を入れる必要性を感じた。」「ゆりかごをやっていた子どもたちがいつの間にか後ろまわりができていて、子どもたちが驚いていた。そういう授業っていいと思った。」「あの授業はもっとたくさんの教師が見るべきだった。」などなど。理解してくれる人は、どの学校にも必ず一人はいるのだ。

この本に登場する方々（敬称略　発言当時の所属）

箱石泰和（都留文科大学教授）
小林重章（都留文科大学教授）
伊藤義道（愛知県小学校教諭）
河野政雄（北海道小学校教諭）
大嶋幾男（愛知県小学校教諭）
大嶋奈津子（愛知県小学校教諭）
野村誠（埼玉県小学校教諭）
森田崇子（東京都小学校教諭）
菊次哲也（埼玉県小学校教諭）
竹内暁雄（愛知県中学校教諭）
津山隆雄（神奈川県小学校教諭）
笠井由美子（東京都小学校教諭）
増村紀子（埼玉県小学校教諭）
清水恵里（埼玉県小学校教諭）
藺牟田直美（埼玉県小学校教諭）
森田真好（東京都小学校教諭）

あとがき

大学時代に斎藤喜博に出会ったことが、その後の私の方向を決定した。それは2年生のときの教育方法論で読んだ「教育学のすすめ」である。今までの私の授業観とは相いれない真逆の授業観に驚き、憧れもした。

そして大学4年生のとき、太田小学校の公開研究会を見たこと。目の前に、事実として提示された子どもたちの姿、歌声、存在、かれらは私を圧倒し、今でもありありとその映像が鮮明に浮かんでくる。

大学では箱石ゼミに所属し、箱石泰和先生からはいろいろなことを学んだ。その中の一つは、「コマンドたれ！」だった。1人の教師が学校に赴任したときその教師1人がいるだけでその学校がかわる、そのくらいの教師としての実力をつけろという意味だ。

卒業後は、多摩第二土曜の会で学びながら実践をしてきた。また、ささやかであるが、赴任した学校で研究会を開く努力もしてきた。幸いにも先輩たちに恵まれ、研究会に率先して参加してくれて、若い私の意気込みを後押ししてくれた。その研究会は、所沢の会となり、後に実技等研究会に発展し、第二期実技等研究会となり現在に至っている。若い教師たちのための教師養成の役割も果たすようにもなってきている。

ここに載せた記録は、教材解釈と子ども理解を基礎としている授業である。当たり前なことであるが、授業は子どもがやるものである。国語では子どもが教材の文章に出会い何かを感じ、理科では自然や物質の現象に出会い何かを考え、体育では技に出会い挑戦しながら技を克服しようとしていく、教材と子どもの出会いを大切にしてきた。そしてその後の過程がまた重要なのだ。その過程の中で友達と交流し、話し合い、自分なりの考えを吟味していくのが授業なのだ。それを可能にするためには、教師が深く広い教材解釈を持つことが必須である。教材解釈なしに子どもが活躍する授業はつくれない。

これらの授業記録の教材解釈、それなりに努力はしたつもりであるが、深く広い教材解釈には足元にも及ばない。また、多摩第二土曜の会会誌「持続」にそのときどきに報告として載せた記録であるので、統一性を欠いており、中途半端な内容となっている。一つの資料として読んでいただければ幸いである。

国語の授業記録については、コメントや研究協議の内容も収録したので、授業としての位置づけが明確になっている。子どもが主体的に活動する授業であり、アクティブ・ラーニングの授業観でもある。

理科については、実践した年度と関係なく学年の順番で載せたので分かりづらいと思うが、すべての授業で、子どもの思考・感覚・認識がどう変化していくのかを丹念に追った授業である。子どもが現象に出会い、何を感じ何を考えるのか、それを大切にして実験の内容や順番を考えた実践である。子どもの発言やノートの文章や絵などから子どもを知ろうと努力したので、子どものノートなどの文章が多くなってしまった。みなさんも、ぜひじっくりと読んで、子どもの思考・感覚・認識を読みとって欲しい。

無力な私が、38年間教師としてやってこられたのは、恩師箱石泰和先生の存在が大きい。また、ともに学んできた、かけはしの会、多摩第二土曜の会、名古屋教授学研究の会、札幌教授学研究の会、実技等研究会の人たちの存在も、私にとってはかけがいのないものであった。

二〇二〇年一〇月

〈著者紹介〉

加藤利明（かとう としあき）

1954年栃木県氏家町に生まれる。都留文科大学文学部初等教育学科卒業（箱石泰和ゼミ）。

1977年から小学校教諭として公立学校で勤務。

大学卒業後から、かけはしの会、多摩第二土曜の会で学ぶ。現在、埼玉県所沢市で「第二期実技等研究会」を主宰。

メールアドレス　byn03241@nifty.com

子どもをひらく授業を求めて

2020年11月15日　初版第一刷発行

著　者　加　藤　利　明
発行者　斎　藤　草　子
発行所　一　莖　書　房
〒173-0001　東京都板橋区本町37-1
電話 03-3962-1354
FAX 03-3962-4310

組版／フレックスアート　印刷・製本／日本ハイコム
ISBN978-4-87074-227-7　C3037